Ouvrage publié pour la première fois en Grande-Bretagne
en 1999 sous le titre *Encyclopedia of the cat*
par Hamlyn Octopus, une division du groupe
Octopus Publishing Group Ltd.
2-4 Heron Quays, Docklands, London E14 4JP

Suivi éditorial pour l'édition française : Laurence Dechel
Traduction : Évelyne Tritsch et Pascaline Truc
PAO : Nathalie Lachaud, Isabelle Véret
Photogravure : Stéphanie Henry, Chantal Mialon

ISBN : 978-2-84416-573-2
N° d'éditeur : 84416
Dépôt légal : août 2007
Achevé d'imprimer : septembre 2008

Imprimé en Chine

L'encyclopédie du

CHAT

Angela Sayer
et Howard Loxton

ARTÉMIS
ÉDITIONS

Sommaire

Introduction 6

Première partie : Le chat à travers l'histoire

Origines du chat domestique 10
Le chat dans l'Égypte ancienne 12
Le chat domestique étend son territoire 16
Le chat, animal magique et mythique 22

Deuxième partie : Les races du monde

Couleurs et motifs des robes 28
Chats à poils courts 30
Chats à poils longs 48
Chats orientaux 70
Races récentes 86

Troisième partie : Physiologie et comportement

L'organisme du chat 90
Peau et fourrure 96
Les sens du chat 98
L'accouplement et la reproduction 102
Le chaton 106
Le comportement du chat 112

Quatrième partie : Soigner son chat

Choisir son chat 122
Mettre un chat à son aise 126
Nourrir un chat 128
Soins généraux et apprentissages 130
Le toilettage 136
Sorties et vacances 138

Cinquième partie : La santé du chat

L'état général 142
Accidents et premiers soins 144
Les maladies des chats 146
Les parasites du chat 152
Les soins infirmiers à domicile 156

Sixième partie : Spectacles et expositions

Les amateurs de chats 160
Les expositions félines 162
Participer à une exposition féline 164
L'exposition 166

Glossaire 168
Index 172
Crédits photographiques 176

INTRODUCTION

TOUS LES CHATS DOMESTIQUES ne connaissent pas le même sort. Certains, élevés à des fins de dératisation ou pour la conservation d'une espèce, sont des animaux utiles, d'autres, sélectionnés avec grand soin, choyés et dorlotés pour porter les couleurs de leur race et emporter des prix dans les concours, sont des créatures de prestige. Mais la plupart sont avant tout des complices de tous les jours qu'on accepte pour ce qu'ils sont : des animaux gracieux, élégants et indépendants. Le chat est un compagnon idéal, qui apporte un sentiment de paix et de tranquillité dans un monde stressé et chaotique. On a montré qu'avoir un chat – avoir un animal familier en général – aide à se battre contre la maladie et permet aux personnes âgées de rester actives et de lutter contre la solitude.

Le chat est un opportuniste qui sait prendre le meilleur de deux mondes distincts. Il est libre de se faufiler entre les volets et de disparaître dans la nature, pour guetter une proie ou filer des aventures amoureuses, mais il est aussi chez lui dans la maison. Certes, il est apprivoisé, néanmoins il défend jalousement son indépendance : compagnon docile et soigné, il vit à son propre rythme à nos côtés. On dit que dans les pays développés un foyer sur quatre abrite au moins un chat. Cependant, à côté de ces chats choyés et protégés, on compte des milliers d'animaux maltraités et abandonnés, de nombreuses bêtes à moitié sauvages, ayant une existence précaire et véhiculant toutes sortes de maladies.

Les propriétaires de chats devraient stériliser leurs bêtes, sauf bien sûr s'ils en font l'élevage. Les programmes de protection des animaux comprennent toujours des campagnes de stérilisation des populations semi-sauvages pour en limiter le nombre.

Ce livre vous aidera à comprendre et à soigner votre compagnon. Il faut savoir admirer et protéger les chats pour leur assurer une vie saine et heureuse.

Détail d'un papyrus satirique égyptien, environ 1000 avant J.-C.

Première partie :

Le **chat** à travers **l'histoire**

ORIGINES DU CHAT DOMESTIQUE

Ci-contre : *Les lynx sont les seuls félins répandus à la fois dans l'Ancien et le Nouveau Monde.*

Le chat, comme l'homme, est apparu relativement tard dans la longue histoire de notre planète. On a cependant retrouvé la trace d'animaux ressemblant à des chats, qui existaient bien avant que l'homme ne se redresse et se mette à marcher sur ses membres postérieurs. Il n'est malheureusement pas possible de remonter toute l'ascendance du chat moderne. Les scientifiques ont étudié des ossements fossiles et fait des tests d'ADN pour essayer d'identifier les liens unissant différentes espèces, mais il reste encore beaucoup de découvertes à faire. En 1964 encore, on a découvert une nouvelle race de chat sauvage dans la petite île d'Iriomote, à l'est de Taiwan. Si on trouve encore des chats sauvages non répertoriés, comment peut-on espérer découvrir de nouveaux éléments sur les ancêtres du chat qui vivaient sur la terre il y a des millions d'années ?

Ci-dessus : *Les attitudes de combat sont les mêmes entre ces jaguars, photographiés dans la jungle d'Amérique latine, ou entre deux chats domestiques défendant leur territoire.*

Personne ne sait remonter la filiation exacte des chats et les scientifiques ne sont pas d'accord sur les liens existant entre les groupes de chats modernes, mais nous savons qu'il y a 60 millions d'années, au moment de l'apparition des mammifères, vivaient des animaux, les Miacioïdés, qui chassaient et tuaient pour se nourrir. C'étaient de petits mammifères tenaces, au corps long et souple pourvu de courtes pattes, assez proches de la belette par leur aspect et leur comportement. Ils sont les ancêtres de plusieurs mammifères : l'ours, le chien, l'hyène, la mangouste, le raton laveur et tous les félins.

Les ancêtres des félins

Dans les jungles d'Amérique du Nord, sont apparus, il y a 40 millions d'années, deux groupes ressemblant à des félins. Le premier, qui comprenait l'*Hoplophonus,* regroupait des animaux puissants dont le crâne était particulièrement développé et dont la mâchoire inférieure était articulée de telle façon qu'elle pouvait ouvrir presque à angle droit avec la mâchoire supérieure et était munie de canines longues et acérées comme des lames. Le second groupe comprenait le *Dinictis* dont le territoire s'étendait sur l'actuel Dakota du Sud aux États-Unis ; il avait un comportement proche de celui du chat et s'apparentait au serval d'aujourd'hui. On pensait que les principaux ancêtres des félins appartenaient à cette famille, mais des études récentes ont montré que ces deux groupes se rattachent à la branche qui a donné naissance au chien. On connaît un autre animal ressemblant au chat, le *Proailurus,* qui vécut en Europe quelques millions d'années plus tard ; il ressemblait plutôt à une civette.

Le premier chat identifié avec certitude, *Pseudælurus,* vivait en fait il y a 20 millions d'années. Il est sans doute, avec un animal assez semblable d'un autre groupe, à l'origine des félins modernes.

Du groupe des *Pseudælurus* sont descendus des animaux à dents de sabre, dont le smilodon ou tigre à dents de sabre, dont on a retrouvé les restes dans les carrières de Los Angeles. Il y a 12 millions d'années environ en Asie, apparut un autre groupe qui franchit le détroit de Béring et se répandit en Amérique, où il a donné l'ocelot et les petits félidés d'Amé-

Ci-contre : *Le bobcat se rencontre de la Colombie britannique à l'ouest du Canada, jusqu'au centre du Mexique. On l'appelle aussi lynx roux ou lynx du Canada, bien qu'il ne s'agisse pas d'un lynx.*

Ci-dessous : *Le tigre est le plus grand des félins et le tigre de Sibérie, animal protégé dont il ne reste que 300 individus, est le plus grand des tigres : il mesure jusqu'à quatre mètres de long.*

rique du Sud. Deux millions d'années plus tard, la famille des chats sauvages se développa et donna souche aux chats de la jungle, aux chats sauvages d'Afrique et aux petits félidés du Vieux Monde. Une autre branche apparut il y a environ 4 millions d'années, à l'origine du guépard et du puma et, plus tard, un groupe représenté aujourd'hui par le lynx et le chat marbré. Enfin sont apparus les grands félins du groupe des Panthérinés : le lion, le tigre, la panthère des neiges, le léopard et le jaguar.

Le chat à la préhistoire

Avec le Pléistocène, qui débuta il y a environ 2 millions d'années, arrive l'ère des grandes glaciations que seules les formes de vie les plus résistantes ont pu traverser en sachant s'adapter. Ce fut une très longue période, qui vit l'apparition des grands lacs et des grands détroits de notre planète, où successivement des masses de terre émergeaient puis sombraient au fil des glaciations et des dégels. Plusieurs mammifères apparurent sous leur forme actuelle, en particulier quarante espèces de félins ayant su s'adapter pour survivre dans des conditions particulièrement changeantes et rigoureuses. Enfin, il y a environ dix mille ans, commença l'Holocène, marqué par une amélioration des conditions climatiques. Les dernières glaces se rétractèrent autour des pôles, le niveau de la mer monta, de grandes forêts sortirent de terre et de vastes étendues de toundra devinrent des régions fertiles. L'homme se démarqua de ses ancêtres primates et commença à faire pousser des plantes pour se nourrir. Il domestiqua les animaux utiles, qu'il représenta de façon symbolique sur les parois des grottes, et apprit à faire du feu. Comme on n'a jamais découvert dans les grottes la représentation d'un animal lui ressemblant de près ou de loin, on pense que le chat ne comptait pas parmi les bêtes que l'homme préhistorique chassait. Mais si on sait que des chiens ont bientôt aidé les hommes à chasser et à garder leur territoire, rien ne prouve une domestication précoce du chat.

La domestication

Quand les hommes ont commencé à stocker leurs récoltes, les chats se sont peut-être approchés, attirés par les souris qui proliféraient dans les provisions. S'il s'agit là d'un scénario possible expliquant le rapprochement du chat vers l'homme, nous ne savons ni s'il a eu lieu ni quand. Le chat domestique appartient à la même espèce que le chat sauvage d'Afrique et d'Europe. On a certes trouvé des ossements de chat sauvage dans la ville de Jéricho lors de fouilles dans des terrains datant de 6 700 avant J.-C., mais la découverte à Chypre d'une mâchoire de chat sauvage, datant de 6 000 ans avant J.-C., est plus significative car il ne s'agit pas d'une espèce indigène. On ne voit pas pourquoi des chats sauvages auraient été introduits dans l'île. Il est possible qu'il fut importé d'Égypte où les chats étaient sans doute déjà domestiqués, même si nous n'avons que des témoignages plus tardifs.

LE CHAT DANS L'ANCIENNE ÉGYPTE

Ci-contre : Statuette en bronze et or de la déesse Bastet, datant de 664-610 avant J.-C.

Ci-dessous : Les bandelettes des momies de chat étaient parfois tressées en motifs complexes et la tête de l'animal représentée avec réalisme. De telles momies ont été découvertes par milliers dans les tombes.

Les Égyptiens représentaient leurs dieux sous la forme d'hommes ou d'animaux et élevaient des bêtes sacrées dans l'enceinte des temples. Plusieurs dieux et déesses avaient une forme ou une tête de lion. Ainsi Bastet, déesse de la fécondité, d'abord représentée sous la forme d'une lionne, prit bientôt les traits d'une chatte et le chat devint son animal sacré. Des chats étaient élevés dans son temple à Bubastis, situé dans le delta du Nil à un endroit connu aujourd'hui sous le nom de Tell Basta, et leur comportement était soigneusement observé et interprété par les prêtres qui y lisaient des signes envoyés par la déesse. Bastet fut représentée sous la forme d'une chatte à partir de 1 500 avant J.-C. environ, mais il est possible que son temple ait déjà abrité des chats plutôt que des lions, plus difficiles à garder en captivité. Sekhmet, « la Puissante », représentée avec une tête de lionne, constitue une seule entité divine dont Bastet est la forme aimable, tandis que Sekhmet figure l'aspect redoutable. Cette dernière illustre la puissance sauvage de l'astre solaire brûlant l'homme dans le désert pour le punir de ses fautes. Sa sœur Bastet représente, au contraire, les bienfaits du soleil, source de vie. Le grand Rê lui-même endossait quelquefois les traits d'un chat, en particulier quand on le montre vainqueur du grand serpent de la nuit, Apopis, qu'il dominait à chaque nouvelle aurore. On disait que la nuit les rayons du soleil se réfugiaient dans les yeux des chats.

Premiers chats domestiques

Les premiers chats domestiques descendent-ils des chats sauvages capturés puis élevés dans les temples ? Ont-ils été attirés par les détritus des villes égyptiennes ? Ont-ils pénétré dans les maisons par un autre biais ? Nous ne le saurons jamais, mais toutes ces hypothèses se conjuguent sans doute. Les nombreuses fresques les représentant dans les tombes prouvent en tout cas leur domestication précoce. On les voit souvent à l'intérieur des maisons, parfois sous le fauteuil d'une femme assise. Sur une peinture, un chaton joue sur les genoux d'un homme assis à côté de son épouse, sur une autre, il a une boucle d'oreille. Ailleurs, le petit félin porte un collier et une laisse qu'il tire en direction d'un bol de nourriture, un autre mange un poisson. Il existe de nombreuses peintures de chat couvrant la période 2 000 à 1 200 avant J.-C., certaines contemporaines de l'époque où Bastet était encore représentée avec une tête de lionne, ce qui montrerait que le chat était entré dans les maisons avant même d'avoir trouvé sa place dans les temples. À côté de ces représentations domestiques, il existe un certain nombre de fresques où le chat prend part à des scènes de chasse : on le voit bondir

Ci-contre : *Sur cette fresque d'une tombe égyptienne, un chat mange un poisson sous le fauteuil de sa maîtresse.*

sur des oiseaux que des hommes ont fait tomber au sol en jetant des bâtons et s'apprêter, selon certains auteurs, à rapporter le gibier au chasseur.

On pense que les Égyptiens savaient très bien apprivoiser les animaux et encore de nos jours certains chats aiment rapporter des objets que leur maître ont lancés, on peut donc supposer qu'en Égypte certains chats étaient dressés pour aider les chasseurs dans les marécages du delta du Nil. Mais ces fresques ont peut-être une valeur symbolique et religieuse, le chat étant signe de fécondité pour les femmes et d'abondance pour les chasseurs dans l'au-delà.

Le temple de Bubastis

Le premier temple de Bubastis a été construit sous l'Ancien Empire, vers 2 500 avant J.-C. La déesse à tête de chat fut vénérée dans ce lieu pendant quinze siècles et quand le prince libyen Chéchanq s'empara du trône d'Égypte vers 950 avant J.-C., il fit de Bubastis sa capitale. Bastet devint alors une des principales déesses d'Égypte. Tous les ans des milliers de gens quittaient leur maison à la fin du mois d'avril et en mai et descendaient le Nil pour participer au grand pèlerinage annuel. Bastet était la déesse du plaisir, de la musique et de la danse. Les pèlerins apportaient des flûtes et des cymbales, et agitaient des sistres (petites percussions souvent représentées sur les statues de Bastet) pour marquer le rythme de la danse.

Ci-contre : *Cette peinture orne la tombe de Nébamon, XVIIIe dynastie, surintendant des greniers d'Amon à Thèbes. On le voit chassant le gibier d'eau, avec sa femme et sa fille, dans les marais. Le chat a-t-il été dressé pour bondir sur les oiseaux et les rapporter ou est-il un symbole de fécondité et d'abondance ?*

Ci-dessous : Les Égyptiens offraient des statuettes votives de chats et de chatons au temple de la déesse Bastet.

À droite Le mau est une race moderne issue de la région du Caire. Il ressemble beaucoup aux chats représentés sur les peintures de l'Antiquité égyptienne et certains pensent qu'il en est le lointain descendant.

Au Ve siècle avant J.-C., Hérodote, historien et voyageur grec, raconte l'ambiance de fête qui réunissait quelque 700 000 pèlerins chantant et frappant des mains s'ils n'avaient pas d'instrument de musique et buvant en quelques heures autant de vin que pendant le reste de l'année. Il donne aussi une description du temple : « D'autres temples sont plus grands et plus imposants, aucun n'est plus beau que celui-ci. » C'était un superbe édifice, plus bas que les constructions l'entourant, en blocs de granite rouge formant un énorme carré. De chaque côté, des canaux larges recevant l'eau du Nil donnaient au site l'aspect d'une île, et au centre, un bouquet de grands arbres, protégés par un mur de pierres, entourait le sanctuaire de la déesse.

À l'intérieur, les murs étaient couverts de scènes et d'inscriptions en relief, dont l'une, située dans le sanctuaire, montrait le roi Osorkon II présentant des offrandes à la déesse à tête de chat avec cette inscription : « À Toi, toute la terre en hommage, à Toi, tout le pouvoir, comme à Rê. » Ce qui montre l'importance accordée au chat.

Les pèlerins affluaient vers d'autres lieux, comme le Bubasteion à Saqqarah ou le temple de Pakhet, déesse-chatte de moindre importance que Bastet honorée à Beni Hassan en Moyenne-Égypte. Ils offraient des statuettes votives représentant Bastet ou un chat sacré ou de vrais chats : les restes d'un compagnon regretté, embaumés et momifiés. Curieusement au milieu de ces momies de chat, on trouve celles de jeunes chatons, la nuque brisée parfois, comme s'ils avaient été tués volontairement. Certaines de ces momies ne sont que des paquets d'os – dont quelques-unes n'appartiennent pas toujours à des chats. Il semblerait que les chats étaient sacrifiés de façon rituelle ou élevés à seule fin d'être momifiés et vendus aux pèlerins, comme on achète aujourd'hui un cierge dans une église. En cas de pénurie, les marchands n'hésitaient pas à tromper leurs clients en leur vendant de fausses momies.

Des animaux de compagnie

Le chat occupait une place de choix dans les maisons égyptiennes. Dès 1 500 avant J.-C., on trouvait des chats dans les demeures nobles, puis dans les foyers plus modestes comme animal de compagnie. Grâce à leurs liens avec la déesse, ils étaient considérés comme des animaux sacrés et tuer un chat était un crime sévèrement puni. On raconte qu'un voyageur romain a été violemment malmené par la foule pour avoir causé accidentellement la mort d'un chat, et un historien grec du Ier siècle rapporte que les Égyptiens avaient si peur d'être accusés de ce crime, que s'ils croisaient un cadavre de chat, ils se lamentaient aussitôt sur son sort.

Quand un chat domestique mourait de maladie ou de vieillesse, toute la maisonnée entrait dans une période de deuil et se rasait les sourcils par respect pour l'animal défunt. En signe de douleur, les gens se frappaient la poitrine, gémissaient, entonnaient des mélopées et faisaient résonner des gongs funéraires. Le chat était ensuite embaumé, d'une manière très semblable à celle des humains. Après avoir retiré certains organes, on desséchait les tissus avec du natron, puis on comblait les cavités avec du sable ; le corps était modelé de façon compacte en allongeant les pattes antérieures le long du thorax, en remontant les pattes postérieures sous le ventre, et en roulant la queue entre celles-ci. Le corps était alors enveloppé de bandelettes imbibées de natron ou traitées à la résine, dont la dernière couche était parfois tissée

Vers la fin des années 1880, on découvrit à Beni Hassan, près du temple de Pakhet, un cimetière de chats qui contenait 300 000 momies, empilées par couches de vingt environ. L'ensemble fut pillé. Certaines furent emportées puis revendues comme souvenir aux étrangers par les Égyptiens, d'autres furent écoulées comme poudre dentaire, les enveloppes servant à faire de l'engrais (un bateau en emporta une vingtaine de tonnes à Liverpool où elles furent revendues pour fertiliser les champs). Heureusement, quelques-unes furent sauvées et étudiées ce qui permit une meilleure connaissance des races de chat. Un siècle plus tard, un autre cimetière, à Saqqarah, et un filon de momies d'une soixantaine de mètres au temple de Pakhet furent mis au jour, apportant aux égyptologues et aux zoologistes de nouvelles données sur les chats de l'Antiquité.

Au VIe siècle avant J.-C., le roi perse Cambyse II sut tirer partie du profond respect des Égyptiens pour le chat. Au moment d'attaquer le port de Péluse, défendu par une garnison égyptienne, il fit porter des chats par les soldats des premières lignes qui attaquaient les murs de la ville. Les Égyptiens se rendirent plutôt que de risquer de tuer des animaux sacrés et les Perses emportèrent la victoire sans effusion de sang.

en un dessin complexe. Les plus pauvres se contentaient ensuite d'offrir un simple habillage en paille de couleur, tandis que les familles riches commandaient des sarcophages en bois sculpté, en terre ou en métal. On trouve aussi des coffrets en forme de boîte dont le couvercle est décoré de petites sculptures figurant des chats et des chatons. Une fois accomplis tous les soins d'embaumement, la famille endeuillée offrait le petit corps à la déesse à Bubastis ou le faisait enterrer dans un cimetière de chats.

Ci-contre : *Les chats ne sont plus sacrés dans l'Égypte d'aujourd'hui, mais ils continuent de vivre au milieu des ruines des temples.*

LE CHAT DOMESTIQUE ÉTEND SON TERRITOIRE

La loi égyptienne, qui protégeait le chat, en interdisait l'exportation. Ce qui ne l'empêcha pas de sortir d'Égypte. Il apparaît ainsi sur des vases grecs et, au Ve siècle, sur la pierre tombale d'un jeune homme où il est montré regardant en l'air un oiseau en cage. Ailleurs, sur un bas-relief, un chat tenu en laisse montre son inquiétude face à un chien qui demande à jouer. Les Grecs considéraient le chat, mentionné par Hérodote lors de ses voyages en Égypte, comme un animal exotique et non comme un dératiseur potentiel. Pour la destruction des rongeurs, ils utilisaient plutôt une sorte de belette, appelée *galè*, dont le nom a aussi servi à désigner les chats, entraînant des confusions. Cependant au IIIe siècle, un poète grec de Sicile décrit « tous les chats comme des coussins moelleux », ce qui permet de penser que le chat était devenu un animal de compagnie familier.

Ci-dessous : Le chat apparaît dans l'art grec sur quelques vases peints, sur une stèle funéraire et sur ce panneau d'un socle de statue datant des environs de 510 avant J.-C. Le comportement du chien (tête baissée et queue redressée en arc de cercle) est typique d'une invitation canine à jouer, mais le chat fait le gros dos et ne semble pas faire confiance à cet éventuel compagnon de jeux.

L'époque romaine

Quand Jules César conquit l'Égypte et ramena Cléopâtre avec lui, Rome se laissa gagner par la mode égyptienne. On construisit des temples à Isis et aux dieux égyptiens, et à côté de ces cultes exotiques, les gens aisés firent venir des chats. Au Ier siècle après J.-C., Pline l'Ancien mentionne le chat dans son *Histoire naturelle,* décrivant sa façon de chasser les oiseaux et les souris, et un siècle plus tard Palladius conseille dans son traité de jardinage de l'employer pour lutter contre les taupes et les rats. Quand les légions romaines envahirent l'Europe, elles furent suivies de près par le rat, inconnu semble-t-il jusqu'alors en Grande-Bretagne. Le rat noir est originaire d'Asie Mineure et d'Orient ; quant au rat gris, il n'atteignit l'Europe du Nord que mille ans plus tard. Les Romains amenèrent aussi avec eux des chats, à la fois comme chasseurs de rats et de souris (ces dernières ayant précédé les armées de César de quelques siècles) et comme animaux familiers. On a trouvé, dans l'ouest de la Gaule, une pierre tombale du IIe siècle montrant un enfant qui tient un petit chat et, dans des sites romains d'outre-Manche, des ossements de chat et des empreintes dans des carreaux de terre cuite. À Colchester, un squelette antérieur à l'invasion romaine atteste même que les marchands avaient introduit le chat en Grande-Bretagne avant les Romains.

Un animal de prix

Le chat fut sans doute dans un premier temps associé aux conquérants romains et réservé aux riches, mais bientôt il gagna les fermes et les maisons plus modestes. Dans les périodes agitées qui suivirent le retrait des légions romaines et la désintégration de l'Empire, il fut de plus en plus apprécié pour ses compétences de chasseur – plutôt que pour sa compagnie. Par exemple, son prix fut

Ci-contre *Tout ce qui touchait à l'Égypte était très recherché dans l'Empire romain et, malgré les lois en interdisant l'exportation, des chats furent introduits à Rome. Ils sont souvent représentés sur les mosaïques (ici une œuvre du Ier siècle à Pompéi), et généralement dans des attitudes de prédateur.*

bientôt fixé par des décrets promulgués en 936 par un prince du sud du pays de Galles, Hywel le Bon : le chaton vaut un penny de sa naissance à l'ouverture de ses yeux, deux pence du jour où il ouvre les yeux à celui où il tue sa première souris, et quatre pence quand il a atteint sa pleine maturité de chasseur. Un bon chat devait voir, entendre et tuer les souris, avoir des griffes acérées et ne pas dévorer les chatons. Sous la règle de Hywel, quiconque s'apercevait après l'achat que son animal ne répondait pas à toutes ces qualités pouvait se faire rembourser le tiers du prix payé. La loi envisageait aussi la réparation accordée au propriétaire d'un chat volé ou tué : la bête était pendue par la queue, la tête effleurant une surface lisse et plane. On versait alors du grain pour la recouvrir entièrement, jusqu'à la pointe de la queue. La quantité de blé équivalait à la valeur du chat. S'il n'y avait pas de grain, une brebis allaitante faisait l'affaire, son agneau et sa toison valant le prix du chat.

Les noms du chat

Dans l'Égypte antique, le chat s'appelait mau, c'est-à-dire « voir ». L'animal était associé aux symboles jumeaux de l'œil d'Horus et de l'œil de Rê, qui représentaient la lune et le soleil et figuraient sur les shaouabtis, figurines rituelles portant des inscriptions. « Mau » est-il une onomatopée imitant le cri du chat, ou au contraire notre « miaou » est-il un lointain héritage du mot égyptien ? On sait par ailleurs que la déesse Bastet s'appelait aussi Pakhet et certains affirment que le « pussy cat » des Anglais en découlerait.

Le mot « chat » semble remonter à un terme nubien, « *kadis* », qui évolua à travers les Balkans, les régions slaves, le pourtour méditerranéen et les pays de l'Atlantique au fil de ses déplacements le long des routes de commerce, où une population de chats toujours plus nombreuse circulait dès les premiers siècles du christianisme. Les noms du chat sont assez semblables dans tous ces pays, avec de légères différences de prononciation et de graphie.

Angleterre	cat
Pays-Bas et Danemark	kat
Suède	Katt
Allemagne	katze
Pologne	kot
Grèce	gatta
(*ailouros* en grec ancien)	
Espagne et Portugal	gato
Italien	gatto

On trouve dans d'autres langues *catt, cath, catus, cattus, cait, katte, katti, kottr, kazza, kattos, kate et kotu.*

Un animal nécessaire

Au Ier siècle après J.-C., l'Église associa le chat au paganisme, au culte de Bastet bien sûr, mais aussi au culte de déesses apparentées, notamment Diane, la déesse lunaire, ou, dans la mythologie nordique, Freya dont le chariot était tiré par des chats. Diane était parfois identifiée à Hécate, une ancienne déesse considérée de plus en plus souvent comme une reine parmi les sorcières, entourée de chats. Ceci n'empêcha pas des hommes d'Église d'aimer les chats, à commencer par le pape Grégoire le Grand ou un moine irlandais, auteur de superbes poèmes sur son chat Pangur Ban qui veillait toute la nuit et guettait les souris, pendant que lui-même guettait les mots des manuscrits qu'il copiait. Le chat était le seul animal familier autorisé dans les couvents, selon la règle du XIIe siècle d'un ordre monastique. Il était accepté comme un compagnon utile et, si certaines anciennes croyances ressurgissaient parfois, elles n'entravaient pas la pratique de la religion.

Les choses changèrent au XIIIe siècle avec le développement des hérésies albigeoise et vaudoise qui s'élevèrent contre l'Église et virent la renaissance de cultes païens, liés à Freya. Le pape Grégoire IX déclara que les hérétiques adoraient le diable sous la forme d'un chat noir et, un siècle plus tard, le pape Clément V, qui voulait supprimer l'ordre religieux des chevaliers du Temple, porta sur ses membres les mêmes accusations. Dès lors, l'Église s'attaqua à la sorcellerie, qui n'était guère prise au sérieux auparavant, et associa les chats aux sorcières, conduisant à la persécution de milliers d'innocents et de leur animal familier et encourageant en différents endroits des rassemblements où l'on torturait et mettait à mort des chats.

Cette persécution eut lieu à un moment où le chat devint particulièrement nécessaire pour tuer les nombreux rats ramenés par les bateaux des croisés revenus de Terre Sainte. Les rats répandirent la peste bubonique à travers l'Europe, causant la mort de millions de personnes. Mais les chats furent considérés avec suspicion jusqu'au XVIIIe siècle où des considérations d'ordre pratique provoquèrent leur retour en grâce pour dératiser les maisons. Certains surent bientôt regagner leur place d'animal choyé.

Le chat en Extrême-Orient

Des liens commerciaux se développèrent entre l'Empire romain et la Chine de la dynastie des Han. On a la preuve de l'existence de chats en Chine autour de 400 après J.-C., puis les 600 ans qui suivirent ne laissent guère de témoignages, à l'exception d'un épisode au VIe siècle quand certains membres de la famille impériale furent bannis pour avoir menacé l'impératrice avec des « spectres de chats ». Le panthéon chinois comptait aussi un dieu félin de la fécondité, une sorte de chat ratier appelé Li Chou. Mais l'animal est sans doute resté présent en Chine puisqu'un chat chinois fut offert à l'empereur Koko du Japon en 884. Il n'était pas le premier de son espèce au pays du Soleil-Levant : une histoire japonaise de fantôme, de 705, montre un mort revenant sous les traits d'un chat.

En 999, l'empereur du Japon Ichijo reçut une chatte de Corée qui donna le jour à cinq chatons dans le palais impérial de Kyoto. La mise bas eut lieu le dixième jour de la cinquième lune et l'empereur en fut si émerveillé qu'il ordonna que la petite famille soit particulièrement entourée de soins et isolée de l'extérieur pour favoriser la naissance d'autres chatons semblables – c'est la première mention d'un élevage organisé de chats domestiques.

À peu près au même moment, le chat fit son apparition dans l'art chinois, en particulier sur des portraits d'enfants de la noblesse. Mais si l'animal jouissait d'un grand prestige, en Chine, comme au Japon, on savait aussi apprécier ses qualités de prédateur dans la lutte contre les

Ci-dessus : *Un chat est assis aux pieds de Judas dans la Cène peinte par Domenico Ghirlandajo au XVe siècle. Il symbolise la perfidie diabolique du traître.*

Ci-dessous : *En Inde, le chat fut aussi apprécié des musulmans que des Hindous et il apparaît sur de nombreux portraits de cour.*

souris qui détruisaient les cocons de vers à soie.

À une certaine époque il fut si recherché comme animal de compagnie, qu'il fallut lui substituer des figurines de chat en céramique peinte, éclairées parfois de l'intérieur avec une bougie, pour effrayer les souris. Elles ne se montrèrent guère efficaces ; les greniers à grains et les garde-manger furent envahis par les nuisibles et l'industrie de la soie sérieusement menacée. Ce n'est qu'au XVIIe siècle qu'une loi japonaise fut promulguée interdisant de tenir les chats en laisse, de les revendre et même de les offrir en cadeau. Le chat put à nouveau exercer librement son rôle de chasseur et se comporter en animal utile.

Les chats d'Extrême-Orient sont généralement plus longilignes que leurs congénères européens. Est-ce le résultat de croisements avec des chats sauvages régionaux ou d'une adaptation à des conditions climatiques différentes ? Il est difficile de trancher. On pense aussi que les premières races à poils longs seraient apparues en Orient. Certains chatons

Ci-dessus : *Scène de banquet sous le règne du cinquième empereur de la dynastie des Tang, au Xe siècle. Les chats (en bas vers la gauche) avaient leur place à la cour impériale de Chine.*

Ci-contre : *Importé de Chine, le chat fut au Japon un animal de compagnie réservé à la cour et à la noblesse. Sur cette gravure sur bois exécutée au XIXe siècle par Tsukioka Yoshitoshi, il est le complice de la Beauté.*

Ci-contre : *Figurine en faïence du Staffordshire : au milieu du XIXe siècle le chat était déjà un compagnon familier assis au coin du feu.*

présentant une mutation naturelle auraient été protégés et entourés de soins pour favoriser la naissance d'individus identiques. Des chats à poils longs figurent sur des rouleaux peints attribués à un empereur chinois du XVe siècle, tandis que d'autres, dont le pelage en deux tons ressemblait à celui des siamois, auraient été élevés dans des temples bouddhistes d'Asie du Sud-Est. Cette dernière assertion est remise en question par ceux qui considèrent que le chat sacré de Birmanie est une création européenne du XXe siècle. On a cependant découvert en 1960 au Tibet deux chats de ce type.

Plusieurs races de chats sont connues depuis longtemps en Thaïlande, en particulier le siamois et le korat bleu. On les retrouve sur un ancien rouleau qui semble remonter au XIVe siècle. Enfin, au Japon il existe aussi une race à courte queue en pompon ressemblant à celle d'un lapin. Toutes se sont développées grâce à la place prestigieuse du chat dans la culture orientale.

Chats turcs et persans

À la différence du christianisme, l'islam protégea le chat. La tradition raconte que le prophète Mahomet a préféré couper un pan de son vêtement plutôt que de réveiller sa chatte Muezza endormie dessus et qu'il se purifia à l'eau d'une source où un chat venait pourtant de boire. Un de ses disciples aimait d'ailleurs tellement les chats que Mahomet lui donna un nouveau nom : Abu-Kurairha, c'est-à-dire « père des chats ».

Les premiers chats à poils longs, introduits en Europe occidentale au XVIe siècle, venaient du monde islamique, mais il faudrait rechercher leur origine dans des régions septentrionales au climat plus froid. Importés de Turquie, ils étaient « beaux à regarder, couleur de cendre, brun foncé et mouchetés ». Ils avaient une fourrure soyeuse, une longue queue et des oreilles pointues. Ce sont les angoras d'aujour-

Ci-contre : *Auguste Renoir aimait glisser un chat dans ses portraits de femmes. Il peignit ce tableau en 1875, à un moment où le chat comptait de plus en plus d'amateurs enthousiastes et où les races à poils longs allaient dominer les expositions félines.*

Ci-contre : *Stripey faisait partie de l'équipage du Warspite en 1947. Les chats, qui jouaient un rôle vital à bord des bateaux, bénéficièrent dans la Royal Navy d'un statut officiel jusqu'en 1975, date à laquelle de nouvelles lois de quarantaine mirent fin à la tradition.*

d'hui. Un peu plus tard arrivèrent les persans à la fourrure plus épaisse, la tête plus large et la queue longue et touffue. Les nouveaux arrivants étaient davantage des animaux de compagnie que des bêtes utilitaires.

Chats des mers

Nulle part le chat n'était plus apprécié que sur les bateaux, surtout après l'arrivée en Europe au XVIe siècle du rat gris, ou rat d'égout, qui rejoignit le rat noir. Les cales en étaient souvent infestées et la présence de chats étaient la seule façon de limiter la prolifération des rats. À bord, les chats avaient leur propre loi : ils embarquaient et débarquaient à leur gré, même si généralement ils se montraient fidèles à leur navire. Une fois adultes, les chatons nés en mer descendaient souvent à terre et commençaient une nouvelle vie dans un port de leur choix, loin de leur lieu d'origine. C'est ainsi que les chats, c'est-à-dire les chats de différentes couleurs et formes, circulèrent à travers le monde.

Le rat d'égout colonisa la terre entière. Il prospérait là où le rat noir ne pouvait survivre et bientôt avoir un chat devint une nécessité dans les bureaux, les entrepôts, les magasins, les bâtiments officiels et jusque dans les palais royaux. Chaque ferme, chaque moulin, chaque épicerie, chaque échoppe avait son chat et l'animal sut se faire accepter, à ses propres conditions, dans la plupart des pays. Malgré son esprit d'indépendance, il s'est insinué dans la vie et le cœur de beaucoup d'entre nous. Il est pour toujours l'incontournable compagnon roulé au coin du feu, mais, avec le développement de races spécifiques, il est aussi parfois un objet de prix.

Ci-dessous : *Dans les îles grecques, les chats sont toujours à l'affût, prêts à s'emparer d'un poisson prélevé dans la pêche du jour ou à quémander de la nourriture auprès des touristes.*

LE CHAT, ANIMAL MAGIQUE ET MYTHIQUE

Dès l'origine de sa domestication, le chat a été associé à toutes sortes de superstitions, de cérémonies religieuses et de rituels magiques. Les déesses de la fécondité Bastet et Freya avaient toutes deux quelque chose de félin (le chat est d'ailleurs un animal si prolifique que ses liens avec les rituels de la fécondité n'ont rien de surprenant) et c'est sans doute par réaction à ces pratiques des religions païennes que le christianisme a diabolisé l'animal. Le mode de vie nocturne du chat et sa capacité à surgir de nulle part et à disparaître aussitôt ont sans doute favorisé ces mythes. De nos jours, les préparations pharmaceutiques à base d'éléments félins semblent davantage des potions de sorcière que des remèdes sérieux, mais certaines superstitions subsistent : un chat noir est souvent perçu comme un signe du ciel, favorable pour les uns, hostile pour les autres.

Ci-contre : *Quand en 1510 Hans Baldung grave dans le bois un sabbat de sorcières, il n'omet pas d'y placer un chat.*

Ci-dessous : *Au Moyen Âge, le chat symbolisait la nuit et les pouvoirs maléfiques. Il est représenté, sur cette stalle, à côté d'une chauve-souris, autre créature démoniaque, pour rappeler aux moines qu'ils devaient fuir le mal.*

Rituels et superstitions

Dans les croyances anciennes, on sacrifiait un prêtre-roi ou un animal sacré pour assurer le renouvellement des saisons et de la terre. La crucifixion du Christ en est un écho.

En Europe de l'Est, des chats étaient enterrés vifs pour rendre les champs fertiles. Ailleurs, un chat était enfermé vivant dans la dernière gerbe de blé et frappé à mort avec les fléaux ayant battu le grain. Plus tard, on épargna les animaux, mais la dernière gerbe coupée et liée garda le nom de « queue du chat ». En Silésie, le moissonneur de la dernière gerbe se voyait affublé d'une queue en paille et endossait le rôle du matou. Un second devenait la chatte et tous deux cherchaient à attraper leurs compagnons pour les frapper de façon symbolique.

Des traces de ces croyances ancestrales franchirent les générations et dans certaines zones rurales, on interdisait aux enfants de fouler les pousses de blé en les menaçant du chat des blés. À Briançon, des chats étaient parés de fleurs, de rubans et d'épis de blé au début des moissons ; ils accompagnaient la récolte jusqu'à ce qu'elle soit engrangée puis leurs ornements étaient retirés de façon rituelle. Si un moissonneur se coupait avec sa faux, on amenait un chat pour lécher la blessure.

En Asie du Sud-Est, les chats intervenaient dans des rituels pour faire tomber la pluie. En Malaisie, les paysans priaient et jouaient d'instruments de musique pendant qu'un chat était plongé plusieurs fois – presque jusqu'à la noyade – dans un grand récipient en terre rempli d'eau. À Java, on baignait des chats dans des bassins et à Célèbes, on attachait solidement un chat à un siège que l'on portait trois fois autour des champs desséchés avant de l'arroser copieusement pour faire venir la pluie. À Sumatra, il fallait un chat noir pour que le ciel se noircît de nuages bienfaiteurs. L'animal était lâché au milieu d'une rivière. Quand il avait regagné la rive à la nage, il était pourchassé et éclaboussé avant de pouvoir s'enfuir.

À Aix-en-Provence, les sacrifices anciens de chat persistèrent de façon étrange à l'époque chrétienne. Le jour de la Fête-Dieu, on attrapait un beau matou, qu'on emmaillotait et plaçait sur un autel où il était adoré par la foule. On brûlait de l'encens et on entonnait des prières puis, à la fin de la journée, le chat, toujours attaché, était mis dans un panier en osier et jeté vivant dans un grand feu de joie sur la place de la ville, que les prêtres parcouraient en procession.

Jusqu'au XVIIIe siècle, on utilisa des chats pour protéger les maisons en construction. Ces superstitions remplaçaient des sacrifices humains ; de nos jours encore, certains glissent des pièces de monnaie ou d'autres objets au milieu des fondations. On a découvert plusieurs chats enterrés à Londres : l'un d'eux, à Southwark, tenait un rat dans sa gueule et un autre dans ses pattes avant. À Hay Hill, c'est un chat très bien conservé et un oiseau, datant du XIVe siècle. Ils étaient censés protéger des animaux nuisibles et des sorcières.

Remèdes de chat

De nombreuses superstitions ont entouré les pouvoirs de guérison du chat. Pline l'Ancien préconisait d'utiliser des excréments de chat mélangés à des graines de moutarde pour soigner les plaies de la tête, à de la résine et de l'essence de rose pour les troubles de l'utérus et à du vin pour retirer les échardes. Des siècles plus tard, au XVIIe siècle, Edward Topsell, dans son *History of Four Footed Beastes (Histoire des quadrupèdes)*, recommandait de la poudre séchée de foie de chat pour guérir les calculs de la vessie, de la graisse de chat pour soigner la goutte et, en cas de maladie des yeux ou de cécité, il expliquait qu'il fallait brûler la tête d'un chat noir, la réduire en poudre et la souffler sur l'œil malade à travers le tuyau d'une plume. En 1693, William Salmon soutenait encore de telles recettes dans son *Compleate English Physician (Manuel complet du médecin anglais)*.

Il existe aussi toutes sortes de croyances populaires : se frotter les yeux avec la queue d'un chat noir pour soigner les orgelets, guérir les panaris en nouant la queue d'un chat noir autour des doigts atteints, une fois par jour pendant trois jours consécutifs. Trois gouttes de sang de la queue d'un chat éloigneraient l'épilepsie. Et dans *Les Aventures de Tom Sawyer,* Huckleberry Finn explique comment supprimer les verrues : il suffit de conduire un chat noir, au milieu de la nuit, dans un cimetière ; quand « le diable suit les âmes, le chat suit le diable, la verrue suit le chat, ça fera partir toutes les verrues ».

On utilisa des fourrures de chat pour soulager les brûlés lors du grand incendie de Londres en 1666 ; la dépouille soyeuse d'un chat mort était posée sur les brûlures pour les protéger de l'air. En Hollande et ailleurs, on employait des peaux de chats pour soigner les maux de gorge et les affections dermatologiques ; au Japon, un chat noir vivant était allongé sur le ventre des malades souffrant de graves troubles de la digestion ou d'épilepsie.

Les chats, la mer et la météo

Comme le chat jouait un rôle capital dans la marine, il fut bientôt entouré de toutes sortes de superstitions. Il était généralement considéré comme un animal bénéfique. Ainsi pour les Japonais un Mi-ke (chat à robe écaille-de-tortue ou à taches blanches, rousses et noires) était signe de chance. Les équipages entouraient l'animal de soins et les mauvais traitements qu'on lui faisait subir risquaient de porter malheur : jeter par-dessus bord un chat, noir de surcroît, c'était s'exposer à un violent orage.

Les chats permettaient de prévoir le temps. On sait qu'ils sont aussi sensibles que des baromètres aux variations de pression atmosphérique et qu'ils deviennent nerveux et s'agitent au moindre bruit plusieurs heures avant un orage. Ce comportement est interprété de différentes manières : certains considèrent qu'un chat qui se passe la patte derrière l'oreille est signe de beau temps, d'autres qu'il annonce la pluie. Non seulement le Mi-ke sentait venir les orages, mais, envoyé en haut du mât, il repoussait les démons. On pensait aussi qu'un chat pouvait faire lever le vent sur une mer d'huile : on apportait un pot en fer sur le

Ci-contre : Gravure sur bois russe du XVIIIe siècle.

pont, on le posait à l'envers et on y enfermait un chat.

À terre aussi les chats annonçaient le temps. En Chine, on disait qu'ils plissaient les yeux avant la pluie. S'ils se frottaient derrière l'oreille, la pluie approchait, s'ils s'asseyaient dos à la cheminée, il allait geler à pierre fendre. En Écosse, un chat faisant ses griffes sur un pied de table annonçait des vents violents ; ailleurs, des chats qui se mettaient à miauler et à s'agiter en tous sens présageaient de fortes tempêtes. Enfin, selon une légende slave, les démons se réfugiaient pendant les orages dans le corps des chats, où ils se moquaient des coups de tonnerre porteurs des prières des anges. Les éclairs célestes étaient destinés à chasser les démons, aussi en cas d'orage les chats étaient-ils mis dehors pour éviter que la foudre ne tombe sur les maisons.

Démons et sorcières

Le diable prenait la forme d'un chat aux yeux de ses adorateurs – et du reste de la population. L'apparition d'un chat noir a souvent été signalée lors de grands désastres. À Metz, on a brûlé vifs treize chats, tous les ans pendant quatre siècles, en souvenir d'une épidémie de danse de Saint-Guy (maladie nerveuse caractérisée par des mouvements involontaires). À Salem, dans le Massachusetts, en 1692 quand cent cinquante personnes furent condamnées pour sorcellerie, un certain Robert Downer affirma qu'une diablesse s'était glissée par sa fenêtre sous la forme d'une chatte et l'avait attaqué dans son lit.

Des chats furent brûlés un peu partout en place plublique, à Paris par exemple, le jour de la Saint-Jean. À Ypres, on jetait des chats du haut du beffroi, une coutume qui survit aujourd'hui avec des figurines en peluche, lors de fêtes populaires célébrant l'histoire du chat et de ses légendes.

Au Japon, une diablesse-chatte tua la fiancée d'un prince, prit la forme de la belle et se glissa dans la couche du jeune homme pour sucer son sang. Les sorcières avaient la réputation de pouvoir se métamorphoser et, en Écosse en 1662, on amena une femme à révéler le secret de la formule lui permettant de devenir chat.

À gauche : *Représentation moderne du célèbre procès des sorcières de Salem, dans le Massachusetts : on y voit un sorcier clamer son innocence.*

Ci-dessus : *Cette gravure sur bois du XIXe siècle, signée Tsukioka Yoshitoshi, montre des sorcières entourées d'animaux maléfiques. Au Japon, comme en Europe, les sorcières se métamorphosaient en chat.*

Ci-contre : *Le Chat botté de Perrault, représenté ici par Gustave Doré, est le plus célèbre des « matagots », ces chats qui apportaient la bonne fortune à ceux qui savaient les traiter dignement.*

Ci-dessus : *Au Japon, le maneki-neko ou « chat qui fait signe » est un porte-bonheur placé dans les maisons ou devant les magasins et restaurants pour accueillir les clients.*

Un ouvrage du XVIe siècle affirme cependant que des sorcières ne pouvaient prendre la forme d'un chat que neuf fois seulement. Enfin, on ne compte pas les histoires où des sorcières sont confondues par une blessure qu'elles ont reçue étant chatte et dont elles gardent la marque sous leur forme humaine.

Les sorcières japonaises étaient souvent assistées d'un *nekomata*, ou chat-démon, qui se reconnaissait généralement, mais pas toujours, à sa queue divisée en deux. Parfois les gens coupaient la queue des chatons pour les empêcher de devenir *nekomata*.

En Angleterre, le dernier procès de sorcellerie s'ouvrit en 1712 et, encore en 1749, une religieuse bavaroise fut décapitée pour avoir parlé avec ses trois chats et reconnu qu'ils étaient diaboliques.

Chats porte-bonheur

De nos jours, les sorcières et leurs chats ont rejoint les rangs des contes pour enfants, mais les gens continuent d'entretenir des superstitions autour du chat. Curieusement les croyances se contredisent d'un endroit à l'autre. Un chat noir est signe de chance en Grande-Bretagne, mais de malchance aux États-Unis où l'on préfère les chats blancs, sauf la nuit où ils prennent un tour plutôt maléfique. En Bretagne, on dit que les chats noirs possédant au moins un poil blanc apportent santé et chance en amour à celui qui le trouve et l'arrache.

En Extrême-Orient, les bouddhistes considèrent que tous les chats ont une influence bénéfique. On vénère en particulier au Japon le maneki-neko, « le chat qui fait signe ». Le chat d'un pauvre monastère bouddhiste attira un jour l'attention de samouraïs qui passaient, en les invitant de sa patte levée à s'arrêter et entrer. Pendant qu'ils étaient à l'intérieur du temple et écoutaient les moines débattre de sujets sacrés, les samouraïs échappèrent à un violent orage. Quand ils racontèrent leur aventure à leur seigneur, celui-ci fut très impressionné et il accorda sa protection au temple qui se mit à prospérer. C'est aujourd'hui un sanctuaire très visité : les gens viennent y prier et offrent des figurines de maneki-neko. Le chat qui lève la patte en signe de salut est devenu un porte-bonheur que bien des gens ont adopté sans connaître son histoire.

Les Scandinaves ont aussi un chat bienfaiteur, le Chat-Beurre, à qui l'on offre de la crème, mais c'est dans le sud de la France que la croyance en des chats bienveillants est la plus forte. On les appelle « matagots » et ils portent bonheur à ceux qui les protègent : le plus célèbre d'entre eux n'est autre que le Chat botté.

Deuxième partie :

Les races du monde

COULEURS ET MOTIFS DES ROBES

Ci-contre : *Oriental havana.*

LA COLORATION DU POIL est due à la présence, dans les cellules de l'épiderme, de grains de pigment contenant de la mélanine. Il existe deux formes de mélanine, l'une donne le noir et le brun (eumélanine), l'autre l'orange et le jaune (phénomélanine).

Trois grands types de robe : tabby, unicolores et à « points » colorés

Le vrai chat sauvage a des poils noirs striés (dits « tiquetés », les Anglais parlant de *ticking*) de fauve, ou dont seule la pointe *(tipping)* est fauve. Parmi les ancêtres du chat domestique, on trouve une grande variété de motifs tachetés et rayés sur des fonds plus clairs tiquetés ; ils ont donné les robes dites « *tabby* » qui sont les plus anciennes et les plus répandues parmi les chats domestiques.

On distingue quatre groupe de robes *tabby :* les robes tiquetées, caractéristiques des abyssins, les robes à rayures verticales (dites parfois « mackerel »), les robes mouchetées *(spotted)* et les classiques marbrées d'ocelles sur les flancs de l'animal *(blotched)*. Il semble que la première mutation de couleur fut l'apparition d'un gène supprimant la double coloration du poil, produisant des chats noirs ou à robe unicolore. On peut d'ailleurs observer ce phénomène chez d'autres félins.

Une autre mutation donna des gènes alternatifs ou allèles qui réduisent l'intensité de la pigmentation, provoquant une sorte d'albinisme. Elle a donné des races où la pigmentation s'exprime sur des zones limitées : le chat sacré de Birmanie et, de façon encore plus caractéristique, le siamois, chez qui la couleur, très atténuée, est cantonnée aux extrémités (masque, oreilles, pattes et queue, les *points* des Anglo-Saxons). Le pelage blanc peut aussi être dû à un gène dominant qui empêche le développement des mélanocytes chargés de pigments à travers le corps ; un gène similaire serait à l'origine des marbrures blanches.

Couleurs de la robe

Toutes les couleurs de pelage existant aujourd'hui sont dérivées des deux couleurs d'origine : le noir et le jaune. Une première mutation génétique diminua l'intensité du noir pour donner des tons bruns (ou chocolat) et procura au jaune une teinte auburn.

Le bleu, issu du noir, est dû à un unique gène récessif. Les grains de pigmentation sont répartis de telle façon sur les poils que le pelage de l'animal prend une teinte ardoise. Ce même gène agit aussi sur la couleur jaune, qui devient crème, et sur le chocolat, qui devient lilas.

La mutation qui donna les tons de roux est très intéressante à étudier, car elle porte sur un gène attaché au chromosome X et dès lors la couleur est liée au sexe de l'animal. Il s'agit d'un gène indépendant des autres gènes de couleur ou de dessin de la robe, et leurs présences simultanées donnent une grande variété de pelages, en particulier chez les femelles.

Le gène responsable de la couleur argent *(silver)* affaiblit surtout le jaune, en particulier dans les zones « agouti » (où chaque poil présente sur sa longueur une alternance de bandes claires et de bandes foncées), mais n'altère pas le noir. Le gène du Burmese altère encore davantage le jaune et transforme le noir en brun foncé.

Couleurs des yeux

Là encore, il existe une grande variété de couleurs, due à des différences de répartition de la mélanine, mais certains gènes ayant une influence sur la couleur de la robe agissent aussi sur celle des yeux, ainsi tous les chats à robe de type siamois ont les yeux bleus. Souvent les standards des races précisent que la couleur des yeux doit correspondre à celle du pelage.

À gauche : *British shorthair moucheté roux.*
À l'extrême gauche : *Persan cameo.*

Ci-contre : *British shorthair tabby crème.*

Glossaire des couleurs

Si certains termes sont faciles à interpréter, d'autres sont plus obscurs. Le lecteur se reportera aussi au glossaire en fin d'ouvrage.

Bleu : tons froids de gris, du plus clair au plus soutenu, comme l'ardoise.

Bleu-crème : version diluée de l'écaille-de-tortue, aux teintes gris pâle et crème. Il existe aussi des robes chocolat-crème et lilas-crème.

Bronze : brun cuivré chaud, tendant vers le chamois.

Brun : toutes les nuances du brun foncé, sauf dans le cas du *tabby* brun qui désigne un chat génétiquement noir, avec des marques noires sur un fond agouti.

Calico : voir Écaille et blanc.

Camée (cameo) : robe blanche avec un tipping roux.

Cannelle : ton clair de chocolat.

Champagne : tons chamois crème allant d'un beige chaud à un ocre pâle et doré, en particulier chez le burmese.

Chinchilla : robe blanche avec un léger *tipping* de couleur.

Chocolat : brun à la coloration riche et chaude.

Écaille et blanc (tortie-and-white ou calico) : pelage tricolore avec des zones blanches.

Écaille-de-tortue (tortoiseshell) : robe à deux couleurs, avec des taches noires ou rousses. On trouve aussi l'abréviation tortie.

Faon (fawn) : fauve pâle et rosé.

Fumé (smoke) : certains chats semblent avoir un pelage uni, en fait les poils sont blancs ou argent à la base.

Lièvre (ruddy ou usual) : brun-roux, né d'une dilution du caractère noir chez les abyssins.

Lilas (lilac ou lavender) : gris très pâle légèrement rosé, dilution du bleu.

Ombré (shaded) : pelage présentant un *tipping* noir accentué.

Platine : ton clair de gris argent avec des accents couleur faon.

Roux (red) : on trouve toutes les nuances de roux chez le chat, mais les tons cuivrés flamboyants sont les plus recherchés.

Sable : décrit parfois, notamment aux États-Unis, des chats bruns et génétiquement noirs (le zibeline des burmese).

Seal : brun foncé, de la couleur du phoque *(seal)*. On parle notamment de *sealpoint* chez les siamois.

Shell : aux États-Unis désigne les robes à *tipping* foncé, moins contrastées que des robes ombrées.

Silver : argent.

Sorrel (alezan) : chez les abyssins, modification du roux vers un ton de brun-orangé ou de brun clair.

Torbie (patched) : décrit une robe écaille-de-tortue, superposée à un motif *tabby.*

Vison (mink) : désigne la gamme des couleurs du tonkinois.

Zibeline (brown) : nom donné au brun foncé chez certaines races, notamment le burmese.

Ci-dessus : *British shorthair écaille bleu et blanc.*

Ci-dessous : *British shorthair tabby marbré argent.*

Chats **à poils courts**

CHATS À POILS COURTS

DANS LA NATURE, les chats sauvages sont à poils courts : on peut donc considérer qu'il s'agit chez le chat domestique d'un pelage naturel, les autres robes en étant dérivées. Nos variétés à poils courts sont souvent plus trapues que les chats de l'Égypte ancienne ou que les chats vivant aujourd'hui sur le pourtour méditerranéen. Elles dérivent en fait largement d'un type d'Europe du Nord, sans doute modifié par des croisements avec le chat sauvage européen et appartenant à la même race que le chat sauvage d'Afrique. Les chats longilignes sont généralement considérés comme orientaux – même s'ils n'ont aucune origine orientale. Les races à poils courts réunies dans ce chapitre se sont développées à partir d'un stock génétique de chats brévilignes (courts et robustes) à poils courts, même si leur morphologie s'est parfois éloignée du type.

Jusqu'à récemment, on ne faisait guère de distinction entre les chats à poils courts d'Europe continentale et des îles Britanniques ; ils étaient regroupés sous une même race. De même bien des gens considéraient que le chartreux était un british shorthair bleu. Certaines mutations spontanées, comme la fourrure bouclée du rex ou les oreilles rabattues du scottish fold, furent dans un premier temps rejetées par les éleveurs, avant d'être patiemment sélectionnées. Elles n'ont pas été tout de suite reconnues et certaines instances officielles continuent de les ignorer.

Les chats à poils courts sont généralement de merveilleux compagnons, d'un entretien aisé.

CHARTREUX

IL S'AGIT SANS DOUTE d'une ancienne race française vieille de plusieurs siècles, même si les chartreux ne font l'objet de programmes de sélection que depuis la fin des années 1920. Dès 1723, le *Dictionnaire universel de commerce, d'histoire naturelle et des arts et métiers* mentionne pour la première fois un chat lié aux moines chartreux ; certains prétendent qu'ils importèrent le chartreux du cap de Bonne-Espérance au XVIIe siècle… mais il n'y a jamais eu de chartreuse en Afrique du Sud. Le même dictionnaire donne une autre explication au nom du chat, il évoquerait la « pile de chartreux », une étoffe de laine très prisée : le chartreux est en effet réputé pour sa fourrure dense, épaisse et changeante qu'un sous-poil légèrement laineux redresse.

Il a fallu pratiquement recréer la race après la Seconde Guerre mondiale. Les éleveurs français utilisèrent des chats à poils courts sans pedigree, mais dont le pelage présentait les caractéristiques nécessaires pour retrouver la belle robe gris-bleu. Comme ces nouveaux chats ressemblaient beaucoup au british shorthair bleu, il fut difficile d'en imposer la race de façon autonome. Encore aujourd'hui en Angleterre, le Governing Council of the Cat Fancy ne la reconnaît pas. Le chartreux est cependant un chat plus massif, avec de larges épaules et un poitrail développé. Ses pattes de longueur moyenne sont terminées par des pieds ronds, plus grands en Europe qu'aux États-Unis où on les préfère menus et délicats. La queue est longue, parfois effilée, avec un bout ovale. La tête est grosse et ronde, avec un espace plat entre les oreilles, de grosses bajoues chez le mâle et un museau droit et large. Le cou est court et trapu. Les oreilles, dressées et haut placées, sont de taille moyenne à grande. Les grands yeux sont « arrondis, ouverts et expressifs », selon le LOOF ; ils sont d'un jaune profond et cuivré, la couleur orange vif étant par ailleurs la plus recherchée.

Le chartreux a la réputation d'être un compagnon doux et affectueux, on le dit paresseux, sauf à l'approche d'une souris où il redevient un chasseur redoutable.

Couleur

Une seule couleur est reconnue chez le chartreux : le bleu, mais toutes les nuances sont autorisées, pourvu que la robe soit bien uniforme. On préfère en Europe un gris bleuté assez clair.

Ci-contre : *Chartreux.*
Page précédente : *British shorthair bleu.*

BRITISH SHORTHAIR

Les ancêtres de ce chat résistant et musclé furent introduits par les Romains en Grande-Bretagne et pendant des siècles leur rôle fut de dératiser les maisons. Aujourd'hui, la race obéit à des standards définis et ses représentants sont plus lourds et massifs que la plupart des chats domestiques. La sélection de la race du british shorthair (britannique à poils courts) débuta avec les premiers concours félins organisés à partir de 1871, avant d'être abandonnée à la fin du XIXe siècle puis relancée avec la création de la Shorthair Cat Society en 1901.

Le corps du british shorthair est près du sol, massif et ramassé des épaules à la croupe, avec un dos plat et une poitrine large et développée. Les pattes sont courtes et terminées par des pieds ronds. Cette morphologie robuste est qualifiée par les éleveurs d'outre-Manche de *cobby*. La queue de longueur moyenne est épaisse, plus épaisse à la base ; elle va en s'effilant vers le bout arrondi. La tête est ronde et massive en forme de pomme avec des joues pleines, un museau large, court et droit, marqué par une légère cassure. Le menton est ferme et aligné avec la truffe. Les oreilles sont petites, avec des extrémités arrondies, et bien écartées. Les yeux sont grands et ronds, eux aussi bien espacés.

La fourrure est courte et dense, sans être laineuse, avec un sous-poil. Elle ne s'emmêle guère ce qui rend son entretien facile. Des caresses appuyées suffisent à retirer la plupart des poils morts, mais un brossage quotidien est préférable pour obtenir une belle fourrure vigoureuse. On a longtemps affirmé que le british shorthair à robe bleue était une véritable peluche, associant beauté de la forme et grande gentillesse de caractère.

Les yeux peuvent être dorés, orange ou cuivre dans la plupart des cas ; on trouve aussi avec les robes blanches des yeux bleus ou vairons, les robes argent des yeux verts ou noisette, les robes ombrées dorées des yeux verts. Compagnon affectueux, le british shorthair a conservé néanmoins son instinct de chasseur.

Couleurs

GCCF

Robes unicolores : blanc, noir, chocolat, lilas, roux, bleu, crème.

Robes *tabby* (rayées, marbrées ou mouchetées) : roux, brun, bleu, chocolat, lilas, crème, argent et les variétés argent *(silver)* du roux, du bleu, du chocolat, du lilas et du crème.

Robes *tabby* écaille-de-tortue : écaille-de-tortue (avec ou sans le gène *silver*), robe mouchetée écaille-de-tortue (avec ou sans le gène *silver*).

Robes écaille-de-tortue : écaille-de-tortue, bleu-crème, écaille chocolat, écaille lilas.

Robes écaille et blanc : écaille et blanc, écaille bleu et blanc, écaille chocolat et blanc, écaille lilas et blanc.

Robes bicolores : noir et blanc, bleu et blanc, chocolat et blanc, roux et blanc, crème et blanc.

Robes fumées : noir, bleu, chocolat, lilas, roux, crème, écaille-de-tortue, écaille bleu, écaille chocolat, écaille lilas.

Robes ombrées : noir, bleu, chocolat, lilas, roux, crème, écaille noir, écaille bleu, écaille chocolat, écaille lilas, doré.

Robes *colourpoint* : *seal*, bleu, chocolat, lilas, roux, crème, écaille *seal*, bleu-crème, ainsi que les variétés *tabby* de ces couleurs, et leurs versions *silver* et *smoke*.

LOOF

Toutes les couleurs sont reconnues.

Ci-dessus : *British shorthair noir.*

Ci-contre : *British shorthair tabby crème.*

AMERICAN SHORTHAIR

L'AMERICAN SHORTHAIR ou américain à poils courts, connu jusqu'en 1966 sous le nom de « Domestic Shorthair », constitue maintenant une race à part, distincte du british shorthair et de l'européen. Ses ancêtres furent introduits dans le Nouveau Monde pour lutter contre les rongeurs. Le premier chat enregistré outre-Atlantique sous le nom de shorthair fut un *tabby* roux répondant au nom de Belle (c'était pourtant un mâle) au début du XXe siècle.

L'american shorthair est un chat relativement grand, au corps compact, musclé et bien charpenté, avec une tête ronde et courte. La longueur du corps des épaules à l'arrière-train doit être légèrement supérieure à la hauteur du garrot. La tête est plutôt grosse, avec des joues pleines ; elle est à peine plus longue que large et dessine une courbe continue de la base du front au sommet de la tête. Le museau est plutôt long. Les mâles adultes doivent avoir une mâchoire bien affirmée. Les oreilles sont un peu arrondies et les grands yeux sont bien écartés. La paupière supérieure est légèrement bridée. Les pattes sont d'une longueur moyenne et la queue se termine de façon abrupte. Le pelage est court, épais et ferme au toucher.

Les yeux sont en général jaune d'or, sauf chez les individus à robe blanche où l'on trouve aussi des yeux bleus ou vairons, à robe argent où les yeux doivent être verts ; les *tabbies* ont des yeux noisette et les chats à robe *tipped* des yeux vert ou bleu vert.

L'american shorthair est un chat robuste, amical, intelligent et indépendant. C'est un bon chasseur qui rend de fiers services, cependant son caractère placide en fait un excellent compagnon.

Ci-contre : *American shorthair tabby roux.*

Page de droite : *Européens à robes tabby, argent et golden.*

Ci-dessous : *American shorthair tabby argent.*

Couleurs

CFA

Robes unicolores : blanc, noir, bleu, roux, crème.

Robes argent : chinchilla, *silver shaded, cameo shell* et *shaded,* versions bleu et crème de ces robes.

Robes *tabby* (marbrées ou tigrées) : argent, roux, brun, bleu, crème, bleu argent.

Robes *tabby* écaille : brun, bleu, argent, bleu argent.

Robes *tabby* et blanc : tigré brun, bleu, roux, crème, argent, écaille et marques blanches.

Robes fumées : noir, bleu, écaille-de-tortue, bleu-crème.

Robes bicolores : noir, roux, bleu, crème, avec marques blanches.

Robes multicolores : écaille-de-tortue, *calico,* bleu-crème, *calico* à motif van, et les versions ombrées de ces couleurs.

LOOF

Toutes les couleurs sont reconnues, sauf chocolat, lilas, cannelle, faon et les robes *colourpoint.*

EUROPÉEN

L'EUROPÉEN FUT ÉLEVÉ AU RANG DE RACE distincte en 1982, se démarquant ainsi du british shorthair, mais si outre-Manche il est reconnu par la Cat Association, il reste ignoré par le Governing Council of the Cat Fancy (GCCF). L'européen est un chat assez proche du british shorthair dont il partage les mêmes origines domestiques, celles d'un charmant compagnon à qui l'on demande de chasser les souris. Cependant, depuis que sa race a été reconnue, ses différences se sont affirmées. L'européen est un chat musclé, au corps trapu de longueur moyenne, avec des pattes solides et robustes. Sa queue plutôt longue peut venir toucher les épaules, la tête est ronde avec un museau légèrement plus long que celui du british shorthair, ce qui la rend plus longue que large. Vue de profil, elle présente un léger décrochement au niveau des yeux. Les oreilles sont arrondies et bien espacées, de même que les grands yeux ronds.

Le pelage est court, très épais et ferme au toucher.

Les chats blancs doivent avoir des yeux bleus, orange ou impairs dans ces deux couleurs ; les chats argent des yeux verts ou noisette ; les chats ombrés dorés des yeux verts ; les autres chats, des yeux or, orange ou cuivre.

L'européen est un animal intelligent, doté d'un bon tempérament ; il s'adapte facilement et se montre calme et vigoureux.

Couleurs

Toutes les couleurs, sauf chocolat, lilas, cannelle, faon et les robes *colourpoint*. Certains pays reconnaissent aussi une variété albinos (à ne pas confondre avec un chat blanc) dotée d'yeux bleu pâle.

MANX

Le manx est un chat sans queue. Il doit son nom à l'île de Man (en mer d'Irlande, à mi-chemin entre l'Angleterre et l'Irlande), dont il est originaire. Plusieurs légendes entourent les origines du manx ; on raconte ainsi qu'il fut le dernier animal à entrer dans l'Arche et qu'il eut la queue coupée quand Noé claqua la porte. Cette absence de queue est bien sûr due à une mutation génétique qui, malheureusement, ne se contente pas d'affecter la queue mais provoque aussi d'autres problèmes, en particulier des malformations de la colonne vertébrale. Les chatons issus du croisement de deux manx parfaitement anoures (sans queue) meurent avant la naissance ou très vite après. Si la race du manx devait être homologuée aujourd'hui, il est probable qu'elle serait écartée à cause de ces défaillances, mais elle existe depuis longtemps et ses éleveurs fournissent un gros travail de sélection. Ils ont mis en place un programme précis pour assurer la naissance de chatons sains en croisant des manx anoures à des sujets à queue plus ou moins tronquée.

Le corps du manx est massif, compact et assez court ; la poitrine est large, les flancs profonds. La ligne du dos s'élève jusqu'à la croupe bien arrondie. Les membres sont solidement charpentés. Les longues pattes postérieures, très musclées, portent un arrière-train plus élevé que les épaules ; les pieds bien dessinés sont ronds. La tête ronde a des joues proéminentes, un museau large et bien marqué ; elle est portée par un cou fort et bref. Les oreilles sont arrondies et larges à la base ; elles dessinent un angle légèrement ouvert au-dessus de la tête.

Leur couleur est assortie à celle de la robe, comme pour les autres races à poils courts. La fourrure est double, avec un épais sous-poil près du corps. La robe de couverture est légèrement plus longue et bien étoffée.

Ci-dessus : *Manx écaille et blanc.*
Ci-dessous : *Manx bicolore, roux et blanc.*

Les portées de manx donnent à la fois des chatons avec et sans queue ; un chaton est dit *rumpy* (sans queue), *rumpy-riser* (avec une queue embryonnaire), *stumpy* (avec un moignon de queue) ou *longy* (avec une queue normale). Toutes ces variantes doivent répondre à la morphologie générale du standard et leur existence est essentielle au maintien de la race. En concours, le GCCF demande des sujets parfaitement anoures, avec un creux distinct au bout de la colonne vertébrale, le LOOF tolère « un léger renflement du cartilage à condition qu'il n'arrête pas la caresse entre les reins et la croupe ».

Couleurs

Le manx peut présenter toutes les couleurs et tous les motifs, à l'exception des robes de type siamois.

SCOTTISH FOLD

Ci-dessous : *Scottish fold tabby roux.*
En bas : *Scottish fold bicolore, bleu et blanc.*

La race trouve son origine dans une mutation survenue dans une portée de chats de ferme, en Écosse en 1961. Les oreilles des chatons plutôt que de se dresser comme chez la plupart des chats se repliaient vers l'avant. Ce trait n'était pas visible à la naissance mais se révéla au bout de vingt-cinq jours environ, à un âge où normalement le cartilage durcit – ce qui ne se produit pas chez le scottish fold. Les oreilles peuvent présenter un seul pli, ou parfois deux ; elles sont alors si repliées que leur pointe va jusqu'à toucher la fourrure de la tête. Avant d'être tuée sur la route, la première chatte à oreilles repliées donna naissance à deux chatons de qui descendent tous les scottish fold. Des croisements avec le british shorthair ont donné à la race sa morphologie générale, mais des lésions osseuses apparues chez certains chatons provoquèrent le refus du GCCF d'homologuer le scottish fold. Certains sujets furent alors exportés aux États-Unis où ils furent très bien reçus. Aujourd'hui, la race s'est développée et fortifiée, elle a acquis la réputation de bien résister aux maladies.

Le corps du scottish fold est de taille moyenne, rond et régulier de l'épaule à la ceinture pelvienne, sans trace d'épaississement au niveau des pattes ou de la queue. Les pieds sont bien arrondis et la queue longue, effilée de préférence. La tête est bien ronde, avec des joues pleines, des lèvres supérieures renflées, le museau est court et dessine une légère courbe, le menton et les mâchoires sont fermes. Les oreilles ont des pointes arrondies et forment une sorte casquette qui souligne la courbe du crâne. Elles sont repliées vers l'avant ; « on les préfère petites bien pliées plutôt que grandes aux plis desserrés » (standard du LOOF).

La fourrure est douce, dense et pelucheuse. Elle est si épaisse qu'elle se tient dressée. Les yeux sont grands, bien ronds et espacés avec une expression de douceur. Leur couleur doit être assortie à la robe.

Son aspect original donne au scottish fold un attrait supplémentaire, mais il se révèle un excellent compagnon et un bon chasseur de souris.

Couleurs

Toutes les couleurs sont admises à l'exception du chocolat et du lilas et des robes aux extrémités foncées de type siamois.

EXOTIC SHORTHAIR

Au moment du développement de l'american shorthair, des chats de type persan furent introduits dans le programme d'élevage pour renforcer les qualités de la nouvelle race, ce qui provoqua l'apparition de types intermédiaires, à l'origine d'une variété de persans à poils courts, qualifiés depuis 1966 d'« exotic ». En fait, l'exotic shorthair se rapproche davantage du british que de l'american shorthair. Quand les Britanniques voulurent créer un chat équivalent, ils croisèrent des british shorthairs à des persans. Ils ont obtenu des chats similaires ayant d'autres ancêtres.

Le corps de l'exotic shorthair est ramassé et fortement charpenté ; il est de taille moyenne à grande et repose sur des pattes courtes et épaisses aux gros pieds ronds. Selon le LOOF, la queue est « courte, mais en proportion avec le corps ». La tête est ronde et massive, avec des joues pleines et un museau court, large et retroussé au stop très marqué. Le menton est ferme ; les oreilles petites et arrondies sont bien écartées et placées assez bas sur la tête.

Ci-dessous : *Exotic shorthair* tabby *roux.*

En bas : *Exotic shorthair* golden tabby.

La robe est pelucheuse, douce au toucher et souple. Les poils très denses se tiennent redressés en raison du sous-poil abondant. Les yeux sont grands et ronds, bien écartés, mais non enfoncés. Ils sont d'une couleur intense assortie à la robe. Malgré la longueur réduite du pelage de l'exotic shorthair, le GCCF classe le chat parmi les races à poils longs.

Les exotic sont généralement d'un tempérament doux ; ce sont des compagnons peu exigeants.

Couleurs

La race présente pratiquement toutes les couleurs et les motifs du persan et des chats à poils courts.

AMERICAN WIREHAIR

L'AMERICAN WIREHAIR, ou américain à poils frisés, est issu d'Adam, un mâle blanc et roux, né près de Vernon dans l'État de New York en 1966, dont le pelage était curieusement frisé. Il fut croisé avec une chatte de la même portée à robe normale et dès 1969, des chats à poils ondulés et recourbés, donnant une robe dense et rêche mais souple, furent exposés. La race fut reconnue par le CFA en 1977.

Exception faite de sa robe, l'american wirehair ressemble à l'american shorthair. Son corps est trapu et musclé, avec un dos plat et une croupe arrondie. Les pattes sont moyennement longues, bien musclées et terminées par des pieds ovales. La queue est fuselée avec un bout bien rond, ni tronqué ni pointu. Les os de la face sont proéminents, le museau doucement incurvé, le menton et la truffe bien marqués. Les oreilles de taille moyenne possèdent des bouts arrondis et sont espacées, tout comme les grands yeux ronds légèrement inclinés vers le haut. Leur couleur doit être assortie à celle de la robe. Certains sujets ont des moustaches recourbées.

L'american wirehair est tantôt décrit comme un compagnon calme et réservé, tantôt comme un chat qui « tient sous son contrôle sa maison et les autres chats ».

Ci-dessus : *American wirehair brun tabby et blanc.*
Ci-dessous : *American wirehair, chatons blancs.*

Couleurs

Toutes les couleurs sont admises, à l'exception du chocolat, du lilas et des robes de type siamois.

AMERICAN CURL

Ci-dessous : *American curl tabby roux et blanc.*

En bas : *American curl à poils longs tabby brun.*

UN CHATON PERDU, aux oreilles bizarres, trouvé sur un pas de porte à Lakewood (Californie) en 1981, est à l'origine de la race. La petite chatte, nommée Shulamith, transmit ses étranges oreilles à ses chatons et en quelques années la race fut fixée et reconnue par diverses instances américaines, puis par le CFA en 1986. Les oreilles, pas trop grandes et larges à la base, s'enroulent doucement vers l'arrière en décrivant une belle courbe qui révèle d'abondantes touffes de poils. Elles sont fermes et résistent au toucher. Le phénomène est dû à un gène dominant et, lors d'un croisement entre un american curl et un chat à oreilles normales, la moitié des chatons présentèrent des oreilles en boucle.

L'american curl a un corps de type semi-oriental, d'une longueur une fois et demie supérieure à la hauteur du garrot. Vues de face, les pattes sont droites, avec des pieds ronds. La queue est effilée à partir d'une racine large. La tête est légèrement triangulaire, le museau droit, avec un petit renflement de la base des yeux au front. L'écartement entre les grands yeux ovales est égal à leur largeur ; ils sont alignés avec la pointe du museau et la base des oreilles. Leur couleur n'est pas liée à celle de la robe, si ce n'est chez les chats *colourpoint* qui ont toujours les yeux bleus.

Le pelage peut être court ou long. Les sujets à poils courts ont un sous-poil restreint ; leur pelage a la même longueur sur la queue et sur le corps. Les chats à poils longs possèdent une toison semi-longue et soyeuse, un sous-poil peu développé et une longue queue en panache.

Couleurs

Toutes les couleurs et tous les motifs sont admis, y compris les robes de type siamois.

BOBTAIL AMÉRICAIN

Cette race américaine, encore peu répandue en Europe, est issue d'un mâle *tabby* découvert dans les années 1960, près d'une réserve indienne de l'Arizona. Le nom de bobtail évoque sa courte queue (*bob* en anglais signifie « touffe »). Le bobtail américain est un chat massif à poils longs avec une grosse tête ronde, de larges oreilles, de grands yeux et une courte queue. La queue est bien étoffée ; elle peut être légèrement recourbée ou bien droite ; elle « doit être flexible » (LOOF). Le sous-poil est plus ou moins long. Le bobtail américain est réputé avoir une petite voix grinçante.

On parle parfois d'un autre *bobtail*, dit « chat-lapin », qui aurait vécu sur la côte est des États-Unis, mais il ne semble pas avoir survécu.

Ci-dessus : *Bobtail américain, chaton* tabby *brun.*

Ci-contre : *Bobtail américain* tabby *brun.*

Couleurs

Toutes les couleurs sont reconnues.

BOBTAIL JAPONAIS

Il s'agit d'une race ancienne, connue dans différentes régions d'Extrême-Orient mais dont le nom est maintenant lié au Japon. Le bobtail apparaît souvent dans l'art japonais, mais c'est avec la venue des Américains au Japon après la Seconde Guerre mondiale que le chat trouva sa place dans les expositions félines occidentales. Un premier couple fut envoyé aux États-Unis en 1968 et, dès 1970, un club fut fondé, puis la race reconnue par le CFA en 1978. Avec sa courte queue caractéristique, le bobtail ressemble à un manx *stumpy* (voir page 36), mais le gène en cause est différent et la race ne connaît pas les mêmes handicaps génétiques que le chat britannique.

De formes variées, la petite queue en pompon fait penser à l'arrière-train d'un lapin ; elles est couverte de poils touffus en éventail qui en dissimulent la structure.

Le bobtail japonais est un chat fort et musclé. Le long corps élégant est posé sur des pattes fines, terminées par des pieds ovales ni trop petits ni trop graciles. Les pattes postérieures sont plus longues que les antérieures, mais elles sont généralement fléchies au repos et le dos reste droit. La queue est recourbée et se tient dressée à moins de 7,5 centimètres du corps ; dépliée, elle peut mesurer le double. La longue tête dessine un triangle équilatéral aux lignes adoucies, avec des pommettes relevées qui creusent la face. Le museau est long et large et s'arrondit vers la racine des vibrisses. Les grandes oreilles se tiennent dressées ; elles sont bien écartées et disposées en angle droit par rapport à la tête. Les grands yeux ovales sont nettement inclinés et leur couleur assortie à celle de la robe.

Le fourrure mi-longue est douce et soyeuse, sans sous-poil. Il existe également une variété à poils longs reconnue par le CFA.

Le bobtail japonais est un compagnon affectueux, joueur et curieux.

Ci-dessus : *Bobtail japonais écaille tabby et blanc.*

Ci-dessous : *Bobtails japonais, roux et blanc (assis), écaille et blanc (couché).*

Couleurs

La plupart des couleurs sont reconnues, mais avec une préférence pour les pelages bien typés (à l'exception des robes de type siamois). Les chats à trois couleurs, connus sous le nom de mi-ke au Japon, sont les plus demandés (mais ce sont toujours des femelles).

REX ALLEMAND

En 1946, au milieu des ruines de Berlin-Est, le Dr Ruth Scheuer-Karpin trouva dans un hôpital un chat errant qu'elle baptisa Lammchen (agnelle). La chatte était dépourvue de poils jarres et son sous-poil, particulièrement court, formait un pelage bouclé. C'est le premier exemple connu d'un chat portant ce type de fourrure qualifiée de « rex ». Dix ans plus tard, Lammchen, accouplée à l'un de ses fils, donna naissance à des chatons ayant la même fourrure ; depuis la race du german rex ou rex allemand est reconnue par des associations félines affiliées à la FIFe.

Le corps du rex allemand est de taille et de longueur moyennes, au poitrail arrondi bien développé. Les pattes sont fines, tout comme la queue qui s'effile d'une base large vers une extrémité arrondie. La tête est ronde avec un léger décrochement à la base du museau, le menton fort, les joues marquées. Les oreilles, larges à la base et bien écartées, ont un bout rond. Les yeux de taille moyenne sont très ouverts ; leur couleur est assortie à celle de la robe.

Le rex allemand est porteur du même gène que le rex cornish (ou cornish rex, voir ci-contre), mais certains poils plus épais donnent à son pelage un aspect plus moutonné et sa silhouette se rapproche de celle de l'européen.

Couleurs
Toutes les couleurs et tous les types de robes sont acceptés.

Ci-dessous : *Rex cornish noir et blanc.*

REX CORNISH

Le rex ou cornish rex, descend d'un mâle tigré roux, né en 1950 dans un ferme de Bodmin Moor en Cornouailles, avec ce qu'on appelle aujourd'hui une fourrure « rex », à la fois plus courte et moins épaisse que chez les autres chats. Quant aux poils poussant en touffe sur certaines parties du corps, ils sont si réduits qu'on les dit parfois absents. Le jeune mâle fut accouplé à sa mère ce qui donna naissance à d'autres chatons portant la même fourrure, puis à la race qui emprunte son nom au lapin rex frisé (castorex à l'origine). En 1957, une chatte pleine fut envoyée à San Diego ; ses quatre chatons ont donné la lignée américaine.

Le corps du rex est long et svelte, ferme et musclé. Les pattes sont longues et très fines, terminées par des pieds ovales. La queue est longue, mince et effilée ; elle est particulièrement flexible. La tête est petite et étroite, de forme triangulaire, avec un museau rond et un menton fin. Le profil, légèrement arrondi au niveau du front, est droit le long du museau. Les oreilles sont grandes et haut placées, larges à la base. Les yeux ovales sont de taille moyenne ; leur couleur est indifférente.

La courte fourrure est soyeuse avec un toucher velouté ; les poils sont crantés, en particulier le long du dos et de la queue. Les vibrisses sont crêpelées et d'une bonne longueur.

On dit la race intelligente, joueuse et affectueuse. Le rex cornish a tendance à avoir le dos et le ventre arqués, ce qui semble lié au fait qu'il bondisse volontiers.

Couleurs
Toutes les couleurs et tous les motifs de robe sont reconnus.

REX DU DEVON

LE REX DU DEVON est plus récent que le rex cornish. Il vient du Devon, dans le sud de l'Angleterre, où un haret à fourrure frisée, vivant dans une mine abandonnée, s'accoupla à une chatte errante. Parmi les chatons se trouvait un autre mâle à pelage rex qui fut baptisé Kirlee (c'est-à-dire « *curly* », bouclé). On pensa d'abord que le gène en cause était le même que chez le rex cornish, mais l'accouplement de Kirlee avec une chatte de cette race donna des chatons normaux. Seuls des croisements au sein de la lignée donnaient des fourrures frisées. La race du rex du Devon fut dès lors développée de façon indépendante. Elle fut reconnue en Grande-Bretagne par le GCCF en 1967 et aux États-Unis en 1979 seulement.

Le rex du Devon est un chat svelte, au corps ferme et musclé, avec une poitrine large. Les longues pattes sont fines et terminées par de petits pieds ovales. Les antérieures sont légèrement plus courtes que les postérieures. Le cou est gracieux, la queue longue et effilée. La tête est triangulaire avec des joues pleines, un museau court et pincé et un menton ferme. On observe un stop marqué. Le front est bombé et le crâne aplati. Les grandes oreilles, très larges à la base, sont implantées assez bas et très écartées ; leur extrémité est arrondie. Le standard du LOOF souligne l'existence de « trois arcs convexes » délimitant la face le long des oreilles, des pommettes et du museau. Les yeux grands et ovales sont écartés et légèrement en biais vers les oreilles ; leur couleur est indifférente.

La fourrure est très courte, fine, ondulée ou frisée, pouvant comporter des poils jarres et des touffes au creux des oreilles. Les vibrisses sont crêpelées, un peu rêches et de longueur moyenne.

Le rex du Devon est un chat extraverti, joueur et affectueux. Son pelage réduit pourrait convenir aux gens allergiques aux poils de chat.

Couleurs
Toutes les couleurs et tous les motifs de robe sont reconnus.

REX SELKIRK

LE REX SELKIRK est issu d'un chaton bouclé de couleur *calico* né au milieu d'une portée normale dans le Wyoming aux États-Unis en 1987. C'est un chat robuste, fortement charpenté, avec de grands pieds ronds et une queue de longueur moyenne. La tête ronde porte des joues pleines, un museau court marqué par un stop et de larges oreilles.

Chez les chats à pelage court, les poils de la queue sont aussi longs que ceux du reste du corps (de 2,5 à 5 centimètres). Chez les chats à pelage long, les poils de la queue sont bouclés et fins comme du duvet et une longue collerette souligne la tête. La fourrure est dense et porte loin du corps des boucles bien visibles.

Ci-contre : *Rex du Devon lilas.*
Ci-dessus : *Rex selkirk écaille smoke.*

Couleurs
Toutes les couleurs et tous les motifs de robe sont reconnus par le CFA et le LOOF.

SPHINX

Apparemment, le sphinx (ou chat nu) est un chat sans poils, mais il est en fait recouvert d'un très léger duvet perceptible sur les oreilles, le museau, la queue et les testicules du mâle. Des mutations provoquant l'absence de poils se sont produites à différentes reprises, notamment au début du XXe siècle au Nouveau-Mexique, où certains crurent être en présence du dernier représentant d'une ancienne race aztèque. Cependant, le sphinx moderne est issu de Prune, un mâle sans poils né au Canada en 1966. Le croisement de Prune et de sa mère donna naissance à des chatons nus, à l'origine de la race qui fut admise en concours à partir de 1971.

Mais elle rencontra bientôt une très forte opposition, due en particulier à l'élevage très délicat des chatons, et elle se vit retirer l'accès aux concours. L'enthousiasme des Européens en empêcha la disparition.

Le gène responsable de cette absence de poils semble aussi affecter la conformation générale du chat. Alors que la mère de Prune était une chatte « ordinaire », le sphinx paraît très long et anguleux. Le corps est svelte et musclé, la poitrine proéminente « en tonneau », le cou étiré et gracieux, les pattes longues et fines, avec des pieds délicats. La longue queue effilée peut porter, selon le standard du LOOF, une touffe de poils à son extrémité. La tête est légèrement plus longue que large, marquée par un pincement au niveau des lèvres et un stop très net. Elle ne porte pas de moustaches. Les oreilles sont très grandes, tout comme les yeux ronds dont le coin externe est plus haut que l'interne.

La peau bien tendue ne doit pas être ridée, sauf sur la tête. Chaude au toucher, elle offre une texture semblable à de la « peau de chamois ». Malgré les apparences, le sphinx n'est ni fragile ni frileux.

Couleurs
Toutes les couleurs sont reconnues.

Ci-dessus : *Sphinx, chaton roux.*
Ci-contre : *Sphinx.*

SNOWSHOE

La race du snowshoe (littéralement « Chaussures de neige ») a été créée aux États-Unis en croisant des american shorthairs et des siamois. Les premières tentatives eurent lieu dans les années 1960 à partir de chatons à taches blanches nés dans des portées de siamois, mais l'éleveur se heurta à l'hostilité de ses confrères. Plus tard, Vikki Olander poursuivit cependant dans cette voie et il obtint en 1982 l'agrément de la race par la CFA. En 1986, l'Anglaise Pat Turner découvrit le snowshoe dans une exposition new-yorkaise et décida d'en établir l'élevage en Grande-Bretagne.

Le snowshoe a la corpulence de l'american shorthair, mais la silhouette longiligne des orientaux. Le corps s'inscrit dans un rectangle. Les pattes sont de longueur moyenne et terminées par de petits pieds ovales. La queue, large à la base et légèrement effilée, est plus ou moins longue. La tête est triangulaire, avec des pommettes relevées et de grandes oreilles, bien ouvertes à la base, et pointues ; elle est plus courte que celle du siamois. Les grands yeux ovoïdes remontent vers la base des oreilles ; ils doivent être d'un bleu limpide.

La fourrure mi-longue est près du corps, brillante mais épaisse. Les pattes du snowshoe sont gantées de blanc, à la manière du sacré de Birmanie – bien qu'il n'y ait pas eu de croisement entre les deux races. Les « gants » montent jusqu'à la cheville sur les pattes avant et jusqu'au jarret sur les pattes arrière.

Le snowshoe a la réputation d'être un chat affectueux et « imperturbable ».

Ci-dessus : *Snowshoe* sealpoint.

Ci-dessous : *Snowshoe* bluepoint.

Couleurs

Le LOOF identifie les couleurs *seal,* bleu, chocolat et lilas, en trois catégories : gantée, *colourpoint* et bicolore.

CALIFORNIA SPANGLED CAT

Le california spangled cat (chat moucheté de Californie) est né de l'imagination du scénariste hollywoodien Paul Casey qui, soucieux de réagir contre la destruction massive des léopards dont il fut témoin en Afrique en 1971, décida de créer une race mouchetée, sorte de réplique domestique des grands félins sauvages. Il prétend que son intention était d'élever quelques chats pour attirer l'attention du public sur le sort des félins à travers le monde et sur la nécessité de mettre en place une politique de protection.

Plusieurs races et lignées furent mises à contribution : des british et des american shorthairs, un hybride d'abyssin et de gouttière, un chat à poils longs semblable à un angora gris moucheté, un manx tacheté, un siamois, un chat domestique de Malaisie et un chat errant des rues du Caire. Au bout de onze générations, l'effet souhaité fut obtenu, avec la création d'un chat tacheté, susceptible de répondre aux attentes de ceux qui voulaient accueillir chez eux un félin moucheté. Dix ans plus tard, le prix du california spangled avait presque doublé et la liste d'attente des acquéreurs potentiels ne cessait de s'allonger. La race est aujourd'hui reconnue par la TICA.

Le california spangled est un chat élancé et musclé, assez court sur pattes. La queue, d'égale épaisseur sur toute sa longueur, se termine par un bout net de la même couleur foncée que les taches. Les grandes oreilles sont haut placées. La tête ronde se termine en pointe sur le museau, avec des renflements à la base des vibrisses. La ligne du profil se brise nettement entre le front et le museau. Les yeux sont ovales et bien écartés.

Le california spangled a la réputation d'avoir bon caractère, d'être intelligent et sensible.

Couleurs
Noir, bleu, bronze, *charcoal* (charbon), doré, roux, argent et blanc.

Ci-contre : California spangled cat, adulte bleu et chaton bronze

MUNCHKIN

Ci-dessus : Munchkin tabby et blanc.

Le munchkin, dit aussi dachshund cat, wiener cat, ou tout simplement « chat basset », emprunte son nom aux personnages du *Magicien d'Oz*. Il s'agit d'un chat très court sur pattes, issu d'une mutation observée en Amérique en 1983. La race fut développée en Louisiane avant d'être présentée à une exposition féline en 1991. Sa principale caractéristique reste ces courtes pattes, qui ne doivent pas excéder 7,5 centimètres, les postérieures étant légèrement plus longues.

Penny Squires, l'éleveuse de Virginie responsable de la création du munchkin, souligne que ces petites pattes en font un parfait chat domestique, « incapable de sauter sur la table de la cuisine ».

Couleurs
Le LOOF reconnaît toutes les couleurs.

Chats à poils longs

CHATS À POILS LONGS

Il n'existe pas vraiment de races à poils longs dans la nature. De telles fourrures, nécessitant beaucoup d'entretien, sont inadaptées à la vie sauvage. On note cependant que certaines espèces vivant dans des régions froides ont un pelage plus long et plus épais. Les sous-espèces septentrionales du chat sauvage *(Felis silvestris silvestris)* sont plus massives et pourvues d'un poil plus long que le chat sauvage d'Afrique *(Felis silvestris libyca)* ; or, comme notre chat domestique descend du chat africain, les races domestiques à poils longs sont issues soit de croisements avec des races touffues, soit d'une adaptation au climat. Une autre hypothèse a pu être avancée : le manul *(Felis manul)*, au pelage plus long et plus épais que les autres chats sauvages, serait à l'origine des chats domestiques à poils longs. Peter Pallas, qui découvrit le manul, affirmait qu'il lui arrivait de s'accoupler à des chats domestiques, mais il n'existe aucun témoignage zoologique de chatons nés de ces croisements et de tels hybrides de races sont généralement stériles.

Des races au pelage assez long vivent en Norvège et en Russie et certains textes du XIXe siècle mentionnent de tels chats en Inde et en Chine, ces derniers avec des oreilles pendantes. Si elles ont vraiment existé, les deux races ont disparu. Quant aux chats à poils longs de Turquie et d'Iran, ils sont connus depuis le XVIe siècle en Italie, introduits au XVIIe siècle en France par le savant français Nicolas-Claude Fabri de Peiresc. Tous deux figurèrent dans les premières expositions félines, mais si le succès du persan ne s'est jamais démenti, l'angora a connu une longue éclipse. Il survécut toutefois en Turquie et il a aujourd'hui retrouvé sa place sur la scène internationale (voir page 59).

PERSAN

Nous ne savons pas à quoi ressemblaient les premiers persans rapportés en Europe et jusqu'à quel point ils étaient différents des angoras, mais à la fin du XIXe siècle c'étaient des chats massifs, à la forme ramassée et à la fourrure épaisse. La face du persan a un côté aplati, qui a été accentué au fil des années.

Le corps de type bréviligne est musclé, court sur pattes, avec une poitrine large et très développée, des épaules et un arrière-train massifs et une courte queue. Le LOOF décrit une queue « bien en panache, courte mais en proportion avec le corps ». Les pattes sont courtes et robustes, terminées par de grands pieds ronds. La tête, large, ronde et massive, prolonge un cou épais et court. Le museau est bref et légèrement retroussé, d'une largeur égale, avec un stop bien marqué au milieu entre les deux yeux. Le front est bombé, les joues pleines. Les oreilles sont petites, avec des bouts ronds ; elles sont très espacées et implan-

Ci-contre : *Persan crème.*
Page précédente : *Persan chinchilla.*

À gauche : *Persan colourpoint bleu.*

À droite : *Persan écaille-de-tortue.*

tées bas sur la tête pour s'inscrire dans sa forme ronde. Les yeux sont grands et ronds, intenses et profonds, bien écartés mais non enfoncés ; ce qui donne « une expression de douceur ».

La robe du persan fait sa célébrité : longue, épaisse et gonflante, d'une texture fine. Elle déploie une collerette se terminant par un jabot. De longs poils garnissent les oreilles et poussent entre les doigts ; la queue est très touffue.

Le persan est un chat particulièrement doux et affectueux – ce qui montre à quel point l'élevage sélectif peut influer sur le caractère autant que sur l'aspect physique. Les premiers persans présentés dans les expositions en Grande-Bretagne étaient agressifs, pour ne pas dire sauvages. Le persan d'aujourd'hui est un compagnon placide mais exigeant, qui demande un toilettage quotidien.

Couleurs

GCCF

Robes unicolores : blanc, noir, bleu, roux, crème, chocolat, lilas. Robes fumées *(smoke) :* noir, bleu, chocolat, lilas, roux, écaille-de-tortue, crème, bleu-crème, écaille chocolat, écaille lilas.

Persans chinchilla et ombrées *(shaded)* : chinchilla, *golden, shaded silver* (argent ombré), camée, *pewter.*

Robes *tabby* : argent, brun, bleu, chocolat, lilas, roux, écaille-de-tortue, écaille bleu, écaille chocolat, écaille lilas.

Robes écaille-de-tortue et écaille et blanc : écaille-de-tortue, bleu-crème, chocolat, lilas-crème, écaille et blanc, écaille bleu et blanc, écaille chocolat et blanc, écaille lilas et blanc, écaille *tabby* et blanc, écaille bleu *tabby* et blanc, écaille chocolat tabby et blanc, écaille lilas *tabby* et blanc.

Robes bicolores : noir et blanc, bleu et blanc, chocolat et blanc, lilas et blanc, roux et blanc, crème et blanc, *tabby* brun et blanc, *tabby* bleu et blanc, *tabby* chocolat et blanc, *tabby* lilas et blanc, *tabby* roux et blanc, *tabby* crème et blanc.

Robes *colourpoint* : *seal,* bleu, chocolat, lilas, roux, crème, écaille *seal,* bleu-crème, écaille chocolat, lilas-crème, *seal tabby, tabby* bleu, *tabby* chocolat, *tabby* lilas, *tabby* roux, *tabby* crème, *tabby* écaille *seal, tabby* bleu-crème, *tabby* écaille chocolat, *tabby* lilas-crème.

LOOF

Le LOOF reconnaît toutes les couleurs. Il distingue différents groupes :

Persan *silver* La base du poil est blanc pur argenté, seul le bout est coloré, sur un huitième chez le chinchilla, d'un huitième à un tiers chez le persan ombré *(shaded).* Les yeux sont verts.

Persan golden La base du poil est dorée, seul le bout est coloré, sur un huitième chez le persan *shell,* d'un huitième à un tiers chez le persan ombré *(shaded).* Les yeux sont verts.

Persans *colourpoint* Seules les extrémités du chat sont colorées (masque, oreilles, pattes et queue). Toutes les couleurs du *colourpoint* sont reconnues. Les yeux sont bleus.

Persan à robe fumée *(smoke)* La base des poils est argent, sur le tiers ou le quart de la longueur. La couleur de couverture est bien homogène. Le chat a des « lunettes » argent. Aucune marque *tabby* n'est acceptée.

Persan à robe *tabby* La robe peut être marbrée, rayée ou mouchetée ; les yeux sont or ou verts.

Persan à robe particolore Tout persan avec du blanc. On distingue trois types de robe : bicolore ou tricolore (un tiers à la moitié du corps blanc), arlequin (au moins 50 % de blanc) et à motif van.

PERSAN À FACE DE PÉKINOIS

LE PERSAN À FACE DE PÉKINOIS représente la forme la plus extrême de la race persane, en matière de nez raccourci, de face aplatie et d'yeux globuleux, ce qui le fait ressembler au chien pékinois. Les premiers sujets sont apparus dans les années 1930 aux États-Unis, où il furent considérés comme la plus belle expression du type persan. Mais le chat brachycéphale rencontra aussi une certaine hostilité, à cause des risques provoqués justement par cette physionomie extrême : canaux lacrymaux obstrués, difficultés respiratoires dues à l'étroitesse des voies nasales et mauvaise préhension des mâchoires fermées. Autant de problèmes qui s'aggravent avec l'âge. Les instances britanniques et européennes ne reconnaissent pas la race, qui reste homologuée aux États-Unis où le CFA la classe parmi les persans, mais avec un standard propre.

Ces dernières années, en Grande-Bretagne comme en Europe continentale, les persans présentés en concours ont des traits de plus en plus exagérés et le profane a parfois du mal a faire la part entre un persan « ordinaire » et un persan à face de pékinois. En fait, sous la fourrure, la structure osseuse est tout à fait différente ; c'est elle qui donne cette tête ronde au menton appuyé.

Le standard du CFA décrit un nez court et écrasé, marqué d'une entaille entre les grands yeux ronds, très écartés. Le museau est ridé. Une cassure horizontale, située entre le stop habituel et la partie supérieure du crâne, court à travers la tête et souligne un renflement très bombé au-dessus des yeux et une autre indentation au milieu du front, dans la structure osseuse. Les oreilles sont légèrement plus haut placées que chez les autres persans, en accord avec la structure osseuse.

Couleurs
Seules les robes rousses, unicolores ou *tabby* sont reconnues.

AMERICAN CURL À POILS LONGS

L'american curl à poils longs, doté d'une belle fourrure et d'une queue en panache, obéit au même standard que la variété à poils courts (voir page 40).

HIMALAYEN

Ci-dessus : *Himalayen* sealpoint.

CETTE AUTRE DÉNOMINATION utilisée parfois pour désigner le persan *colourpoint* vient des États-Unis : c'est ainsi que furent baptisés dans les années 1950-1960 les premiers persans dont la robe obéissait au type siamois (pigmentation des *points*). Après les Suédois dans les années 1920, c'est en Californie que la race fut fixée et reconnue par les instances américaines à la fin des années 1950-début des années 1960 sous le nom de « himalayan ». De leur côté, les Anglais menèrent aussi, dans les années 1930, des programmes de croisements qui sont à l'origine des actuelles lignées européennes et canadiennes.

Le persan *colourpoint* obéit aux mêmes standards que les autres Persans, mais il emprunte au siamois deux de ses traits essentiels : une robe pigmentée aux seules extrémités et les yeux bleus.

Couleurs

Toutes les couleurs du siamois.

Ci-contre : *Persans* colourpoint, *adulte roux et chaton bleu.*

CYMRIC

***Ci-dessous :** Cymric roux.*

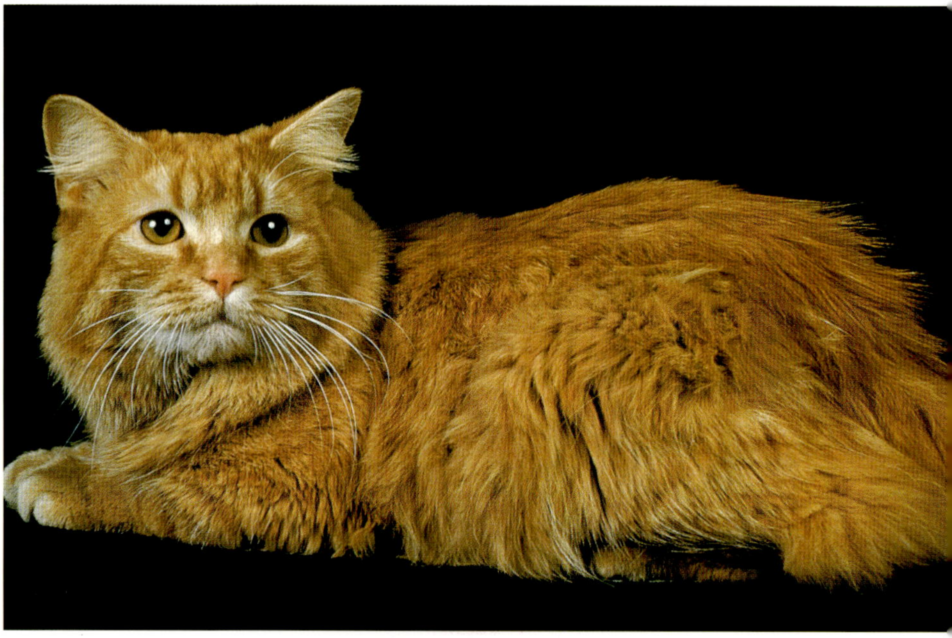

LE CYMRIC (PRONONCEZ KIMRIC) est la variété à poils longs du manx ; certains organismes, dont le CFA, l'appellent d'ailleurs simplement « manx à poils longs ». Il doit son nom au pays de Galles (*Cymru* en gallois), proche de l'île de Man dont vient le manx. Des chatons à poils longs naissaient régulièrement dans les portées de manx, mais il fallut attendre les années 1960 pour que des éleveurs canadiens commencent à les sélectionner et les exposer, et leur donnent un nom.

Le cymric ressemble en tout point au manx (voir page 36), à l'exception de son pelage, qui est double, dense et très garni, plus long sur les épaules et la croupe. De texture douce et soyeuse, il retombe souplement sur le corps mais peut former des mèches du fait de sa double épaisseur. La fourrure est plus longue sur la culotte, l'abdomen, la collerette et le plastron que sur le reste du corps ; les joues sont rondes et épaisses. Sur la tête et en bas des pattes, les poils sont plus courts, mais denses et généreux. On apprécie des touffes sur les oreilles et entre les doigts.

Couleurs

Tous les couleurs et motifs sont admis, à l'exception du chocolat, du lilas et des robes de type siamois.

***Ci-contre :** Cymric bicolore, roux et blanc.*

HIGHLAND FOLD

La variété à poils longs du scottish fold (voir page 37), aussi appelée « longhair fold », « scottish fold longhair » ou « coupari » en Grande-Bretagne, a d'abord été reconnue par la TICA. Aux États-Unis, le CFA lui octroya le statut de champion en 1991.

Mis à part sa fourrure, le highland fold est tout à fait semblable au scottish fold, puisqu'il appartient au même stock génétique. Les oreilles, repliées vers l'avant, sont disposées en casquette et soulignent le crâne rond.

Le pelage est long ou mi-long, couvrant parfaitement la tête et le corps, parfois court sur la face et les pattes. Le highland fold porte une queue en panache, une culotte fournie, des touffes entre les doigts et sur les oreilles et, si possible, une collerette.

Couleurs

Tous les couleurs et motifs sont admis, à l'exception du chocolat, du lilas et des robes de type siamois.

Ci-dessus : *Highland fold* tabby *argent.*
Ci-contre : *Highland fold* tabby *brun.*

CHANTILLY

Le CHANTILLY est un chat qui ressemble au premier abord à un burmese à poils longs, mais si, dans l'ensemble, les couleurs de sa robe sont les mêmes que chez le burmese, elles semblent dues à un gène différent. Cette race américaine descend de deux chats chocolat à poils longs avec des yeux dorés, achetés par Jennie Robinson à New York en 1967. Ils eurent une portée de chatons que l'American Cat Association classa parmi les orientaux à poils longs, mais leur ressemblance avec le burmese fit penser à certains qu'ils étaient de souche burmese. Cette mauvaise interprétation fut encore renforcée quand Sigyn Lund, spécialiste de l'élevage du burmese, acheta quelques sujets et commença à en sélectionner la race sous le nom de « tiffany ». Au même moment, en 1973, une chatte à l'aspect similaire pénétra dans une maison canadienne où elle mit au monde des chatons du même type. La race américaine est issue de ces différents chats, dont on ne connaît pas l'origine. Entre-temps les éleveurs britanniques ayant entrepris de développer une race d'orientaux à poils longs qu'ils baptisèrent « tiffanie » (voir page 69), le nom de « chantilly » fut proposé pour éviter toute confusion, mais cette appellation n'est pas utilisée par tous et certains lui préfèrent encore « tiffany ».

Le chantilly-tiffany est un chat de taille moyenne, à la robe soyeuse, portant une collerette touffue et une queue en panache.

Il a une voix douce et on le dit affectueux. Il est assez différent du tiffanie des Britanniques.

Couleurs

La couleur traditionnelle de la race est un brun chaud uniforme ; il en existe aujourd'hui différentes dilutions : bleu, cannelle, lilas, faon, ainsi que leurs variantes *tabby*.

JAVANAIS

Le NOM DE « JAVANAIS » a été attribué à toutes sortes de chats, toujours de type oriental, mais appartenant à différentes races, ce qui entraîne bien des confusions. Les sociétés félines américaines, qui n'acceptent chez le balinais que des *points* unicolores, regroupent sous le terme de « javanais » des couleurs et des motifs de siamois à poils longs que les Européens classent parmi les balinais. Les associations adhérant à la FIFe désigne par « javanais » des balinais dont la robe n'obéit pas au marquage siamois. En Nouvelle-Zélande, tous les motifs siamois sont acceptés chez le balinais, mais le nom de « javanais » est attribué à des chats de ce type dont la robe est entièrement unicolore et à des chats mouchetés mais sans *points* contrastés. Enfin en Grande-Bretagne, des orientaux à poils longs, nés pendant le programme d'élevage destiné à recréer l'angora (voir page 58), ont été baptisés « javanais » par la Cat Association.

Couleurs

Couleurs du javanais (CFA)
Robes *colourpoint* à *points* unicolores, rayés (dits « *lynx* »), écaille-de-tortue.
Couleurs (LOOF)
Toutes les couleurs de l'oriental sont reconnues.

Ci-dessous : *La version néo-zélandaise du javanais, ici avec une robe unie de couleur seal.*

En haut : *Javanais.*

ORIENTAL À POILS LONGS

L'ORIENTAL À POILS LONGS, apparu assez récemment dans la suite de l'oriental à poils courts, a dans un premier temps été reconnu par la TICA, puis par le CFA et d'autres organismes, la race parallèle de l'angora britannique obéissant à son propre standard. Ce sont des chats ayant la même conformation que le siamois.

Le standard de la race répond aux principales caractéristiques de l'oriental à poils courts et du siamois. Le corps est longiligne, svelte et musclé, les hanches ne devant pas être plus larges que les épaules. Les pieds sont petits et ovales ; la longue queue effilée se termine par un bout pointu. La tête dessine un long triangle qui s'étire du bout du museau vers les pointes des oreilles particulièrement grandes et larges. Le long nez droit prolonge sans rupture la ligne du front. Les yeux sont grands et en amande ; de couleur verte, sauf chez les chats blancs ou à robe multicolore, qui ont des yeux bleus, verts ou vairons.

La fourrure est mi-longue et soyeuse, sans sous-poil duveteux. Sur la queue, les poils plus longs forment un plumeau.

L'oriental à poils longs est un chat actif, intelligent et affectueux, non sans malice.

Ci-contre : Oriental à poils longs à robe bleue tiquetée.

Couleurs

CFA

Robes unicolores bleu, brun châtaigne, cannelle, crème, ébène, faon, lavande, roux, blanc.

Robes ombrées argent bleu, brun châtaigne, cannelle, crème, ébène, faon, lavande, roux et robes multicolores.

Robes fumées roux, brun châtaigne, cannelle, crème, ébène, faon, lavande et robes multicolores.

Robes *tabby* (marbrées, rayées, tachetées ou tiquetées) bleu, roux, crème, cannelle, brun châtaigne, ébène, faon, lavande et leurs variantes ombrées argent.

Robes bicolores toutes les couleurs ci-dessus accompagnées de blanc.

Robes multicolores bleu-crème, écaille cannelle, écaille châtaigne, faon-crème, lavande-crème, écaille ébène.

LOOF

Toutes les couleurs sont reconnues.

Ci-contre : Oriental à poils longs écaille tabby.

RAGDOLL

Ci-dessous : *Ragdoll* sealpoint.

Le ragdoll est né aux États-Unis du croisement d'un chat sacré de Birmanie et d'une femelle blanche à poils longs nommée Joséphine. Les chats de la race ont la particularité de s'abandonner complètement quand on les porte, d'où leur nom (*ragdoll*, « poupée de chiffon » en anglais). Ann Beker, qui a créé la race, attribuait cette totale relaxation aux blessures, notamment une fracture du bassin, subies par Joséphine dans un accident de la route ; ces dernières n'ont eu pourtant aucune incidence sur le patrimoine génétique de sa descendance. Elle prétendait aussi que le ragdoll était un chat sans méfiance et insensible à la douleur, ce qui le rendait très vulnérable aux dangers et aux mauvais traitements. Heureusement, ces affirmations étaient sans fondement : Ann Baker a su associer la docilité propre aux persans et aux sacrés de Birmanie et développer une race de chats particulièrement détendus, qui aiment se laisser porter. D'autres éleveurs, en particulier les Dayton en Californie, ayant réfuté de tels propos, la race a été homologuée par le CFA en 1965. Certains sujets de la lignée des Dayton ont été introduits en 1981 en Grande-Bretagne où la race est désormais reconnue.

Le ragdoll est un grand chat massif, au corps long et musclé avec une large poitrine rectangulaire. Les pattes sont robustes et terminées par de grands pieds ronds ; les pattes postérieures sont plus longues que les antérieures. La longue queue va en s'effilant ; repliée, elle doit pouvoir atteindre au moins les épaules. Le cou massif et court porte une tête triangulaire, aussi large à la base des oreilles que longue de la truffe ronde au sommet du crâne. La surface entre les oreilles est plate et non bombée ; les joues sont bien développées mais inscrites dans le triangle. Le museau, légèrement retroussé, est d'une longueur moyenne avec une cassure peu marquée. Les oreilles de taille moyenne sont bien écartées et larges à la base ; elles ont un bout rond et sont légèrement tendues vers l'avant. Les yeux sont grands et légèrement obliques (ovales selon le LOOF) ; ils sont d'un bleu limpide.

La fourrure mi-longue est d'une texture douce et soyeuse, avec un sous-poil réduit mais des poils de jarre très abondants. Elle est courte sur la face, assez courte sur les épaules, de plus en plus longue sur le corps jusqu'à la queue en panache. Une collerette et des culottes bouffantes sont appréciées. Les oreilles doivent être bien garnies et il faut des touffes de poils entre les doigts. Le pelage n'atteint sa plénitude qu'une fois le chat adulte. La robe du ragdoll répond toujours au patron siamois. Chez les sujets bicolores, elle est couverte de blanc, mais les zones pigmentées doivent obéir à une distribution stricte.

Le ragdoll est effectivement un chat très calme et docile ; c'est un animal d'intérieur peu exigeant. Normalement sa fourrure ne s'emmêle guère, mais il faut quand même la brosser.

Couleurs

GCCF et LOOF

seal, bleu, chocolat, lilas, la robe pouvant être *colourpoint,* « gantée » *(mitted)* ou bicolore. Les chats gantés ont des pattes blanches comme le sacré de Birmanie. Chez les sujets bicolores, un V blanc inversé part du front et recouvre le nez, la racine des moustaches et le menton, mais ne dépasse pas l'extérieur des yeux, poitrine et plastron blancs, pattes antérieures blanches et pattes postérieures blanches jusque sous le corps de préférence.

CFA

Robes *colourpoint* *seal,* chocolat, bleu, lilas, cannelle, faon, roux, crème et les versions *tabby* (ou lynx) de ces couleurs, avec toutes les combinaisons écaille-de-tortue possibles.

Robes bicolores mêmes couleurs mais avec les marques décrites plus haut. Robes à motif van (pigmentation limitée à la queue, aux oreilles et à la partie supérieure du masque).

Robes fumées mêmes couleurs que les robes colourpoint.

RAGAMUFFIN

Au début, le ragdoll n'était pas accepté dans les expositions félines et sa créatrice, Ann Baker, chercha à contrôler rigoureusement le développement de la race, mais un groupe d'éleveurs américains dissidents s'associèrent en 1994 et créèrent le ragamuffin, variante du ragdoll, offrant une grande variété de couleurs. Le ragamuffin est reconnu par l'United Feline Organisation et peut être enregistré auprès du CFA, qui cependant ne le présente pas dans ses expositions. Grand chat ayant la même conformation que le ragdoll, il porte une fourrure généreuse.

Couleurs

Les robes gantées, multicolores ou *colourpoint* sont reconnues.

Robes *colourpoint* toutes les couleurs y compris *tabby* (lynx) et écaille-de-tortue.

Robes unicolores et multicolores toutes les couleurs du persan, ainsi que vison et sépia.

CHERUBIM

Ce récent développement du ragdoll n'est pas encore reconnu.

HONEYBAR

Ce récent développement du ragdoll n'est pas encore reconnu.

Ci-dessus : *Angora turc.*

ANGORA TURC

Angora est l'ancien nom d'Ankara, capitale de la Turquie, et c'est grâce au programme d'élevage mis en place par le zoo d'Ankara que la race a survécu. Dans les années 1960, quelques chats issus de ce programme furent exportés aux États-Unis où ils permirent d'établir la race, reconnue par le CFA en 1970, sous le nom d'angora turc.

L'angora turc est un chat de taille moyenne, à l'ossature fine, au long corps svelte sur de longues pattes (légèrement plus longues derrière) terminées par de petits pieds ronds, et à la longue queue effilée. La tête, posée sur un cou plutôt long et mince, est de taille petite à moyenne ; elle dessine un triangle légèrement étiré aux contours adoucis dont le sommet plat rencontre sans rupture la ligne du museau un peu au-dessus des yeux. Le museau prolonge ces lignes douces jusqu'à un menton joliment arrondi. Les oreilles sont grandes, pointues, larges à la base et haut placées sur la tête. Les grands yeux en amande sont légèrement inclinés. Ils peuvent être verts, jaune d'or, ambre ou vairons.

La fourrure est simple et de longueur variable, mais les poils sont longs et souples sur la queue, la collerette et les culottes, avec si possible des touffes entre les doigts.

L'angora turc a du tempérament, mais on le dit affectueux.

Attention ! la race homologuée sous le nom d'angora par le GCCF (voir page 60) est assez différente.

Couleurs

Le zoo d'Ankara n'élève que des chats blancs. Aujourd'hui toutes les couleurs et tous les motifs sont admis, sauf le chocolat, le lavande et les robes de type siamois.

Ci-contre : *Ragamuffin.*

ANGORA BRITANNIQUE

L'ANGORA BRITANNIQUE constitue une race indépendante développée dans les années 1960 dans le but de recréer en Grande-Bretagne l'angora. À l'époque, des chats de Turquie étaient disponibles, mais la législation britannique imposait une quarantaine de six mois aux animaux importés de l'étranger, ce qui incita les éleveurs à sélectionner des chats de type angora à partir d'orientaux à poils longs, plus proches de l'original que le persan bréviligne. Aujourd'hui la race britannique obéit davantage au type oriental que l'angora turc.

Le standard du GCCF décrit un chat svelte et longiligne, au corps musclé reposant sur des pattes fines terminées par de petits pieds ovales, les antérieures étant plus courtes que les postérieures. La queue est longue et effilée. La tête est longue et triangulaire avec un museau fin, sans cassure ni pincement de la partie inférieure. Ni trop ronde ni trop étirée, elle est de proportion équilibrée. Le museau est droit, sans stop ni décrochement, les oreilles grandes, larges à leur base et placée dans l'alignement de la face. Les yeux sont de forme orientale, inclinés vers le nez et bien écartés. Ils doivent être verts, sauf chez les sujets blancs qui ont les yeux bleus ou vairons.

La fourrure mi-longue est douce et soyeuse, sans sous-poil laineux. La queue est en panache et le poil peut avoir tendance à onduler sur le cou, le menton, les parties déclives et la queue.

L'angora britannique est un chat gracieux ; il a la réputation d'être un animal d'intérieur et un compagnon idéal. Il a souvent gardé le tempérament bavard de l'oriental dont il descend. Rappelons qu'en dépit des apparences, il n'a aucun lien avec l'angora turc. Le GCCF, qui ne reconnaît pas l'angora turc, classe la race britannique parmi les orientaux.

Ci-dessus : *Angoras chocolat.*
Ci-contre : *Angoras britanniques, adulte bleu-crème et chatons écaille-de-tortue.*

Couleurs
Robes unicolores seulement
blanc, noir, bleu, chocolat, lilas, roux, crème, cannelle, caramel, faon.

TURC DE VAN

Le chat turc du lac de Van, dit Turc de Van, est originaire de la région du lac de Van dans le nord-est de la Turquie. La race référencée en Europe et aux États-Unis est issue d'un couple de chatons, Van Atilla et Van Guzelli Iskenderun, rapportés en Grande-Bretagne par les photographes Laura Lushington et Sonia Halliday en 1955. Malgré les restrictions imposées par la quarantaine à l'entrée de la Grande-Bretagne, les deux femmes firent venir d'autres chats et, en 1969, le turc de Van fut reconnu par le GCCF, avant d'atteindre les États-Unis en 1982.

Le turc de Van ressemble par bien des points à l'angora, mais son corps musclé est plus massif et sa poitrine bien développée. Le standard britannique décrit des petits pieds ronds et fins, l'américain les demande ronds mais plutôt grands. La tête s'inscrit dans un triangle aplati avec un museau assez long, des joues proéminentes et un léger décrochement entre les yeux, à peine perceptible si ce n'est par le changement de texture de la fourrure. Les grandes oreilles sont haut placées et légèrement évasées. Les yeux sont grands et légèrement en oblique ; leur ouverture ronde est modérément étirée. Ils peuvent être de couleur ambre ou bleue, parfois impairs.

La fourrure semi-longue, sans sous-poils laineux, est plus fournie en hiver et plus courte en été. La queue porte un panache ; des touffes de poils sont implantées devant les oreilles, entre les doigts et sur le front. Le turc de Van atteint sa pleine maturité vers l'âge de trois ans et déploie alors pleinement sa belle queue épaisse et sa collerette.

Dans son pays d'origine, on considère que le chat doit être d'un blanc pur, avec des yeux impairs, mais les turcs de Van de la lignée Halliday-Lushington ont la queue colorée et des marques roux auburn sur la tête ; ces zones pigmentées constituent d'ailleurs une caractéristique essentielle de la race. La queue peut être légèrement annelée et la pigmentation peut s'étendre un peu sur le dos. Le LOOF tolère une coloration partielle du corps (trois taches au maximum), qui n'altère pas le motif van caractéristique.

Le turc de Van est un chat très affectueux. On dit en Turquie qu'il peut vivre très vieux. Dans son pays d'origine, on le voit jouer dans les cours d'eau et les étangs ce qui lui a valu le surnom de « chat baigneur ».

Ci-dessus et en bas :
Turcs de Van.

Couleurs

GCCF

robe blanche avec des taches de roux auburn ou de crème.

CFA et LOOF

robe blanche avec des taches de roux, de crème, de noir, de bleu et les variantes *tabby* de ces couleurs, ou écaille-de-tortue et variantes *tabby*.

MAINE COON

VOICI UNE RACE AUTHENTIQUEMENT américaine issue des chats de ferme de l'État du Maine sur la côte nord-est des États-Unis. Le maine coon existait déjà il y a un siècle ; il remporta le premier prix à l'exposition de Madison square Garden à New York en 1895 et concourait déjà depuis trente ans à la foire annuelle de Skowhegan, dans le Maine. Puis il connut une longue période de désintérêt et il fallut attendre 1953 pour voir la création d'un club le défendant officiellement, et son retour à l'honneur. Le maine coon ne descend évidemment pas de l'accouplement d'un chat de ferme et d'un raton laveur (*racoon* en anglais), comme le dit la légende. Son origine serait plutôt à chercher du côté de chats domestiques retournés à l'état sauvage et ayant développé un corps plus robuste et une fourrure plus épaisse pour résister à la rigueur des hivers du Maine.

Le maine coon est un chat robuste et musclé, d'assez grande taille ; il s'agit d'une des plus grandes races de chat domestique. Sa poitrine puissante et son dos allongé lui donnent une silhouette rectangulaire. Les pattes sont massives, terminées par de grands pieds ronds. La longue queue, large à la base, est effilée. Le cou d'une longueur moyenne est particulièrement puissant chez le mâle. La tête est légèrement moins large que longue, porte un museau carré, des joues relevées et un menton ferme aligné avec la truffe et la lèvre supérieure. Le museau est d'une largeur égale sur toute sa longueur, avec un léger décrochement vu de profil. Les grandes oreilles sont longues, haut placées, larges à la base et garnies de plumets. Les gros yeux ronds ont une ouverture un peu oblique dans l'alignement du bord extérieur de l'oreille ; ils peuvent être verts, jaune d'or ou cuivre, bleus ou impairs chez les sujets blancs.

La robe du maine coon est très touffue, mais d'une texture souple et soyeuse. Elle est imperméable et s'entretient facilement grâce à son sous-poil léger recouvert de poils de couverture plus lourds et épais. Elle est plus courte au niveau de la tête, du cou et des épaules et bien longue sous le ventre, avec une culotte très étoffée et une abondante collerette à partir des oreilles. Des touffes de poils garnissent les oreilles et les doigts ; la longue queue déploie un épais panache.

Il faut quatre ans au maine coon pour atteindre sa pleine maturité. D'un tempérament facile, le maine coon est joueur et reste un bon chasseur. Il demande un brossage moins systématique que d'autres races à poils longs.

Ci-dessus : *Maine coon tabby argent.*
Ci-contre : *Maine coon tabby brun.*

Couleurs et motifs

La plupart sont admis, sauf chocolat, lilas, cannelle et faon, et des motifs de type siamois.

NORVÉGIEN OU CHAT DES FORÊTS NORVÉGIENNES

Le norvégien ou chat des forêts norvégiennes *(Norsk Skogcatt)* descend des chats ratiers des fermes de Norvège et son type n'est décrit de façon distincte qu'à partir du début du XXe siècle. Dans les années 1930, les Norvégiens commencèrent à s'intéresser à ce grand chat élégant et les premiers clubs furent fondés. Après l'interruption due à la Seconde Guerre mondiale, le chat reparut dans les expositions félines des années 1970, avant d'être reconnu par la FIFe en 1977. Il conquit dès lors une audience internationale. En Norvège, le norvégien porte le diminutif affectueux de « Wegie ». Il faut aussi citer l'existence de chats similaires au Danemark *(Racekatte)* et en Suède *(Rugkatt)*.

Le norvégien est un grand chat musclé et puissant, solidement bâti. Le corps est allongé et très développé, mais sans graisse ; la poitrine ample, les cuisses fortement musclées. Les pattes postérieures sont plus longues que les antérieures, la croupe plus haute que les épaules. Les pieds sont ronds. Repliée, la longue queue peut toucher le cou massif et puissamment musclé. La tête dessine un triangle équilatéral. Le menton, doucement arrondi, est très ferme. Le profil est droit, sans rupture de ligne ; le front plat se prolonge en courbe douce le long du crâne et de la nuque. Les oreilles sont hautes, très ouvertes et larges à leur base ; elles sont placées dans le prolongement de la face. Les grands yeux en amande remontent légèrement sur les côtés ; leur couleur peut varier et ne dépend pas de la robe.

Le pelage est double avec un sous-poil laineux et dense, recouvert d'une fine toison souple et imperméable. « Les culottes sont très fournies et ébouriffées » (standard du LOOF) et le chat arbore une collerette et un plastron touffus. On trouve des touffes de poils entre les doigts et dans les oreilles, des oreilles portant des plumets de lynx étant particulièrement recherchées. Il faut quatre ans au norvégien pour atteindre la plénitude de son développement. À sa naissance, le pelage du chaton est court et souple ; son épaisse fourrure de couverture se développe au fil des mois. Le norvégien a gardé la vigueur d'un animal de ferme, néanmoins, il s'adapte partout.

Ci-dessus : *Norvégien bicolore, noir et blanc.*
Ci-contre : *Norvégien des forêts bleu.*

Couleurs

Toutes les couleurs et tous les motifs sont acceptés, sauf chocolat, lilas et des robes de type siamois. Des zones blanches sont autorisées, au bout des pattes par exemple.

SIBÉRIEN

***Ci-dessous :** Sibérien écaille argent.*

***En bas :** Sibérien brun tabby et blanc.*

CE CHAT À POILS LONGS vivrait depuis très longtemps dans le nord de la Russie, où il serait l'ancêtre du norvégien, voire des races à poils longs du Moyen-Orient. On sait que de tels chats, identifiés alors comme des russes à poils longs, furent exposés en Grande-Bretagne au XIXe siècle et que Harrison Weir, qui organisa la première exposition féline à Crystal Palace en 1851, en possédait un. Il fallut toutefois attendre 1987 pour qu'un couple, trouvé à Saint-Pétersbourg et ramené en Allemagne, permette de lancer l'élevage de la race, qui reparut sur la scène internationale sous le nom de sibérien. Elle fut introduite en 1990 aux États-Unis où l'on compte désormais un club d'éleveurs.

Le sibérien est un chat fort et vigoureux, au corps assez long sur des pattes robustes ; repliée, la queue atteint les épaules. Le crâne est large et plus rond que chez le maine coon ou le norvégien. La face dessine un triangle équilatéral aux lignes adoucies, mais le profil est droit. Les oreilles sont larges à la base et haut placées. Les grands yeux sont légèrement obliques et leur couleur est assortie à celle de la robe. La fourrure est composée d'un épais sous-poil isolant et d'un poil de couverture long et brillant, avec une belle collerette, une culotte et une queue touffues. À leur naissance, les chatons ont un pelage court, les poils jarres brillants de la couverture n'apparaissant que vers l'âge de trois mois.

Les uns le disent docile, d'autres très actif et malin.

Couleurs

Les éleveurs russes créent aujourd'hui de nouvelles couleurs, mais la plus courante est le brun *tabby.* Pour le LOOF, les sujets *colourpoint* se nomment néva-mascarade.

CHAT SACRÉ DE BIRMANIE

Ci-dessous : *Sacré de Birmanie chocolat* point.

En bas : *Sacré de Birmanie* seal tabby point.

CERTAINS RACONTENT que le chat sacré de Birmanie vécut pendant des siècles dans les temples de Birmanie, mais la légende est sans fondement tout comme l'histoire affirmant qu'il reçut sa belle robe à la mort d'un moine particulièrement vénéré. Une chatte, appelée Sita, aurait été importée en France où elle mit au monde des chatons, dont une petite femelle baptisée Poupée. Le croisement de Poupée et d'un siamois ou d'un persan serait à l'origine de la race occidentale, établie en France où elle fut reconnue dès 1925 sous le nom de chat sacré de Birmanie.

Le sacré de Birmanie est un chat long et massif, au corps musclé, ne ressemblant ni au persan ni au siamois. Les pattes moyennement longues sont plus épaisses et terminées par de gros pieds ronds. De longueur moyenne, la queue est touffue et en panache. La tête est large et ronde, le crâne légèrement bombé. On n'observe aucun stop sur le nez romain, mais un léger décrochement vu de profil. Les joues sont pleines et le menton, un peu en pointe. Les grandes oreilles arrondies et bien écartées sont presque aussi larges à la base que hautes. Les yeux sont presque ronds, légèrement relevés vers le haut et toujours bleus, bleu profond de préférence.

La fourrure de texture soyeuse est longue ou mi-longue, légèrement bouclée sur le ventre, avec une collerette autour du cou et une queue en panache. Elle porte des marques caractéristiques : le corps est de couleur égale, éventuellement ombrée de bleu ou de *seal*, avec des zones pigmentées comme chez le siamois sur les oreilles, la face (chez l'adulte, le masque rejoint les oreilles), la queue et les pattes, à l'exception des pieds qui sont d'un blanc pur. Sur les antérieurs, ce gantage blanc s'arrête « en ligne droite à la jonction entre le pied et la patte » (standard du LOOF). Le blanc recouvre tout le pied arrière et remonte en éperon à l'arrière de la patte où il s'arrête juste sous le jarret. Chez les plus beaux sujets les marques sont symétriques des deux côtés. Le chat sacré de Birmanie est généralement doux et affectueux. Il n'est pas particulièrement bavard et possède une voix douce.

Couleurs des extrémités *(points)*

Unicolores *seal,* bleu, chocolat, lilas, roux, crème.

écaille-de-tortue *seal,* bleu, chocolat, lilas.

tabby *seal,* bleu, chocolat, lilas, roux, crème, écaille *seal*, écaille bleu, écaille chocolat, écaille lilas, ainsi que les variantes argent *(silver)* et fumé *(smoke)* de ces couleurs.

SEYCHELLOIS (À POILS LONGS)

IL S'AGIT D'UNE RACE créée par Pat Turner, une éleveuse britannique, sur le modèle de chats vivant aux Seychelles dans l'océan Indien. La race, à pelage blanc marqué d'éclats de couleurs et à la queue entièrement colorée, ne descend pas des chats indigènes, mais fut sélectionnée à partir de persans écaille et blanc, de siamois et de divers orientaux. Les premiers sujets furent exposés en Grande-Bretagne en 1988. Il existe aujourd'hui des variétés à poils longs et à poils courts.

Le seychellois est un chat de type oriental, au long corps élégant, posé sur de longues pattes terminées par des pieds ovales. Le cou est long ainsi que la queue. La tête triangulaire porte de larges oreilles pointues et très ouvertes et de grands yeux en amande, d'un bleu brillant.

Les sujets à poils longs ont une fourrure fine et soyeuse, disposée près du corps, avec une collerette légèrement plus longue. Les oreilles sont bien garnies et la queue en panache.

La répartition des taches obéit à trois « patrons » : de septième (grandes taches de couleurs sur les flancs, les pattes et la tête), de huitième (les taches sont plus petites) et de neuvième (il n'y a pas de taches sur le corps). À leur naissance, les chatons sont blancs, comme chez les siamois, les marques n'apparaissant que progressivement.

Le seychellois conjugue le caractère calme du persan et le tempérament curieux du siamois. Il a la réputation d'être fantaisiste et expansif ; mais c'est aussi un chat affectueux qui sollicite beaucoup son maître.

Couleurs
Toutes les couleurs sont acceptées sur la robe blanche, à l'exception du noir.

Ci-dessous : *Somali, chaton bleu.*

SOMALI

LE SOMALI EST UN ABYSSIN à poils mi-longs. Des chatons à poils longs naissaient en effet de temps à autre dans des portées d'abyssins et certains éleveurs finirent par s'y intéresser. Le premier abyssin à poils longs fut exposé en 1965 en Australie, où le somali est aujourd'hui aussi recherché que l'abyssin. C'est E. Mague, une éleveuse du New Jersey, qui donna son nom à la race en référence à la Somalie, région proche de l'ancienne Abyssinie (Éthiopie), bien que le chat n'ait aucun lien avec cette partie du monde. Le CFA reconnut la race en 1972, la FIFe en 1982, bientôt suivis par les instances britanniques.

Le somali suit la conformation de l'abyssin, avec un corps de taille moyenne, souple et gracieux, de type oriental, de longues pattes terminées par des pieds ovales, une longue queue effilée, mais large à la racine. La tête forme un triangle aux contours arrondis avec un léger renflement au-dessus du nez vers le front et, de profil, un léger décrochement. Les oreilles sont larges et incurvées à la base, bien écartées et dressées. Les grands yeux sont en amande, disposés en oblique et soulignés d'un trait sombre entouré d'une zone plus claire. Le standard du LOOF précise une cage thoracique « doucement arrondie ». Le dos « légèrement arqué donne l'impression d'un chat prêt à bondir ».

Le pelage double est dense et de texture fine. Il est allongé le long de la colonne vertébrale, plutôt court sur les épaules mais mi-long sur le reste du corps. On observe une belle queue en panache, accompagnée si possible d'une collerette, de culottes touffues, de plumets sur les oreilles et de touffes entre les orteils. Le poil agouti des oreilles est tiqueté au moins trois fois, ce qui crée une alternance de six bandes de la racine à la pointe. Le poitrail, le ventre, le dessous de la queue, l'intérieur des pattes et des jarrets sont de la couleur de base qui doit être claire et lumineuse. À l'extérieur et l'intérieur de l'œil, des lignes sombres montent des paupières supérieures vers les oreilles ; on apprécie une zone ombrée sur les joues et des taches à la racine des vibrisses.

Le somali est un chat intelligent et actif.

Couleurs

Le somali existe en différentes couleurs de *tabby* tiqueté.

Le lièvre (brun doré tiqueté de noir), *sorrel* (abricot tiqueté de cannelle), chocolat (abricot tiqueté de chocolat foncé), bleu (beige tiqueté de bleu), lilas (beige tiqueté de lilas), faon (beige tiqueté de faon), roux (poil tiqueté d'un roux profond), crème (poil tiqueté d'un ton chaud de crème), ainsi qu'écaille lièvre, bleu-crème, écaille chocolat, lilas-crème, écaille *sorrel,* faon-crème.

SNOW CAT OU CHAT DES NEIGES D'ALASKA

Cette race, née aux États-Unis du croisement de somalis et de persans *silver,* est encore au stade expérimental. Le programme cherche à créer des chats qui ressembleraient au sibérien. La fourrure épaisse est couleur argent.

SUQUTRANESE

Le suqutranese est un chat d'un blanc étonnant. C'est une variété non tiquetée du somali créée en Grande-Bretagne et présentée officiellement en 1990 à l'exposition de la Cat Association.

Ci-dessous : Somali sorrel.

BALINAIS

Ci-contre : *Balinais chocolat* point.

En bas : *Balinais crème.*

Le balinais est un cousin à poils mi-longs du siamois. Les premiers chatons sont d'ailleurs apparus dans des portées de siamois, peut-être à la suite de mutations spontanées, ou à cause de croisement avec du sang angora, effectués en Grande-Bretagne dans les années 1920. Marion Dorset, une éleveuse californienne, fut sans doute la première à mener un programme de sélection, bientôt suivie dans les années 1960 par la New-Yorkaise Helen Smith qui proposa la dénomination de « balinais » plutôt que « siamois à poils longs ». À la fin des années 1960, les sociétés félines américaines avaient reconnu le balinais ; une décennie plus tard ce fut le tour des Européens. En Australie, la race est aussi connue sous le nom d'« oriental longhair ».

Le balinais a la même silhouette que le siamois : un corps longiligne et gracieux, avec des pattes élancées, terminées par de petits pieds ovales, et une longue queue fuselée. La tête, dont le museau effilé et l'extrémité des grandes oreilles en pointe dessine un triangle, repose sur un cou au port élégant. Le profil est droit du sommet du crâne au bout de la truffe, sans décrochement au niveau des yeux ou du museau. Les yeux en amande présentent « une inclinaison orientale vers le nez » (standard du LOOF) ; ils sont distants d'une longueur au moins égale à leur largeur. Ils sont d'un bleu pur, clair et lumineux.

La fourrure mi-longue et soyeuse est dépourvue de sous-poil laineux. Elle adoucit la silhouette longiligne du chat, plus étoffé que le siamois. Certains individus présentent une collerette et des touffes dans les oreilles, mais ce n'est pas souhaitable. La couleur du corps doit être égale, avec éventuellement de légers reflets sur le dos et les flancs. Le masque, qui couvre la face, y compris les lèvres supérieures, est relié aux oreilles par quelques traces, mais ne doit pas envelopper le sommet de la tête. Les chatons naissent avec un pelage court dépourvu de marques. La couleur des extrémités apparaît dès les premières semaines, mais la robe n'atteint sa plénitude qu'à l'âge adulte.

Le balinais partage le caractère intelligent, joueur et curieux du siamois, il est aussi un grand bavard.

Couleurs

LOOF

Toutes les couleurs du siamois sont reconnues.

CFA

Seules les extrémités unicolores sont admises : *seal*, chocolat, bleu et lilas.

Les autres associations européennes ou américaines acceptent une vingtaine de variétés courantes de robes.

TIFFANIE

Ci-contre : Tiffanie lilas ombré.

En bas : Tiffanie argent ombré.

Cette race britannique est une variété à poils mi-longs du burmese, apparue au cours du programme de création du burmilla dans les années 1980. Elle appartient au groupe des chats d'Asie et obéit au standard général asiatique défini par le GCCF. On crut dans un premier temps qu'elle partageait la même origine burmese que le tiffany américain (voir page 56), d'où son nom. Mais il fallut bientôt en modifier l'orthographe, « tiffany » ayant déjà été utilisé pour le classement de chats par des organismes officiels et le GCCF n'autorisant pas de tels doubles emplois.

Le tiffanie est un chat de type plutôt oriental, au corps ferme et musclé de longueur moyenne, à la poitrine développée, au dos plat des épaules à la croupe, bien que les pattes postérieures soient un peu plus longues que les antérieures. Les pieds sont généralement ovales ; la queue, élégante et fièrement portée, est de longueur moyenne à longue, assez épaisse et légèrement effilée vers un bout rond. La tête, posée sur un cou moyen, est courte et triangulaire, large à l'articulation des mâchoires puis elle se rétrécit jusqu'à une truffe abrupte. Vu de profil, le museau porte une cassure distincte ; il est légèrement arrondi. Les oreilles sont de taille moyenne à grande, avec des bouts ronds ; elles sont bien écartées et, placées dans le prolongement de la partie supérieure de la tête, dessinent un contour en aile de papillon. Les yeux sont profonds et expressifs mais, bien que de type plutôt oriental, ils ne sont ni ronds, ni en amande. Ils sont écartés et toutes les couleurs de la gamme du jaune au vert sont autorisées selon la variété. Chez les chats argent, on préfère le vert, chez les unicolores, le jaune d'or est accepté.

La fourrure est mi-longue, fine et soyeuse. Elle est nettement plus longue sur la queue et forme une collerette distincte autour du cou. Des poils habillent l'intérieur de l'oreille ; des touffes sont admises sur la pointe.

Le tiffanie est un chat affectueux et élégant, même si certains propriétaires le trouvent un peu envahissant quand il réclame de l'attention, de sa voix assez stridente.

Couleurs

Noir, bleu, lilas, roux, caramel, abricot, écaille noir, crème, écaille bleu, écaille chocolat, écaille lilas, écaille caramel ; les restrictions de type burmese de ces couleurs et leurs variantes argent, ainsi que leurs interprétations *tabby* (marbré, moucheté, tigré, tiqueté ou fumé). Ces couleurs n'ont cependant pas toutes été produites.

Chats **orientaux**

CHATS ORIENTAUX

Quand on parle de chats, l'adjectif « oriental » (ou « *foreign* » chez les Britanniques) ne désigne pas forcément une race originaire de contrées exotiques, mais une race de chats aux lignes élégantes et à l'ossature fine dont le représentant le plus célèbre est sans doute le siamois. La conformation des chats orientaux varie du type extrême du siamois contemporain à la silhouette parfaite du korat. Ces deux races sont arrivées un peu par hasard de Thaïlande, où elles existent depuis longtemps, bien qu'il soit impossible de déterminer leur origine exacte.

Il existe une grande variété de chats orientaux à poils courts, chaque race s'étant développée suivant ses propres caractéristiques. On observe des écarts importants, y compris entre des races qui partagent la même origine. En même temps, certaines distinctions reposent uniquement sur des variations de couleurs, enregistrées différemment suivant les associations félines à travers le monde. On sait que de nouvelles couleurs sont créées par des croisements avec d'autres races qui altèrent forcément le type original.

L'évolution du havana brown aux États-Unis est tout à fait représentative. La lignée descend de chats importés de Grande-Bretagne en 1954, mais elle a subi de telles modifications qu'elle ne ressemble plus du tout à ses cousins britanniques (« british havana »), considérés par les Américains comme des orientaux de couleur châtaigne. Le burmese offre un autre exemple de divergence de part et d'autre de l'Atlantique, entraînant l'établissement de différents standards.

MAU ÉGYPTIEN

Un couple de chats tachetés évoquant les chats de l'ancienne Égypte attira l'attention d'une émigrée russe en 1953 à Rome. La femelle avait été stérilisée, mais on fit venir du Caire une chatte argent moucheté du même type qui fut accouplée à un mâle à robe fumée trouvé à Rome. Deux chatons naquirent, un seul survécut. Il fut croisé à sa mère qui mit au monde une nouvelle femelle. Les premiers chatons furent exposés à l'exposition internationale féline de Rome en 1955 et à la fin de l'année suivante leur propriétaire déménagea aux États-Unis où la race fut reconnue en 1968 par le CFA, bientôt suivi par les autres sociétés félines.

En 1960, Angela Sayer (l'auteur de cet ouvrage) entreprit, elle aussi, de faire renaître les chats de l'Égypte ancienne, ce qui donna des orientaux à poils courts et à robe mouchetée.

Le mau issu de chats égyptiens est d'un type intermédiaire entre l'oriental longiligne et l'american ou le british shorthair plus ramassés, avec un corps gracieux mais musclé et moyennement long. Les pattes postérieures sont plus longues que les antérieures ; néanmoins, précise le standard du LOOF, « bien angulées ce qui donne un dos plat ». Les pieds sont petits, bien dessinés et légèrement ovales. D'une longueur moyenne, la queue a une base épaisse qui s'effile doucement vers le bout, repliée elle doit pouvoir toucher les épaules. La tête dessine un triangle aux contours adoucis, les joues ne sont pas pleines, le profil est fin avec un léger renflement au niveau du front. Le museau est d'une largeur régulière, le menton ferme. Les oreilles, de taille moyenne à grande, larges à leur base et légèrement pointues, sont dressées « en alerte ». Les grands yeux en amande sont légèrement relevés vers les oreilles ; il sont d'un vert groseille à maquereaux lumineux, avec parfois des reflets ambre chez les jeunes.

La fourrure est mi-longue et bien lustrée ; sa texture varie en fonction de la couleur : fine et soyeuse chez les sujets *smoke*, elle est dense et élastique chez les *silver* ou les bronze. Chaque poil porte au moins deux bandes tiquetées alternées de rayures claires. Les oreilles peuvent porter un plumet.

Le mau est un chat actif et très agréable à vivre. Affectueux avec ses maîtres, il est timide face à des étrangers.

Ci-contre : *Mau égyptien argent.*

Couleurs

Silver (taches noires), bronze (taches brun foncé) et *black smoke*.

BLEU RUSSE

Ci-contre : Bleu russe.

En bas : Bleu russe, chaton.

La race du bleu russe est connue depuis longtemps. Les premiers sujets furent ramenés en Grande-Bretagne par des marins commerçant avec le port d'Arkhangelsk sur la mer Blanche, sous le règne d'Elisabeth Ire au XVIe siècle. Le bleu russe fut présenté dès les premières expositions félines en Grande-Bretagne où, mis en compétition avec des british shorthairs bleus, il était pénalisé pour l'épaisseur de sa fourrure. À partir de 1912, il concourut dans sa propre classe. La même confusion existait au début du XXe siècle aux États-Unis. Appelé parfois foreign blue par les Anglo-Saxons, « chat de Malte » ou « chat espagnol bleu » ici, son nom de bleu russe fut officialisé en 1939.

Avec la Seconde Guerre mondiale, la race faillit disparaître en Grande-Bretagne et en Europe et, quand les éleveurs voulurent la restaurer, ils introduisirent du sang siamois ce qui modifia profondément le type. Il fallut redéfinir le standard en 1950 pour s'adapter aux changements. Quand ces nouveaux chats de type siamois apparurent, ils provoquèrent un regain d'intérêt outre-Atlantique où l'on se désintéressait du bleu russe.

Vers le milieu des années 1960, des éleveurs anglais entreprirent de retrouver les caractéristiques originales et firent des sélections dans ce sens. Il se produisit alors ce que l'on observe pour de nombreuses races : des divergences dans la description des critères de part et d'autre de l'Atlantique, avec de légères variations de standard.

Le bleu russe a un corps élancé et gracieux, de longues pattes et de petits pieds, ovales en Grande-Bretagne, ronds aux États-Unis et en France. La queue est longue et s'effile doucement à partir d'une base plus épaisse. La tête anguleuse « présente sept faces planes » (standard du LOOF). La distance du museau aux yeux est égale à celle des yeux aux oreilles. Le sommet du crâne est plat entre de grandes oreilles, larges à la base et dressées verticalement dans l'alignement de la face. Elles sont à peine recouvertes de poils fins.

Le LOOF précise que le nez et le front sont plats et forment deux faces, que le museau est de longueur moyenne, sans stop et qu'on remarque « une face verticale et plate du bout du nez à la pointe du menton ». « Les coins légèrement retournés de la bouche lui donnent une expression douce. » Les yeux sont presque ronds (ovales aux États-Unis), mais quel que soit le standard, ils sont toujours d'un vert intense.

La fourrure est pelucheuse, courte et soyeuse ; le sous-poil est dense et se redresse. Le standard français insiste d'ailleurs sur la texture de la fourrure du bleu russe. Le LOOF demande « une concentration argentée en bout de poil », ce qui constitue un réel défaut aux yeux des Anglais.

Le bleu russe est un chat timide en présence d'étrangers, mais très affectueux avec ceux qu'il connaît.

Couleurs

Seul le bleu est admis en Grande-Bretagne et aux États-Unis. Le LOOF reconnaît aussi le blanc et le noir. En Grande-Bretagne les chats noirs et blancs sont connus sous le nom de « russian shorthairs ».

RUSSIAN SHORTHAIRS

Le GCCF dénomme russian shorthair (russe à poils courts) des chats répondant aux caractéristiques du bleu russe, mais d'une autre couleur uniforme, sans marques ni taches.

Couleurs

Noir ou blanc uniforme.

ABYSSIN

Ci-dessous : Abyssin sorrel argent.

Ci-contre : Abyssin lièvre.

L'ABYSSIN EST UN CHAT connu depuis longtemps qui aurait été introduit en Grande-Bretagne avec l'arrivée de Zula venu d'Éthiopie en 1868. Il ressemble beaucoup aux chats représentés par les artistes de l'Égypte ancienne et certains ont suggéré qu'il en descend directement. D'autres considèrent plutôt qu'il s'agit d'une race créée par les éleveurs britanniques dans la seconde moitié du XIXe siècle. La fourrure agouti de l'abyssin se retrouve dans d'autres races récemment reconnues, originaires de Singapour ou de Ceylan (voir plus bas). Elle serait due à la mutation d'un gène qui aurait eu lieu dans la région de Ceylan ou du golfe du Bengale, au cœur d'une zone traversée par de nombreuses routes commerciales allant du cap Horn à l'Afrique et à la Malaisie, ce qui expliquerait son extension géographique.

L'abyssin a un corps souple et musclé, d'une longueur intermédiaire entre les deux extrêmes représentés par le svelte siamois et les chats courts de type *cobby*. Les pattes, longues et fines, sont terminées par de petits pieds ovales ; la queue effilée est épaisse à la base et suffisamment longue pour toucher les épaules, une fois rabattue. La tête portée sur un cou élégant, qui dessine une belle courbe sans rupture des épaules au sommet du crâne, présente des contours arrondis, en particulier de l'arcade sourcilière au sommet du front, et forme un triangle légèrement arrondi, sans surface plane ; les joues, l'arcade sourcilière et le profil ont des traits souples. Le museau est légèrement arrondi avec, selon le standard du LOOF, « une légère déclivité concave entre le front et le nez ». Les oreilles sont grandes, modérément pointues et dressées, larges à la base et bien incurvées ; elles sont disposées dans l'alignement du triangle de la tête. Les grands yeux sont en amande, d'une couleur allant du « jaune au marron en passant par le vert dans toutes les nuances ». Ils sont bien écartés et cernés d'un trait foncé entouré d'une zone plus claire.

Le poil est fin et couché près du corps, élastique au toucher sans être doux. Bien que court, il est suffisamment long pour présenter au moins deux bandes tiquetées (ce qu'on appelle le *ticking*).

Couleurs

GCCF

Lièvre (brun doré tiqueté de noir), bleu (beige tiqueté de bleu), *sorrel* (cuivre tiqueté de chocolat), faon (beige tiqueté de faon), chocolat (cuivre tiqueté de chocolat foncé), lilas (beige tiqueté de gris), roux (abricot tiqueté d'un roux profond), crème (poil tiqueté d'un ton chaud de crème), ainsi qu'écaille lièvre, bleu-crème, écaille chocolat, lilas-crème, écaille *sorrel*, faon-crème, et que la variante *silver* de toutes ces couleurs.

LOOF

Lièvre, *sorrel*, bleu, faon, chocolat, lilas, *red* (*red* génétique), crème (crème génétique), lièvre *tortie*, bleu crème, chocolat *tortie*, lilas crème, *sorrel tortie*, faon crème et toutes ces couleurs avec *silver*.
Le dessous du corps, le poitrail et la face interne des pattes sont d'une couleur uniforme en harmonie avec le dessus du corps, sans *ticking*, rayure, collier, ni ombre sur le ventre.
La ligne dorsale qui se prolonge jusqu'à l'extrémité de la queue, l'extrémité des oreilles, la semelle des pattes arrière et les touffes interdigitées sont de la couleur du *ticking*.

ABYSSIN SAUVAGE

Cette race domestique développée à partir de chats trouvés à Singapour dans les années 1980 est un retour au type abyssin du XIXe siècle.

L'abyssin sauvage est globalement plus grand que l'abyssin moderne, avec sur la queue des anneaux, sur les pattes des rayures et sur le cou des colliers, tous foncés. La tête porte un M sombre sur le front. La robe agouti est semblable à celle de l'abyssin.

Couleurs

Seule la variété lièvre est élevée.

KORAT

LE KORAT VIENT DE THAÏLANDE où depuis des siècles il est gage de bonne fortune. Le nom de korat (ou koraj, le « j » sonnant comme un « t » doux), emprunté à une province thaïlandaise, lui a été donné assez récemment. Il s'appelait traditionnellement *Si Sawat,* ce qui veut dire « couleur de la graine de sawat ». En Thaïlande, il n'était jamais vendu mais offert de façon symbolique, lors des mariages par exemple. À Londres en 1896, un korat donné en cadeau à un voyageur britannique fut présenté à une exposition féline où il fut considéré comme un représentant peu intéressant de la race siamoise.

La race resta ignorée du monde occidental jusqu'au jour où un couple fut offert, à Bangkok en 1959, à l'ambassadeur des États-Unis. De retour dans son pays, il le confia à l'éleveuse Jean Johnson qui s'intéressait aux Korat depuis qu'elle les avait observés en Thaïlande. Ce premier couple fut complété par d'autres et un programme d'élevage débuta. La race des korat est reconnue en Occident depuis 1966.

Le korat est de taille moyenne ; c'est un chat musclé de type médioligne, ni svelte ni ramassé, à la poitrine développée. Les pieds sont ovales et les pattes antérieures légèrement plus longues que les postérieures. Le standard américain spécifie que la hauteur à la base de la queue doit être égale à la longueur de la base de la queue au cou. La queue est de longueur moyenne, plus épaisse à la racine et s'effilant jusqu'à un bout arrondi. Vue de face, la tête, bien large au niveau des yeux, a la forme d'un cœur. Sous le front large et plat, les paupières supérieures dessinent le haut du cœur et s'arrondissent vers le museau bien développé, ni trop carré ni trop pointu. Le museau est court et légèrement incurvé vers le bas. Le LOOF demande une légère rupture du profil entre le front et le nez (stop). Les grandes oreilles arrondies sont haut placées et très ouvertes à la base. Les yeux sont proéminents ; grands ouverts, ils sont bien ronds, mais, clos ou mi-clos, ils prennent une légère « inclinaison asiatique ». Ils sont vifs et lumineux, de préférence d'un vert intense, parfois teintés d'un reflet ambre.

La robe du korat est caractéristique : le pelage est près du corps, court et satiné. Il a tendance à s'incliner le long de la colonne vertébrale quand le chat bouge. La fourrure est bleue, les extrémités des poils colorées d'argent. Les poils sont généralement clairs à la racine, puis plus foncés, ce qui souligne le contraste argent des extrémités. La coloration des poils évolue et s'affine dans les deux premières années ; elle atteint toute sa richesse et son intensité à l'âge de deux ans. Le pelage ne doit comporter ni ombres, ni marques. Un manuscrit ancien consacré aux siamois décrit le korat comme ayant des poils « aux racines couleur de nuages et aux extrémités d'argent » et des yeux « luisant comme deux gouttes de rosée sur une feuille de lotus ».

Le korat est un chat joueur et intelligent, doté d'une voix douce. Il peut défendre son territoire avec vigueur.

Ci-dessus : *Korat.*

Couleur

La race n'admet qu'une couleur, caractéristique : bleu, avec l'extrémité des poils *(tipping)* argent.

SIAMOIS

Le siamois est une race connue depuis des siècles en Thaïlande, sous le nom de *Vichien Mat*. Le chat était attaché à la cour royale et à la noblesse, et la tradition voulait qu'un siamois soit placé au moment des funérailles dans la tombe de l'Empereur. Quand il ressortait par le trou spécialement aménagé, on pensait qu'il avait emporté l'âme du souverain hors du tombeau vers la première étape de son voyage dans l'au-delà.

Des siamois importés en Occident furent présentés dès les premières expositions félines en Grande-Bretagne, mais ils n'avaient sans doute pas les extrémités colorées qui constituent aujourd'hui la caractéristique de la race. De même, des chats présentant ce marquage typique avaient déjà été observés depuis longtemps dans différentes parties du monde. Le premier siamois importé sans doute possible de Thaïlande fut une chatte offerte à la femme du président américain Hayes en 1878 ; malheureusement, l'animal mourut peu de temps après son arrivée à Washington. En 1884, un consul britannique acheta un couple et l'envoya en Angleterre où sa sœur, Lilian Velvey, commença l'élevage de la race. Elle fit venir d'autres sujets, vraisemblablement d'une chatterie de Bangkok créée par son frère. Depuis les éleveurs ont sélectionné un siamois élégant, aux lignes toujours plus étirées et anguleuses.

Le siamois moderne est svelte et musclé. Son corps souple et gracieux est de taille moyenne ; les hanches ne doivent jamais être plus larges que les épaules, ce qui lui donne une ligne tubulaire. Les pattes sont longues et fines, les postérieures plus hautes que le antérieures, et terminées par de petits pieds ovales. La queue est longue et effilée. La tête étirée dessine un triangle isocèle aux lignes très pures qui pointe vers un museau fin au profil droit. Le menton est ferme, aligné avec la truffe. Les grandes oreilles sont pointues et larges à la base ; elles prolongent les lignes de la tête. Les yeux en amande, obliques vers le museau, sont bien écartés. Ils sont toujours d'un bleu profond.

La fourrure du siamois est fine et lustrée, courte et près du corps. Elle doit être d'une couleur unie sur le corps avec, éventuellement, de légers reflets sur le dos et les flancs. Les zones plus sombres, si caractéristiques de la race, sont clairement définies et se limitent à la queue, aux pattes, aux oreilles et à la face (les « *points* » des éleveurs anglo-saxons). Le masque doit recouvrir toute la face, y compris la racine des moustaches, et être relié par des traces aux oreilles ; il n'enveloppe pas toute la tête. Le gène qui provoque cette coloration des extrémités entraîne aussi une dilution de la couleur des *points* et les premiers siamois, qualifiés de *seal,* était en fait noir dilué. Le

Ci-contre : *Siamois crème point.*
En haut : *Siamois seal point.*

Couleurs

LOOF
Toutes les couleurs des *points* sont reconnues.

GCCF
***Points* unicolores** *seal,* bleu, chocolat, lilas, cannelle, caramel, faon, roux, crème.
Points* à motif *tabby *seal,* bleu, chocolat, lilas, roux, crème, cannelle, caramel, faon et les variantes écaille-de-tortue *(tortie)* de ces couleurs, à l'exception du roux.
Points* écaille-de-tortue dits *« tortie point » *seal,* bleu, chocolat, cannelle, faon, caramel.

seal fut la seule couleur acceptée jusque dans les années 1930, quand le bleu fut à son tour admis. Dans les années 1950, on distingua la couleur chocolat, puis le lilas (d'abord appelé *frost,* ou « givre », aux États-Unis) fut à son tour reconnu. Il existe aujourd'hui une vaste gamme de couleurs, notamment des *points* à motifs *(tabby)* attribués, selon les organismes, au siamois lui-même ou à des races parallèles.

Le siamois est affectueux et recherche une présence attentive. Il est très bavard, jusqu'à entretenir une « conversation ».

COLOURPOINT SHORTHAIR

Les Américains regroupent sous cette appellation les chats ayant une morphologie de siamois et d'une couleur autre que les quatre couleurs de base (*seal*, chocolat, bleu et lilas).

ORIENTAL À POILS COURTS

En bas : *Oriental à poils courts* tabby *cannelle.*

La race de l'oriental à poils courts regroupe des chats de type siamois, mais dont la robe, de couleurs très variées, n'obéit pas aux restrictions de coloration typiques du siamois. Dans les années 1920, à une époque où seul le siamois à extrémités brunes connaissait les honneurs des expositions, les éleveurs britanniques commencèrent à employer le terme *« foreign »* pour désigner ces chats, tandis que les Américains parlèrent d'*« oriental »*, adjectif repris par le GCCF dans les années 1990, sauf pour l'oriental blanc qui continue de s'appeler « foreign white » en Grande-Bretagne.

Dans les années 1950, les robes unicolores noires et chocolat furent créées. Le noir n'eut guère de succès mais le marron donna le ton havane. Certains chats havane furent exportés aux États-Unis où ils évoluèrent de façon indépendante et donnèrent le « havana brown » (voir page 78), tandis qu'en Grande-Bretagne le havana, fidèle au type siamois, fut rebaptisé pendant quelques années « chestnut brown » (*chestnut* désignant la châtaigne) avant de reprendre son nom d'origine dans les années 1970.

Les standards sont ceux du siamois en ce qui concerne la morphologie et la texture de la robe ; mais, sauf pour les chats ayant du blanc sur leur pelage, les yeux doivent être verts. En effet, le standard du LOOF spécifie qu'ils peuvent être impairs (bleu et vert) chez les sujets blancs ou multicolores, et bleus chez les blancs.

L'oriental à poils courts a le même caractère que le siamois ; aussi « bavard » que celui-ci, ses miaulements néanmoins sont plus doux.

Couleurs

LOOF

Toutes les couleurs sont reconnues.

GCCF

Robes unies havane (brun châtaigne), lilas, noir, bleu, roux, crème, abricot, cannelle, faon.

Autres robes à l'exception des robes *tabby* écaille-de-tortue (noir), écaille bleu, écaille chocolat, écaille lilas, écaille cannelle, écaille caramel, écaille faon, robes ombrées ou fumées.

Robes *tabby* (tigrées, mouchetées, marbrées ou tiquetées) brun, bleu, chocolat, lilas, roux, crème, abricot, cannelle, faon, écaille-de-tortue, écaille bleu, écaille chocolat, écaille lilas, écaille cannelle, écaille caramel, écaille faon.

Robes dites *silver tabby* (avec des motifs tigrés, mouchetés, marbrés ou tiquetés sur une couleur de fond argent) noir, bleu, chocolat, lilas, roux, crème, abricot, cannelle, caramel, faon, écaille-de-tortue, écaille bleu, écaille chocolat, écaille lilas, écaille cannelle, écaille caramel, écaille faon.

CFA

Robes unicolores bleu, châtaigne, cannelle, crème, ébène, faon, lavande, roux, blanc.

Robes ombrées argent *(silver)* bleu, châtaigne, cannelle, crème, ébène, faon, lavande, roux, multicolores.

Robes fumées *(smoke)* roux, châtaigne, cannelle, crème, ébène, faon, lavande, multicolores.

Robes *tabby* bleu, châtaigne, cannelle, crème, ébène, faon, lavande, roux, et leurs variantes *silver.*

Robes bicolores les mêmes couleurs associées à du blanc.

Robes multicolores bleu-crème, cannelle, écaille-de-tortue, écaille châtaigne, faon-crème, lavande-crème, écaille ébène.

ORIENTAL BLANC

L'ORIENTAL BLANC (ou foreign white) est un siamois entièrement et uniformément blanc, arborant des yeux bleus, mais il ne descend par des chats unicolores que l'on trouve en Thaïlande à côté des chats dont les extrémités sont de couleur contrastée. Ce sont les éleveurs britanniques qui ont délibérément créé la race, en croisant des siamois et des chats blancs à poils courts.

L'oriental blanc a la morphologie du siamois ou de l'oriental à poils courts, il est d'ailleurs classé par le LOOF avec les autres orientaux. En Grande-Bretagne, où il a été reconnu bien avant les autres couleurs de l'oriental, il constitue une race autonome.

Il faut noter que l'oriental blanc ne souffre pas de la surdité souvent observée chez des chats blancs dotés d'yeux bleus.

L'oriental blanc a le même caractère que les autres orientaux.

Couleur
Une seule couleur reconnue.

HAVANA BROWN

Ci-dessous : *Havana brown.*
En bas : *Oriental blanc.*

LE HAVANA BROWN, qui doit son nom à sa couleur, est issu d'une race créée en 1952 par l'élevage britannique en croisant des siamois et des chats noirs à poils courts, et connue sous différents noms : « havana oriental shorthair », « oriental chocolate cat », « havana » ou « chestnut brown foreign » (oriental brun châtaigne). Quand les premiers havana furent exportés aux États-Unis, le standard suivait la description du bleu russe, mais tandis que les éleveurs d'outre-Manche choisirent de rester proches du siamois grâce à des croisements, ce qui donna l'actuelle race britannique, les Américains se montrèrent fidèles au standard original – qu'ils firent malgré tout évoluer.

À mi-chemin entre les races longilignes et les races ramassées, le havana brown est un chat d'une taille intermédiaire. Son tronc musclé est de longueur moyenne, de même que son cou et sa queue effilée. Les pattes, plutôt longues, sont terminées par des pieds ovales. Les antérieures sont légèrement plus courtes. La tête est plus longue que large et dessine un triangle vers le bout rond du museau, avec un *pinch* marqué au niveau de la racine des vibrisses. Le profil marque « une cassure fronto-nasale » caractéristique (standard du LOOF) ; le museau se termine de façon abrupte, la truffe et le menton dessinant presque une ligne perpendiculaire. Les grandes oreilles arrondies sont ouvertes à la base ; elles sont inclinées vers l'avant, ce qui donne l'impression que le chat est toujours en alerte. De taille moyenne, les yeux sont bien écartés et ovales ; ils sont d'un vert pur et intense aussi profond que possible.

La robe du havana brown est longue ou mi-longue, lustrée et douce au toucher ; elle est d'un brun chaud uniforme.

Le havana brown a la réputation d'être un compagnon affectueux et intelligent, qui aime être entouré.

Couleur
La couleur du chat doit être uniforme, d'un brun chaud et profond, tendant vers une tonalité rouge d'acajou plutôt que vers un marron foncé.

OCICAT

Le premier ocicat est né en 1964 du croisement d'un siamois à extrémités chocolat *(chocolate point)* avec une femelle métissée d'abyssin et de siamois *seal point*. Le chaton, Dalai Tonga, ne répondait pas aux attentes de son éleveuse, Virginia Daly, qui voulait créer une variété de siamois à extrémités rayées : il fut castré et vendu comme animal de compagnie. Plus tard, V. Daly commença à s'intéresser aux chats mouchetés et elle renouvela la même expérience de croisement, à l'origine de la race actuelle. Sa ressemblance avec l'ocelot valut au nouveau chat son nom d'ocicat, mi-chat mi-ocelot. La race reçut des apports de sang d'american shorthairs qui la firent grandir en taille et lui donnèrent ses tons argent, mais elle perdit la ligne étirée des chats d'Orient. L'ocicat est homologué aux États-Unis depuis 1986 et reconnu aujourd'hui par la plupart des clubs européens. Le GCCF lui a accordé un statut préliminaire en 1987.

Ci-dessous : *Ocicat cannelle et ocicat chocolat.*

L'ocicat est un chat de taille moyenne à grande, d'aspect athlétique, étonnamment lourd pour sa taille. La poitrine est profonde et les hanches élastiques. Le dos s'élève doucement vers l'arrière et se prolonge en une longue queue assez fine, à peine effilée. Les pattes puissantes sont de taille moyenne et terminées par des pieds compacts et ovales. La tête est légèrement triangulaire et portée par un cou souple. Un peu incurvée entre le museau et les joues, elle présente un petit renflement à la naissance du museau ; celui-ci est plutôt carré, large et d'une bonne longueur. Le menton est ferme, la mâchoire carrée et légèrement pincée. Les oreilles toujours tendues sont de taille moyenne et placées à 45° d'une ligne qui traverserait le front. Les grands yeux sont en amande, légèrement redressés vers les oreilles et bien écartés (au moins de la largeur d'un œil). Toutes les couleurs sont admises, à l'exception du bleu, indépendamment de la couleur de la robe.

La robe est courte, satinée et lustrée, douce au toucher, avec un motif moucheté caractéristique. Les poils sont courts et près du corps, mais suffisamment longs pour porter chacun plusieurs bandes alternées de couleur. Le pelage est entièrement agouti, à l'exception de la pointe de la queue. Le menton, la mâchoire et le tour des yeux sont généralement de couleur claire et la pointe de la queue foncée. Une rangée de taches court le long de la colonne vertébrale des épaules à la queue, qui porte sur le dessus des marques étirées alternées si possible de points. Les mouchetures sont clairement définies, avec un contraste, par rapport au fond, bien net, même s'il est estompé dans les couleurs pâles. Elles sont en forme d'empreintes digitales ; leur répartition est régulière sur les deux flancs et évoque le motif tigré tabby traditionnel. Chacune est entourée d'autres taches. Le motif moucheté doit descendre aussi bas que possible, sous le ventre, autour des épaules et le long des pattes. Les pattes portent des bracelets et le cou un collier aussi fragmentaire que possible. Au milieu des marques du front, qui enveloppent le dessus de la tête entre les oreilles et éclatent en taches sur le cou, un M foncé se dessine clairement. Sur les joues, des traits de mascara prolongent les yeux, qui sont cernés de sombre sur un fond clair. La couleur foncée de la pointe de la queue sert à qualifier la couleur du chat.

L'ocicat est un compagnon affectueux, qui n'accepte pas toujours la présence d'autres chats à la maison.

Couleurs

CFA

Tabby moucheté brun (dit *tawny*), chocolat, cannelle, bleu, lavande, faon, argent et les variétés à *tipping* argent de ces couleurs. D'autres couleurs sont admises, à l'exception des roux, des crème et des écaille-de-tortue.

BURMESE

Ci-contre : Burmese bleu.

En bas : Burmese zibeline.
Page de droite : Bombay noir.

DES CHATS À LA ROBE entièrement brune ne sont pas rares en Extrême-Orient, certains sont d'ailleurs représentés à côté du korat et du siamois sur un ancien rouleau de poèmes thaï consacré aux chats, ce qui tend à montrer qu'il s'agit d'une race bien établie. Des chats brun foncé ont certainement été montrés dès les premières expositions félines en Grande-Bretagne, mais la race actuelle est issue d'une chatte unique, nommée Wong Mau, qui fut rapportée en 1930 aux États-Unis par le Dr Joseph Thompson, un psychiatre de San Francisco. Thompson élevait des siamois et il crut d'abord que Wong Mau était une siamoise de couleur foncée, mais aidé par d'autres éleveurs et des généticiens, il s'aperçut qu'elle était le produit d'un métissage entre un siamois et un chat inconnu à robe sombre. Croisée à un siamois puis à ses propres chatons, elle donna naissance à des siamois bien typés, à des siamois foncés comme elle et à des chatons entièrement bruns. Ces derniers sont à l'origine de la race actuelle. En 1942, trois nouveaux chats furent importés de Birmanie et l'un d'eux participa au programme d'élevage.

La race fut reconnue dès 1936 aux États-Unis, mais l'introduction de gènes siamois provoqua sa suspension provisoire, avant son rétablissement en 1953. Les premiers burmese entrèrent en Grande-Bretagne en 1949 et le GCCF reconnut la race en 1952, mais avec un standard plus proche de celui du siamois qu'en Amérique. Cette divergence initiale persiste aujourd'hui ; elle devint de plus en plus marquée quand les éleveurs britanniques commencèrent à créer de nouveaux motifs de robes, tandis que les Américains s'efforçaient de supprimer toute trace de rayures ou de zones plus sombres sur la robe zibeline. La gamme de couleurs est bien plus étendue aux États-Unis, mais certaines sociétés félines n'acceptent toujours que le zibeline qualifiant les autres variétés de « malayan » (malais).

Le burmese est un chat musclé de taille moyenne à la morphologie ramassée. La poitrine est ronde et développée, le dos bien droit des épaules à la croupe, la queue droite et de longueur moyenne. Le LOOF précise qu'elle est « épaisse à la base, s'affinant jusqu'à un bout légèrement rond » ; repliée, elle peut toucher les épaules. Les pattes sont proportionnées au reste du corps et terminées par des pieds ronds aux États-Unis et en France, ovales en Grande-Bretagne.

La description de la tête diffère selon les standards. Elle est « agréablement arrondie, sans aucune surface plane » selon le LOOF et le CFA : pleine, les yeux écartés, le museau large et bien développé avec une rupture marquée (stop), et le menton rond. La GCCF la demande triangulaire, large au niveau des joues et finissant en pointe sur une truffe émoussée. Dans les deux standards, les oreilles arrondies sont de taille moyenne, bien écartées, larges à la base et légèrement inclinées vers l'avant. Le LOOF demande de grands yeux d'un ton « entre le cuivre ou le doré, avec une préférence pour le cuivre » ; la couleur doit être aussi intense et lumineuse que possible. La paupière inférieure est bien ronde, la supérieure légèrement inclinée vers le nez.

Le trait caractéristique du burmese reste son pelage satiné et brillant, court, fin et près du corps. L'idéal est un chat de couleur uniforme, néanmoins la zone ventrale tend à être plus claire que le dos, avec un dégradé très progressif.

Couleurs

LOOF

Robes unicolores zibeline, bleu, chocolat, lilas, roux, crème.

Robes écaille-de-tortue écaille zibeline, bleu-crème, écaille chocolat, lilas-crème.

CFA

Zibeline ou sable, champagne, bleu (avec de chauds accents couleur faon), platine.

BOMBAY

En 1958 dans le Kentucky, Nikki Horner croisa un burmese zibeline à un american shorthair noir dans l'idée de créer « une mini-panthère aux yeux cuivrés, avec un pelage de cuir verni ». Le nom de bombay fut retenu car il évoquait l'Inde, patrie de la panthère noire. Les premiers chats réunissaient des caractéristiques des deux races, mais la sélection favorisa toujours le type burmese, ce qui a donné le bombay actuel, qui accéda aux États-Unis au statut de champion en 1976. De leur côté, les éleveurs britanniques eurent recours aux mêmes types de croisements entre burmese et british shorthairs pour développer leur bombay. Les deux races présentent donc des traits différents de part et d'autres de l'Atlantique, tout comme les burmese. Le standard français se rapproche du modèle américain.

Le bombay a un corps musclé, ni compact ni longiligne, une queue droite et des pattes proportionnées. La tête est ronde et ne présente aucun angle ; la face est pleine, avec un museau très développé qui s'insère dans les contours arrondis de la tête. De profil, on observe un léger stop, ou plutôt un décrochement entre les yeux définissant sous le front un nouvel axe pour le nez arrondi qui ne doit pas être retroussé. Le museau est modérément arrondi soulignant les contours ronds de la tête. Les oreilles ont un bout rond et une base large ; elles sont bien écartées et légèrement penchées vers l'avant. Les yeux sont ronds, de couleur or ou cuivre, d'un ton aussi intense et profond que possible.

Le pelage est court, couché près du corps, fin et satiné avec des reflets lustrés de cuir vernis.

Le bombay est un chat affectueux, actif et joueur, à la voix puissante.

Couleur

Une seule couleur admise : noir de jais de la racine à la pointe du poil.

SEYCHELLOIS À POILS COURTS

Le seychellois à poils courts est issu du même programme de sélection que le seychellois à poils longs (voir page 66), créé par les Britanniques Pat Turner et Julie Smith dans le but de retrouver les chats blancs à queue colorée marqués de taches de couleurs sur le corps que l'on voit aux Seychelles.

Le seychellois à poils courts est un chat longiligne et élégant, ayant une conformation de type oriental, avec de longues pattes terminées par des pieds ovales et une longue queue en coup de fouet. La tête, posée sur un long cou, est de forme triangulaire, avec des oreilles pointues très écartées et de grands yeux en amande légèrement inclinés et d'un bleu brillant.

Le pelage est court et fin, couché près du corps.

Comme pour la variété à poils longs, on distingue trois motifs de robe : de septième (avec de grandes taches de couleur sur les flancs, les pattes et la tête), de huitième (les taches sont plus petites) et de neuvième (les taches sont cantonnées à la tête et aux pattes). Tous ont la queue foncée. Les chatons sont blancs à la naissance, la pigmentation n'apparaissant que lentement, comme chez le siamois.

Le seychellois à poils courts est un chat athlétique. Il tient son tempérament calme de ses ancêtres persans, mais sa curiosité des siamois, qui lui ont aussi légué leur caractère expansif, en mal d'affection.

Couleurs

Blanc avec toutes les combinaisons de couleurs possibles, à l'exception du noir.

ASIATIQUES À POILS COURTS

En Grande-Bretagne, le GCCF regroupe sous le nom « d'asiatiques » les chats de type burmese, mais d'une couleur autre que celles du burmese. Encore une fois, ces chats n'ont aucune origine asiatique ; ce sont tous, à l'exception du bombay sélectionné de façon indépendante par les Américains, des créations britanniques. Trois de ces chats « asiatiques », le bombay, le burmilla et le burmoire formèrent à une époque des races autonomes en Grande-Bretagne ; ils rejoignent aujourd'hui le groupe des asiatiques, avec le tiffanie à poils longs (voir page 69), et des chats à robe unicolore ou *tabby.*

Les asiatiques ont un type oriental intermédiaire, ni trop proche du siamois, ni court et *cobby* comme le british shorthair. Les femelles sont plus petites et bien plus fines que les mâles. De taille moyenne, le corps est ferme et musclé, avec une poitrine bien développée et un dos droit des épaules à la croupe. Les pattes sont de longueur moyenne, légèrement plus longues à l'arrière que devant. Les pieds sont dans l'ensemble ovales. La queue, au port fier et élégant, est de longueur moyenne à longue ; modérément épaisse, elle s'effile doucement vers un bout rond. La tête, posée sur un cou moyen, est en triangle, large au niveau du front et de l'articulation des mâchoires puis se rétrécissant en pointe jusqu'à un museau court. De profil, on observe un décrochement marqué et un front doucement arrondi. Les oreilles sont de taille moyenne ou grande, avec un bout rond ; elles sont bien écartées et prolongent les contours de la tête pour dessiner des ailes de papillon. Les yeux sont intenses et expressifs, d'un type légèrement oriental. Ils sont très écartés et peuvent être de toutes les couleurs allant du jaune au vert, en fonction de la robe. Chez les sujets *silver,* on préfère le vert, chez les chats unicolores l'or est accepté.

Le pelage est court et fin, couché près du corps (sauf chez le tiffanie).

Les asiatiques unicolores doivent être d'une couleur égale et uniforme, à l'exception des roux chez qui l'on accepte des reflets pâles, voire un léger marquage *tabby.* La même tolérance est observée pour certains sujets caramel, abricot et écaille caramel : le GCCF ne les autorise pas à concourir, mais les accepte dans les programmes d'élevage. Le ton de caramel est d'un brun rosé et doux, aux reflets miel et aux accents lilas. L'abricot est un crème rosé et poudré, avec des reflets clairs et chatoyants sur le corps, et éventuellement un masque et des oreilles plus pigmentés. Les sujets écaille caramel peuvent aussi présenter cette pigmentation plus marquée des oreilles et du masque.

Le burmilla, considéré par le LOOF comme une race autonome, et le burmoire sont décrits indépendamment ci-dessous. Le tiffanie est traité dans le chapitre des chats à poils longs.

Les chats du groupe asiatique ont bon caractère, même si certains les trouvent un peu envahissants. Ils sont volubiles, sans être trop bavards, mais peuvent devenir franchement bruyants pour manifester leur faim ou leur mécontentement.

Couleurs

Robes unicolores bombay (page 81), bleu, chocolat, lilas, roux, crème, caramel, abricot.

Robes écaille-de-tortue écaille noir, écaille bleu, écaille chocolat, écaille lilas, écaille caramel.

Robes *tabby* (marbrées, rayées ou mouchetées) noir, bleu, chocolat, lilas, roux, caramel, abricot, crème, écaille noir, écaille bleu, écaille chocolat et les variétés burmese de ces robes.

Smoke voir Burmoire.

Burmilla voir page 63.

Tiffanie voir page 69.

BURMOIRE

« Burmoire » est l'ancien nom donné à l'asiatique à robe fumée (ou *asian smoke*) qui a la même conformation que des asiatiques à poils courts. Le burmoire a été sélectionné dans la foulée du programme de sélection du burmilla. Le but était d'obtenir un chat dont les poils ne seraient pas agouti, mais argent ou presque blancs à la base. Chez les adultes, cette bande couvre un tiers ou la moitié du poil, avec éventuellement des traces *tabby* à peine perceptibles, qualifiées de « fantômes », qui donnent l'impression d'un voile de soie sur le corps, avec des marques frontales argent et un cerne argent autour des yeux.

Le burmoire partage le caractère des asiatiques.

Couleurs

Noir, bleu, chocolat, lilas, roux, caramel, abricot, écaille noir, écaille chocolat, écaille lilas, écaille caramel et toutes les variétés burmese de ces robes.

Ci-dessous : *Burmoire ou asiatique à robe fumée.*

BURMILLA

Ci-contre : Burmilla bleu.

LE BURMILLA, second chat du groupe asiatique, a été créé plus de deux décennies après le bombay. Il est né de l'accouplement spontané et imprévu d'un persan chinchilla et d'une burmese qui appartenaient à la baronne Miranda von Kirchberg. La chatte Fabergé était momentanément enfermée dans le bureau de l'éleveuse, quand quelqu'un laissa entrer, sans réfléchir, Sanquist qui miaulait derrière la porte. À son retour la baronne von Kirchberg emmena Fabergé à un étalon burmese pour un mariage « officiel », mais quelle ne fut sa surprise quand elle découvrit neuf semaines plus tard quatre chatons d'un beau type persan, avec une fourrure argent portant un *tipping* noir. Aucun doute sur la paternité de la portée n'était possible, Sanquist lui-même se montrant plein d'attentions pour les chatons. Séduite par leur belle fourrure et leur bon caractère, la baronne décida de mener un programme d'élevage pour faire naître d'autres chats semblables. La nouvelle race, qu'elle nomma burmilla, contraction de burmese et chinchilla, fut reconnue par le GCCF en 1990.

Le burmilla répond au standard du type asiatique, mais c'est un chat à pelage agouti, argent ou d'une autre couleur, au *tipping* plus ou moins accentué. Le sous-poil doit être aussi clair que possible, presque blanc chez les sujets argent. On observe une pigmentation plus concentrée le long de la colonne vertébrale et de la queue, s'amenuisant graduellement sur les flancs de l'animal pour devenir à peine perceptible sur les parties ventrales. Le *tipping* peut être marqué ou réduit à un voile ombré : sa régularité et la symétrie de la robe étant des facteurs plus importants que son intensité. Il ne faut pas toutefois que le chat paraisse blanc à cause d'un *tipping* trop léger. L'arrière des pattes, du pied aux articulations, doit être plus sombre. Dans l'idéal, aucune marque *tabby* n'est visible sur le corps, mais le front doit être marqué d'un M et des lignes sombres sont tracées sur les joues et prolongent les yeux, dont le tour est souligné par la couleur de base. Les pieds sont légèrement rayés et la queue s'orne d'anneaux incomplets et d'une pointe unicolore. Toutes les couleurs du burmese sont acceptées.

Le burmilla a le même caractère que les autres chats d'Asie.

Couleurs
GCCF
Couleurs du *tipping* noir, bleu, chocolat, lilas, roux, caramel, abricot, écaille noir, crème, écaille bleu, écaille chocolat, écaille lilas, écaille caramel, ainsi que les restrictions burmese de ces couleurs et leurs variante argent.

SINGAPURA

« SINGAPURA » est le nom malais de Singapour et depuis 1973 l'île a pris pour symbole officiel un chat, connu sous le nom de « Kucinta, un amour de chat ». Tommy et Hal Meadow, le couple d'Américains qui développa la race occidentale, racontent que leurs premiers singapura étaient des chats des rues (à Singapour, on parle plutôt de chats d'égout) qu'ils ramenèrent au Texas en 1971. En 1974, Hal Meadow retourna à Singapour avec ses chats puis rentra aux États-Unis, toujours avec des chats, en 1975. Cet aller-retour en Asie a donné lieu à des rumeurs affirmant que la race serait le fruit d'un croisement de burmese et d'abyssin – deux races que possédaient les Meadow –, mais elles se trouvèrent sans fondement quand le couple révéla que la réimportation avait été à l'origine passée sous silence « pour des raisons de sécurité ». D'ailleurs, il semble vraiment que ce type de chat soit courant depuis longtemps sur l'île.

Ci-dessus : Singapura.

Le singapura ressemble effectivement à un croisement de burmese et d'abyssin, mais il est bien plus petit et très musclé. Il figura longtemps au *Livre Guiness des records* comme étant la plus petite race de chat avec un poids moyen de 2 à 3 kg respectivement pour une femelle et un mâle. La tête est ronde et marque un net pincement au niveau des moustaches. Le museau, large et plutôt court, se termine par un bout rond. Les grandes oreilles très incurvées sont larges à la base ; les yeux sont grands et très ouverts, légèrement inclinés une fois fermés. Le corps est compact, avec une longue queue fine à bout rond qui touche à peine les épaules, quand on la replie le long du corps. Les pattes sont effilées jusqu'à de petits pieds ovales.

La robe, courte et soyeuse, porte un pelage agouti avec des poils jarres tiquetés sur le dos, la tête, les pattes et la queue. Une ligne sombre court sur la queue, de la racine à la pointe. L'intérieur des pattes avant et les jarrets sont rayés ; on aperçoit des pointes en bas derrière les pattes postérieures. La tête du singapura est soulignée de brun foncé autour du nez et des yeux ; l'intérieur des yeux est bordé d'une ligne sombre qui descend au niveau des moustaches. Ceux-ci doivent être noisette ou jaune.

Le singapura est un chat plein de vie avec le caractère affectueux de l'oriental. Très curieux, il aime observer son environnement d'un endroit surélevé.

Couleurs

Le singapura existe dans une couleur unique : agouti sépia. Chaque poil tiqueté doit être clair à la racine, foncé à son extrémité et porter au moins deux bandes de pigmentation sépia, alternées de bandes claires. Le museau, la poitrine, le ventre et l'intérieur des pattes sont dépourvus de *tipping*. Le standard du LOOF précise que « des lignes puma courbées s'étendant des coins internes des yeux aux joues » sont appréciées.

Ci-dessus : Chatte tonkinoise entourée de ses chatons.

TONKINOIS

Le tonkinois est un chat intermédiaire entre le siamois et le burmese, créé dans les années 1950 aux États-Unis par Milan Greer. Le nom de tonkinois, suggéré par Edith Lux, reflète cette double proximité. La race fut d'abord reconnue au Canada, avant d'être acceptée par les sociétés félines américaines, puis homologuée par le GCCF en Grande-Bretagne en 1991.

Selon le LOOF et les instances américaines, le tonkinois présente une silhouette intermédiaire, ni compacte (ou *cobby*) ni longiligne ; le GCCF le rattache au type oriental. On retrouve ici les divergences entourant le burmese. Mis à part ce point, les standards sont assez similaires. Le torse est moyen ou long, ferme et musclé, avec un poitrine arrondie. Les pattes sont fines, légèrement plus longues à l'arrière qu'à l'avant, et terminées par des pieds ovales plutôt que ronds. La queue n'est ni trop épaisse ni trop mince ; repliée, elle touche si possible les épaules. Elle est effilée. La tête arrondie forme un triangle de proportions moyennes, légèrement plus long que large. Le museau s'effile légèrement, il n'est « ni pointu ni trop arrondi » (LOOF). On observe un léger pincement du museau et un stop peu marqué au niveau des yeux. Les contours de la tête sont doux, avec un léger renflement au-dessus du nez et sur le front qui s'arrondit en douceur sur le haut de la tête. Les oreilles sont de taille moyenne, légèrement plus hautes que larges. Les yeux, plus ouverts que chez les chats orientaux, sont d'une belle couleur aigue-marine.

La robe est courte, soyeuse et douce au toucher. Elle obéit clairement au motif siamois, les extrémités ou *points* étant plus sombres que le reste du corps, mais leur pigmentation se fond progressivement avec la couleur de fond ; elle est nettement plus claire sous le ventre. La robe peut porter des marques *tabby.*

Le tonkinois est un chat plein de vie, très curieux et affectueux.

Couleurs

GCCF

Robes unicolores zibeline, bleu, chocolat, lilas, roux, crème.

Robes écaille-de-tortue écaille zibeline, écaille bleu, écaille chocolat, écaille lilas

Robes *tabby* zibeline, bleu, chocolat, lilas, roux, crème, écaille zibeline, écaille bleu, écaille chocolat, écaille lilas.

LOOF

Robes vison *(mink)* naturel, bleu, chocolat, lilas, roux, crème, écaille-de-tortue, bleu-crème, écaille chocolat et lilas-crème : coloration des *points* plus soutenue que le reste de la robe dans le même ton, yeux aigue-marine.

Robes *point* et sépia les mêmes couleurs ; yeux bleus pour les robes point, or ou jaune chez les sépia.

BENGAL

Ci-contre : Bengal à robe marbrée.

Le bengal est né du croisement de chats domestiques et de chats sauvages ou chats léopards du Bengale *(Felis bengalensis)*. Baptisé « léopardette » dans un premier temps, il fut ensuite officiellement nommé bengal, pour répondre au nom savant de ses ancêtres. Si on a souvent tenté de marier races sauvages et races domestiques, les hybrides nés de telles unions sont la plupart du temps stériles, ce qui n'a curieusement pas été le cas ici. Le chat léopard et le chat domestique constituent pourtant deux races distinctes. Il existe cependant des incompatibilités au niveau des chromosomes mâles : dans les premières générations, seules les femelles sont fécondes. Tous les mâles de la première génération sont stériles, à la deuxième génération, environ 2 % sont fertiles, puis leur nombre augmente au fil des générations.

Dans les années 1970, le Dr W. Centerwell étudiait à l'université de Californie le chat léopard d'Asie qui semblait immunisé contre le virus de la leucose, l'immunité ne se transmettant malheureusement pas au-delà de la première génération d'hybrides. Il abandonna ses recherches à la découverte du vaccin, mais confia huit femelles croisées à J. Sugden-Mill, qui avait déjà mené de telles hybridations. Elle maria ces femelles à un chat brun moucheté découvert dans un refuge de Los Angeles et à un haret roux trouvé dans l'enclos des rhinocéros du zoo de Delhi.

D'autres éleveurs s'associèrent au programme de sélection qui reçut de nouveaux apports : le mau égyptien, l'ocicat, l'abyssin, le bombay et le british shorthair. La nouvelle race fut reconnue en 1983 par la TICA, où elle accéda au championnat dès 1991. Elle arriva en Europe au début des années 1990 ; en France aujourd'hui, seuls les sujets postérieurs à la quatrième génération peuvent accéder au championnat.

Le bengal est un grand chat, au long corps fin et musclé et à l'arrière-train élevé. Il porte assez bas une queue de longueur moyenne. Les pieds sont grands et ronds. La tête, petite par rapport au corps, dessine un triangle plutôt large aux contours arrondis ; le profil est légèrement bombé au niveau du front. Le museau, qui abrite une importante muqueuse olfactive, est plus large que chez la plupart des chats domestiques ; les renflements à la base des moustaches trahissent des canines très espacées. Le menton est ferme et plutôt rond, les oreilles de taille moyenne, à bout rond et larges à la base. Les yeux sont ovales, légèrement en amande.

Le pelage est court, épais et très doux au toucher. Il brille d'un éclat lustré, particulièrement remarquable : un bengal marqué de brun-noir semble saupoudré de poussière d'or, d'autres marqués de clair paraissent perlés. Les taches sont disposées au hasard ou alignées horizontalement, elles peuvent ressembler aux ocelles des léopards. La robe peut aussi présenter des marbrures irrégulières. Les pattes sont rayées, la queue annelée mais foncée à son extrémité. Sur la face, des traits de « mascara » prolongent les yeux sur les joues ; sur le front ils dessinent parfois un M. Vers l'âge de deux mois, les chatons sont crêpelés, pour passer inaperçus dans la nature aux yeux des prédateurs.

Le bengal est un chat intelligent et affectueux ; on l'élève en partie pour son heureux caractère.

Couleurs

Robes présentant des rosettes ou des marbrures, se détachant en brun-noir sur une base allant du roux au gris pâle, ou neigeuses sur une base allant d'un blanc crème ou ivoire à un ocre brun.

RACES RÉCENTES

En plus des races et variétés précédemment décrites, il existe quelques races en cours de développement ou de reconnaissance, et souvent peu connues. Dans certains cas, il faut créer de nouvelles robes, de nouvelles couleurs ou modifier la conformation. L'avenir de ces races dépendra de la volonté des éleveurs, des goûts du public et de la volonté des sociétés félines de les encourager. Les races suivantes ne sont pas complètement établies et attendent d'être reconnues par les instances félines. Toutes n'ont pas encore été introduites en France.

Spotted mist

C'est la première race originaire d'Australie, où le Dr Truda Straede entreprit en 1976 de créer un nouveau chat moucheté. Il utilisa pour démarrer son programme trente chats différents, afin de disposer d'un large éventail génétique. Certains furent retenus pour sélectionner le tempérament, la conformation et la dilution de couleur du burmese (environ la moitié), d'autres pour obtenir l'intelligence, le pelage tiqueté et les tons de l'abyssin (un quart), les derniers pour assurer la santé, la vitalité et la fécondité des chats de gouttière. Dix ans plus tard l'association féline des Nouvelles-Galles du Sud homologua la race.

Le spotted mist est un chat musclé de taille moyenne, d'un type plutôt oriental, avec une poitrine développée, de fortes pattes, des pieds ovales et une queue épaisse à peine effilée. La tête porte un menton ferme, de grandes oreilles, bien écartées et légèrement penchées en avant ; les grands yeux sont vert lumineux. Le pelage court, fin et près du corps est clairement moucheté, avec des anneaux autour des pattes et de la queue et des lignes sur la face. Il existe en cinq couleurs : brun (marques *seal* sur fond crème), bleu (bleu-gris sur fond crème argent), chocolat (chocolat sur fond crème), lilas (gris tourterelle sur fond gris rosé), *gold* (vieil or sur fond crème intense) et pêche (rosé saumoné sur fond crème rosé).

On le dit particulièrement affectueux.

Sokoke

Cette race, développée par Jeni Slater au Danemark, vient de la région de Sokoke au Kenya, où l'on découvrit, en 1977 en dégageant une zone de forêt, une portée de chatons présentant des marques inhabituelles sur le pelage. On ne sait pas s'ils étaient issus d'une variété locale de chats sauvages, d'une lignée domestique ayant subi une mutation génétique spontanée ou du croisement entre un chat domestique et un chat sauvage, mais on ne trouva aucun autre chat de ce type. Les chatons s'avérèrent particulièrement faciles à domestiquer, ce qui tendrait à prouver qu'ils descendaient de chats domestiques.

Le sokoke est un chat élégant et mince, avec une longue queue effilée. Son pelage ressemble par bien des points à celui des autres *tabby* mouchetés, mais sa différence tient à l'aspect des marques qu'il porte sur les flancs. Les ocelles sont si possible formées de poils agouti, ce qui crée des motifs évoquant les nervures du bois. Le LOOF ne reconnaît actuellement que les sujets bruns.

Ceylan

Comme son nom l'indique le ceylan vient de Sri Lanka. Il descend des chats domestiques de l'île et est issu de harets trouvés par un vétérinaire italien, Paolo Pellegata, et rapportés en Italie en 1984. Les premiers sujets furent présentés à l'exposition féline de Côme la même année et un programme d'élevage fut mis en place. Le ceylan a été soumis à la FIFe dès 1984.

Le ceylan est une race agouti, qui fait penser aux premiers abyssins, ceux que l'on cherche à recréer sous le nom d'abyssin sauvage. Les premiers ceylan étaient

De gauche à droite :
Une interprétation plus équilibrée du siamois, en réaction à « l'extrémisme » de certains éleveurs.
Le ceylan, un chat sélectionné en Italie.
York chocolat.

tiquetés de brun foncé sur un fond sable doré, les variétés bleu, roux, crème, bleu-crème et écaille brun sont reconnues.

Pudelkatzen

Le pudelkatzen, ou chat caniche, a été sélectionné en Allemagne par Rosemarie Wolf qui croise des rex du Devon et des scottish fold pour obtenir un chat à pelage bouclé (rex) avec des oreilles repliées.

Thaï

Une nouvelle race est en cours de développement sous ce nom. Pour les éleveurs britanniques, il s'agit d'une version à poils longs du korat ; le LOOF évoque plutôt l'ancêtre rustique des siamois d'aujourd'hui.

York chocolat

Cette race américaine date de 1983 avec la découverte d'une portée de chatons chocolat foncé issue de deux chats de ferme, un mâle noir à poils longs et une femelle blanche. Leur ascendance n'est pas connue, mais la présence probable de siamois suscita des réserves auprès des sociétés félines. La race doit son nom à sa couleur particulière et à son origine géographique (la ferme de Janet Chiefari se trouve dans l'État de New York). Le standard français reconnaît les robes chocolat et lilas, et leurs versions bicolores.

Laperm

Cette nouvelle race à poils bouclés vient d'Oregon aux États-Unis. Elle descend de Curly une chatte *tabby*, née au milieu d'une portée de chats de gouttière et découverte par Linda Koehl en 1986. À sa naissance, Curly ne portait pas de poil, mais à l'âge de deux mois, elle se couvrit d'une fourrure bouclée. Le laperm peut être à poils courts et ondulés ou à poils longs avec des boucles serrées.

La race a été enregistrée par la TICA en 1995. Le LOOF reconnaît « toutes les couleurs et toutes les divisions ».

Lynx domestique

Cette nouvelle race, développée aux États-Unis par Robert Mock et Joe Childers, se caractérise par une queue très courte. Le lynx domestique peut être à poils courts ou à poils longs et existe dans une grande variété de couleurs tachetées ou tiquetées. Le LOOF reconnaît aussi des robes *silver* et *colourpoint*.

Ojos azules

En espagnol, « *ojos azules* » veut dire « yeux bleus » : le nom désigne une race très rare, issue d'une femelle écaille-de-tortue aux yeux d'un bleu intense, découverte au Nouveau-Mexique en 1984. La couleur bleue des yeux est donnée par un gène dominant et, contrairement à ce qu'on observe généralement, il ne semble pas provoquer de surdité chez les sujets entièrement blancs. En France, les yeux peuvent être bleus ou impairs.

Nebelung

Le nebelung est la version à poils longs du bleu russe, développée aux États-Unis dans les années 1980 par Cora Cobb. Elle est issue d'une femelle, porteuse du gène angora, qui fut croisée à un bleu russe. Deux de leurs chatons ont permis d'établir la race, reconnue par le TICA en 1987. Ils s'appelaient Siegfried et Brunehilde, comme les deux personnages centraux de *L'Anneau des Niebelungen* de R. Wagner, et ont donné son nom à la race.

Le nebelung est semblable au bleu russe, à l'exception de la longueur de sa fourrure. Selon le standard français, la robe « est uniformément d'un bleu (noir ou blanc) assez lumineux ».

Siamois traditionnels

Des éleveurs ont cherché à retrouver l'ancien type du siamois en réaction aux lignes extrêmes du siamois d'aujourd'hui. On parle alors de siamois « à tête de pomme » *(apple headed)* ou de chat opale.

De gauche à droite :
Ojos azules aux yeux de saphir.
Laperm.
Le nebelung, une autre création américaine.

Troisième partie :

Physiologie et comportement

L'ORGANISME DU CHAT

Comme pour tous les mammifères, l'ossature du chat abrite les organes internes responsables de l'assimilation des aliments et de la reproduction. Des muscles puissants rattachés au squelette permettent la locomotion. La physiologie des chats est toujours la même, ne changeant que sur des aspects mineurs, telle qu'une constitution compacte ou allongée ; une ou deux races présentent des anomalies concernant la répartition des poils ou l'équilibre de la structure osseuse, provoquées par des mutations particulières.

L'ossature

Si les chats sont bien plus petits que les humains, leur squelette comporte davantage d'os : 230, contre 206 pour les hommes. C'est une ossature semi-rigide qui supporte d'autres structures plus souples. Les os de la colonne vertébrale, des membres, des épaules et du pelvis constituent un système de leviers efficace, reliés à de puissants muscles qui les animent. D'autres, comme ceux du crâne, du thorax et du pelvis, forment une protection pour le corps. Quatre types d'os distincts constituent le squelette : longs, courts, irréguliers et plats.

Les os longs sont cylindriques et comportent une cavité renfermant la moelle épinière, où est fabriqué l'ensemble des cellules sanguines. Ils constituent les membres : pour les membres antérieurs, humérus (entre l'omoplate et le coude) et radius, relié par de solides ligaments au cubitus, plus long ; pour les membres postérieurs, fémur très long et plutôt fragile, qui s'emboîte dans le pelvis par une articulation orbiculaire, son extrémité inférieure étant reliée au tibia, solide et renforcé sur toute sa longueur par le péroné, très fin.

Les os courts consistent en un centre spongieux entouré d'une structure osseuse compacte. Ils se situent dans les pattes et dans ses rotules (à la jonction du fémur et du tibia). La rotule bouge librement au-dessus de l'extrémité lisse du fémur, contribuant à la grâce des mouvements. Les extrémités des pattes antérieures comportent trois petits os qui constitue quatre doigts correspand à ceux de la main de l'homme. Les minuscules os à l'extrémité de chaque doigt ont une spécialisation bien précise et permettent aux griffes de s'étendre ou de se contracter à volonté. Le chat n'a pas de pouce mais seulement deux os formant l'ergot. Dans les pattes postérieures, les os sont plus longs et le premier doigt tout à fait inexistant. Un diagramme du squelette du chat montre clairement que l'animal marche sur ses doigts, ce qui ajoute à sa rapidité et à la précision de ses mouvements.

Les os irréguliers sont appelés ainsi en raison de leurs formes variées et inégales. Leur structure est semblable à celle des os courts. C'est une longue chaîne de ces os qui constitue la colonne vertébrale. Rattachée au crâne à l'une de ses extrémités par l'atlas, la colonne se poursuit par les vertèbres cervicales, thoraciques et lombaires, toutes de forme concave et renfermant la moelle épinière. Puis, progressivement, des os de taille de plus en plus réduite se succèdent jusqu'à la pointe de la queue. La conformation irrégulière en saillie des os de la colonne vertébrale sert de points d'attache aux différents muscles du dos.

Les os plats sont constitués de deux couches compactes autour d'une strate spongieuse. Ce sont de tels os qui forment le crâne, le pelvis et l'omoplate ou scapulum. Le crâne est composé de nombreux fragments osseux plats reliés entre eux. À la naissance du chaton, ces plaques se séparent à certains emplacements et il faut éviter toute blessure à la tête. De nombreux trous permettant le passage des vaisseaux sanguins et des nerfs percent ces fragments plats. Le scapulum est un os plat de forme triangulaire, relié à l'humérus par son extrémité supérieure. Le chat n'a pas de clavicule, ce qui confère à son épaule une grande liberté de mouvement. En outre, la manière dont l'os de la hanche est relié au rachis permet une fluidité ainsi qu'une souplesse de mouvement qui font du félin l'un des animaux les plus agiles.

Enfin, des os aplatis et allongés constituent les treize paires de côtes. Ils ne sont pas creux : leur intérieur spongieux renferme une quantité de moelle importante et produit une grande part des cellules sanguines. Des muscles puissants, attachés aux côtes, contrôlent le volume de la poitrine, permettant aux poumons de se remplir, puis de se vider.

Le système musculaire

Un réseau complexe de muscles, donnant à l'animal une puissance et une grâce si caractéristiques dans ses mouvements, recouvre l'ensemble de l'ossature. Ces muscles sont à l'origine de la forme ondoyante du félin. Le corps comporte trois types de muscles. D'abord, les fibres du squelette ou fibres striées, attachées aux membres ainsi qu'à d'autres parties de l'anatomie, soumises au contrôle délibéré du chat, sont appelées muscles volontaires. Le deuxième groupe consiste en tissus ou fibres musculaires lisses, responsables des fonctions musculaires non soumises au contrôle intentionnel : muscles des intestins et parois des vaisseaux sanguins. Il s'agit des muscles dits involontaires. Enfin, le muscle cardiaque, spé-

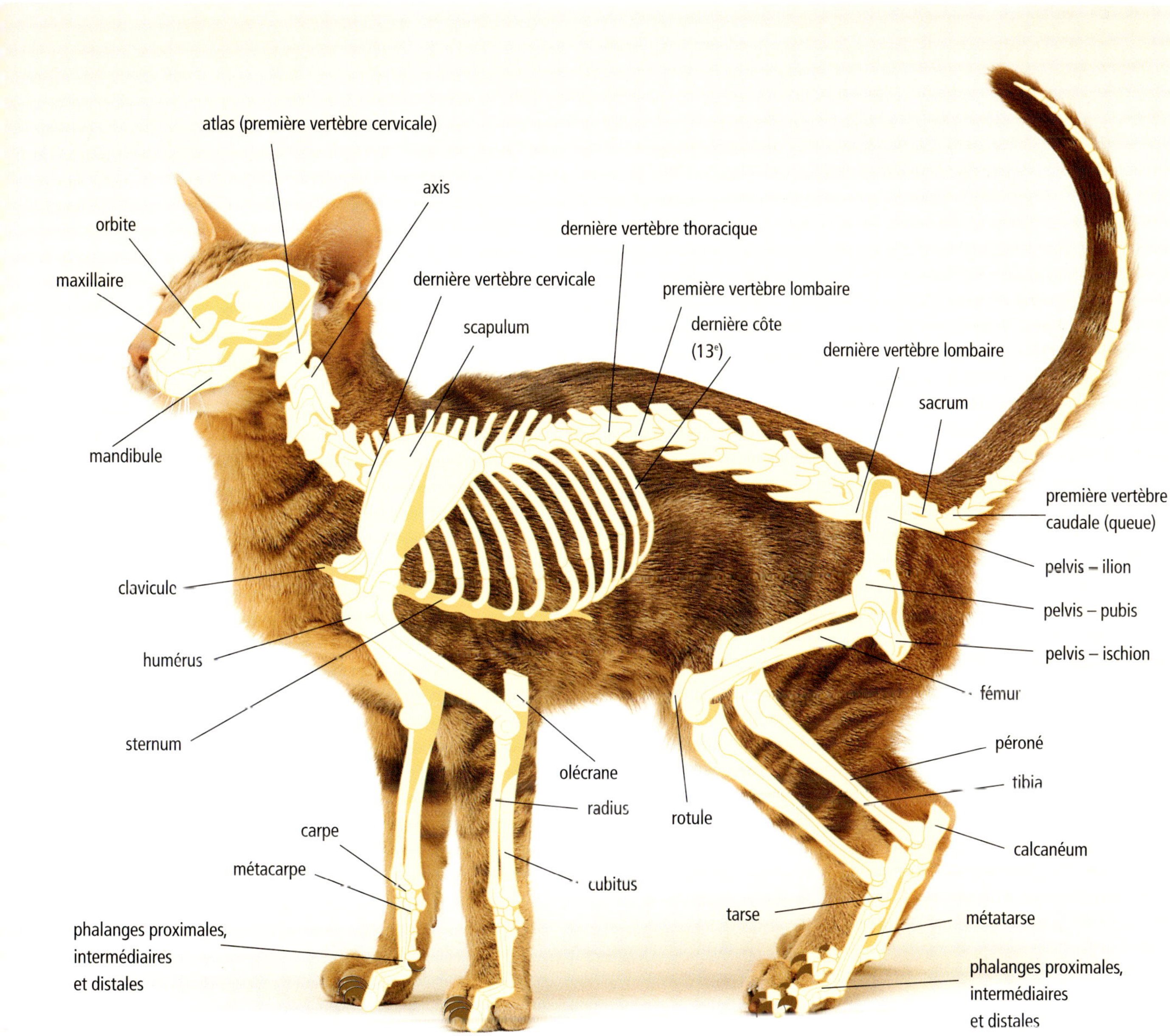

cialisé, est adapté à l'exécution des fonctions cardiaques et a la capacité unique de se contracter en rythme.

Les muscles volontaires sont attachés aux os pour former une articulation. Les extenseurs permettent de déployer et d'allonger un membre, tandis que les fléchisseurs entraînent la flexion et la courbure au niveau de l'articulation. Les muscles provoquant l'éloignement d'un membre du corps sont appelés abducteurs ; les adducteurs, eux, suscitent le retour du membre à sa position initiale.

Des points d'attache fibreux relient directement les muscles aux os à des emplacements appelés origines, situées à proximité immédiate du rachis. À l'autre extrémité des muscles, ces attaches sont nommées insertions ; les muscles y sont liés par de solides cordons fibreux formant les tendons. Ils peuvent avoir plusieurs origines et insertions, et la variété

Ci-dessus : *Le squelette du chat comporte plus de 230 os, nombre un peu plus réduit chez le manx sans queue et le japanese bobtail.*

Ci-dessous : *La colonne vertébrale du chat et ses articulations déliées lui donnent un corps agile et ondulant.*
Au milieu et en bas : *La marche du chat est une séquence en quatre étapes : sa patte antérieure droite, puis sa patte postérieure droite, sa patte antérieure gauche, puis sa patte postérieure gauche. Quand il court, le chat fait des bonds, poussant avec ses deux pattes postérieures pour atterrir sur l'une des pattes antérieures et transférer son poids sur l'autre, avec une foulée d'avance.*

des muscles volontaires (il en existe plus de 500 chez le chat) permet en fait une véritable fluidité de mouvement.

Les muscles de la tête, du torse et de la queue

Le chat est capable de tourner sa tête d'un côté à l'autre car ses vertèbres cervicales sont supportées par des muscles du cou exceptionnellement vigoureux ; grâce à cette musculature, l'animal place très précisément sa tête afin de rechercher une proie en utilisant sa vue, son ouïe ou son odorat. La force de ces muscles est particulièrement manifeste lorsque la mère soulève ses petits ou encore quand l'animal en chasse transporte des proies de même taille que lui.

Les muscles involontaires de la poitrine, très puissants, soutiennent la cage thoracique. Le diaphragme se contracte, entraînant l'aspiration de l'air dans les poumons à travers les voies nasales et la trachée.

La disposition des nombreux muscles le long du dos, rattachés aux vertèbres thoraciques, lombaires et sacrales du félin, lui permet de s'arquer et d'effectuer des sauts vigoureux. Les seuls muscles puissants de la queue sont proches de la racine, le reste de l'appendice étant contrôlé jusqu'à la pointe par de petits muscles et tendons. Bien que délicats et de taille réduite, ils lui permettent de se servir de sa queue de manière expressive et d'équilibrer le poids de son corps lorsqu'il court et saute.

Les muscles des pattes

Pour les membres, des muscles spécifiques permettent la rotation des pattes antérieures, par le pivotement du radius autour du cubitus, les os des poignets étant fixes. Le chat peut attraper des

Ci-dessus : *Lorsqu'il saute sur le sol, le chat s'étire vers le bas avant d'effectuer une poussée pour réduire la distance parcourue et amortir le choc à l'atterrissage. Les pattes postérieures rejoignent celles de devant rapidement pour répartir l'impact.*

Ci-dessus : *Des pattes postérieures musclées permettent au chat de sauter à une hauteur atteignant jusqu'à cinq fois sa propre taille. Les ramenant pour atterrir, il utilise les pattes avant pour stabiliser son équilibre. Si un mur est trop élevé, le chat donne une poussée vers le haut pour « courir » verticalement jusqu'au sommet.*

Ci-dessous : *Doués d'un équilibre extraordinaire, les chats négocient le passage des barrières les plus étroites, soutenus par des mécanismes au niveau des oreilles et de la queue, l'aidant à maintenir cette stabilité.*

objets de taille réduite et utilise ses pattes comme de petites pelles.

La tête de l'humérus, maintenue uniquement dans un sillon creux du scapulum et supportée par les muscles de la paroi de la poitrine, bouge librement. Ceci rend les membres antérieurs extrêmement souples, se déplaçant vers l'avant et l'arrière lorsque le chat court, ainsi qu'à travers la poitrine et au-dessus de la tête lorsqu'il grimpe, fait sa toilette ou saisit ses proies. Les membres postérieurs sont moins agiles et n'effectuent que des mouvements vers l'avant et l'arrière. Les muscles sont extrêmement vigoureux et forment un mécanisme élastique qui permet au chat en position d'attente de bondir avec cette force, cette vitesse et cette précision si caractéristiques. Grâce à eux, le chat atteint en sautant une hauteur cinq fois supérieure à sa propre taille.

Les muscles les plus spécialisés se situent aux extrémités des pattes. Les griffes sont liées à des muscles volontaires permettant au chat de les sortir ou de les rentrer à sa guise. Il les utilise pour grimper, attraper sa proie lorsqu'il chasse, comme arme de défense s'il est acculé et pour attaquer en cas de combat. Quand il ronronne, heureux et satisfait, par exemple lorsqu'une chatte allaite ses petits, les griffes sortent et se rétractent en rythme à intervalles réguliers. Les chatons font de même lors de la tétée ou pétrissent de leurs pattes le ventre de leur mère.

Ci-contre : Comme tous les carnivores, les chats vivent de la chasse ; leur système digestif s'est adapté pour faire face à des périodes de bombance et de jeûne successives.

Le système digestif

Le chat est un carnivore particulièrement habile ; ses dents et son tube digestif sont tout spécialement adaptés à un chasseur mangeur de viande, qui ne parvient pas toujours à attraper des proies et se goinfre lorsque la chasse est bonne. S'il est incapable de mâcher, il déchire ou mord un morceau de chair sur une carcasse, puis l'avale si rapidement que, dans sa gueule, les sucs de la salive n'ont pas le temps d'enrober le bol alimentaire. Ses glandes salivaires ne produisent que peu ou pas du tout de ptyaline, enzyme prépondérant présent dans la salive humaine et nécessaire à la décomposition préliminaire de l'amidon en sucres. Ses sucs gastriques sont bien plus puissants que ceux d'un estomac humain : ils sont même assez corrosifs pour polir un os.

Le chat avale à grosses bouchées rongeurs et oiseaux, les éléments comme les plumes, les poils et les os non décomposés rapidement dans l'estomac étant ensuite régurgités.

Les dents

La dentition du chat est adaptée pour trancher, déchirer et mordre, mais non pour mâcher une proie. L'adulte a douze incisives, quatre canines, dix prémolaires et quatre molaires, soit un total de trente dents.

Lorsque les chatons naissent, leurs dents sont juste visibles dans les gencives. Elles poussent rapidement et, au bout de six semaines, sont solides et tranchantes. La mère se montre alors peu disposée à nourrir ses petits et l'idéal est de leur donner de fines tranches de viande crue à mastiquer. Les chatons perdent leurs dents de lait lorsque les définitives font une percée. Parfois, ils sont pourvus d'une double dentition si leurs premières dents ne sont pas encore tombées, ce qui occasionne des douleurs au niveau des gencives. Si un vétérinaire retire rapidement les dents de lait, l'état de l'animal s'améliorera vite de lui-même.

Le tube digestif

Dans l'estomac, les protéines se décomposent en acides aminés simples lors de la première étape de la réduction, avant de se recombiner pour former les synthons nécessaires au remplacement des cellules dans l'organisme.

De l'estomac, la nourriture partiellement digérée passe dans l'intestin grêle par un orifice appelé pylore. Là, d'autres transformations digestives se produisent sous l'effet des sécrétions de glandes secondaires, telles que le pancréas et le foie. Les graisses sont décomposées et extraites, les sucres subissent un changement de structure, prêts à être stockés, et les minéraux sont absorbés.

De l'intestin grêle, le contenu devenu liquide circule vers le gros intestin où il subit l'action de bactéries spécifiques. L'organisme élimine l'eau et le reste des déchets part dans le colon pour être évacué par les fèces.

Ci-dessus : La langue recueille l'eau, l'amenant vers l'arrière de la gorge. Sa surface granuleuse gratte la chair des os.

Le système respiratoire

Le système respiratoire du chat est complexe. Ses poumons, dans la cage thoracique, sont séparés de l'abdomen par un muscle puissant, le diaphragme. Chacun, divisé en trois lobes, est constitué de bronches, de bronchioles, plus petites, et de minuscules poches d'air.

Lors de la respiration, le chat aspire par ses deux fosses nasales. L'air descend dans le pharynx ou gorge, puis dans la trachée, et pénètre dans les poumons par les bronches. Une fois les poches d'air remplies, des échanges gazeux se produisent. Le dioxyde de carbone du sang s'y infiltre tandis que l'oxygène se renouvelle dans le sang. L'air utilisé est ensuite exhalé.

Le processus de respiration est entièrement automatique, les muscles de la poitrine se contractant et se relâchant à la manière d'une pompe sur les côtes et le diaphragme, conduisant l'air dans les poumons, puis l'en évacuant. La cadence de respiration varie d'un chat à l'autre, conditionnée par l'activité physique, les émotions et la température. Chez un chat

au repos, les respirations se situent normalement entre 20 et 30 par minute.

Le système circulatoire

Les cellules de l'organisme nécessitent un approvisionnement en nourriture. Le sang leur fournit les nutriments nécessaires et en évacue les déchets. Il consiste en lymphocytes et leucocytes contenus dans un liquide, le plasma sanguin. Les cellules rouges renferment de l'hémoglobine, composant qui transporte l'oxygène. Quant aux leucocytes, ils collectent et véhiculent les impuretés ainsi que les bactéries infiltrées dans les cellules. Le plasma comporte des plaquettes permettant au sang de coaguler en cas de coupures et de blessures.

Le sang circule à travers l'organisme grâce au cœur, organe musculaire faisant office de pompe et comportant quatre cavités. Son voyage débute dans l'oreillette gauche ou cavité supérieure du cœur. Enrichi par l'oxygène, le sang clair traverse le ventricule gauche ou cavité inférieure véhiculé par les veines pulmonaires. Il poursuit sa course à travers les artères et les artérioles, puis dans le fin réseau de capillaires qui traverse le corps, distribuant au fur et à mesure ses réserves d'oxygène. Lorsqu'il libère l'oxygène, il récolte quantité de déchets. Quittant les capillaires, le sang pénètre dans de minuscules veines, ou veinules, avant de passer dans les grandes veines qui transportent à nouveau le flux vers le cœur.

Ci-dessus : *Les canines, semblables à des lames, maintiennent et tuent une proie ou en déchirent la chair. Les autres dents arrachent et déchiquettent.*

Ci-contre : *Les jeunes chatons ont un pouls de 150 à 200 pulsations et respirent jusqu'à 40 fois par minute, rythme plus rapide que celui de l'adulte.*

En conditions normales, les mouvements musculaires ainsi que l'extension et la contraction des muscles de la poitrine durant sa respiration facilitent le transport du sang vers le cœur. Le sang se déplace rapidement dans les artères principales, mais la vitesse diminue de moitié lors du voyage retour à travers les veines principales.

Selon les moments, certains organes nécessitent davantage de sang. Ainsi, après un lourd repas, l'abdomen en aspirera davantage pour faciliter la digestion, aux dépens du cerveau et des autres régions du corps. Lorsque le sang désoxygéné, chargé de ses déchets et de ses impuretés, retourne vers le cœur, il rejoint l'oreillette droite par l'intermédiaire des veines caves. Il pénètre dans le ventricule droit, puis est conduit par l'artère pulmonaire vers les poumons où il assure leur ventilation et leur purification. Le dioxyde de carbone se libère tandis que le sang collecte l'oxygène ; ainsi régénéré, le sang enrichi passe dans l'oreillette gauche du cœur pour poursuivre sa course. Son passage dans l'aorte entraîne l'expansion de ses parois et une vague de pression (le pouls) se répercute dans les artères. On prend le pouls en plaçant un doigt sur l'artère fémorale, sur la face interne de la cuisse de l'animal. Chez un chat adulte sain au repos, le pouls s'échelonne entre 100 et 140 pulsations par minute. Les chatons ont un pouls bien plus élevé ; excitation et peur feront battre encore plus vite leur cœur.

PEAU ET FOURRURE

Ci-dessus : Gratter un tronc d'arbre permet au chat de faire ses griffes et de retirer les extrémités émoussées, laissant apparaître de nouvelles pointes coupantes. Les griffes se rétractent dans ses coussinets, lui conférant une démarche très silencieuse.

La peau comporte deux couches de tissu : interne, ou derme, et externe, ou épiderme. Ce dernier se reconstitue en permanence au fur et à mesure que sa surface meurt et se desquame en minuscules pellicules. La peau est souvent un indicateur de santé. Chez un chat sain, elle est douce et souple. Si on saisit un pli de la peau du cou, du collet ou du dos et qu'on la relâche, elle retrouve immédiatement sa position normale. Chez un animal malade ou déshydraté, la peau est raide et figée. Il est impossible d'attraper le moindre pli ; ou bien la peau semble avoir perdu toute élasticité, conservant sa forme pincée pendant quelques instants. Une modification brusque de sa couleur indique une maladie grave, dont certaines entraînent des défauts de pigmentation. Un aspect pâle peut signifier une infestation par des parasites, une carence en nutriments vitaux ou même un grave traumatisme, un rougissement signalera une inflammation de la peau ou des tissus sous-jacents, tandis qu'une nuance bleutée révélera des troubles cardiaques, un empoisonnement ou encore les prémices d'une maladie respiratoire. La jaunisse, symptôme de plusieurs maladies graves, produit sur la peau un effet jaunâtre. Tout changement de coloration s'observe d'abord sur les pavillons des oreilles ainsi que sur le nez, les babines et les gencives.

Les glandes

Si la peau renferme quelques glandes sudoripares, celles-ci semblent davantage servir à éliminer les impuretés du corps plutôt que jouer un rôle prépondérant dans le contrôle de la température de l'animal. Les véritables glandes sudoripares se trouvent sur les coussinets des pattes. Le chat a des glandes sébacées sur sa peau ; s'ouvrant dans les follicules des poils, elles produisent une substance huileuse semi-liquide, le sébum, qui recouvre chaque nouveau poil en train de pousser.

Les glandes à sécrétion odoriférante revêtent une importance majeure car elles servent pour le marquage et l'identification. On trouve les glandes temporales, sur le front juste au-dessus des yeux, et les glandes périorales, près des babines, ainsi que d'autres glandes à proximité de la racine de la queue. Leur frottement contre une surface (meuble, arbres, poteau), un autre animal ou encore un ami à deux pattes entraîne le dépôt de minuscules sécrétions olfactives, permettant au chat de laisser son odeur.

La peau du nez et des coussinets

Dépourvue de poils, la peau du nez est très sensible au toucher, bien plus que le reste de la peau. L'épiderme des coussinets est très épais et rugueux, constituant une surface de frottement idéale pour courir, sauter et grimper.

Les griffes

Les griffes sont formées de couches de kératine, matériau constitutif des poils, qui poussent constamment à partir de la base, tout comme les ongles humains. Chaque patte antérieure comporte cinq griffes, contre quatre pour les pattes postérieures. La cinquième fait plutôt fonction de pouce, aidant le chat à s'agripper lorsqu'il grimpe à un arbre ou à saisir une proie. Les griffes antérieures sont rentrées lorsqu'elles ne servent pas, mais sortent rapidement en cas de besoin, permettant au chat de retrouver son équilibre sur une surface quelconque ou encore lui servant d'armes. Chez les chats dits étrangers, elles sont parfois un peu moins rétractables et se font entendre lorsque l'animal se déplace sur un sol lisse.

La robe et les moustaches

Les poils proviennent de la couche externe de la peau et agissent comme une couverture isolante, gardant le chat au chaud lorsqu'il fait froid et au frais en cas de chaleur. Autour du corps, ils forment un pelage dense et se modifient à certains emplacements pour constituer cils et moustaches. Chacun consiste en une longue structure cylindrique, pointue à l'une de ses extrémités et se terminant à la racine par un bulbe minuscule enfoui dans le derme. Ils se forment séparément dans un follicule. Les cellules des pigments, appelés mélanocytes, injectent de petites particules de couleur dans les poils au fur et à mesure de leur croissance, conférant à la robe sa coloration déterminée génétiquement.

Ci-contre : *Un chat adulte peut posséder 200 poils par millimètre carré sur son ventre et environ la moitié sur son dos. Dans les opulents pelages à poils longs, comme chez ce persan, certains poils atteignent 13 cm de longueur.*

Ci-dessous : *Les moustaches du chat et ses vibrisses sont bien plus épaisses et rigides que les poils ordinaires ; elles sont enfoncées plus profondément dans la peau. On en compte 24 plantées en quatre rangées de part et d'autre du nez. Les rangs supérieurs bougent indépendamment de ceux inférieurs. La peau sur le nez et les coussinets est 75 fois plus épaisse qu'ailleurs et forme sur le nez une marque au motif unique.*

Le pelage se compose de trois types de poils. Le sous-poil ou duvet est formé de poils les plus courts, les plus fins et les plus doux, situé tout contre le corps. Isolant et protecteur, le pelage intermédiaire comprend des poils légèrement plus épais, avec un renflement vers l'extrémité avant de se terminer en fuseau. Enfin, les poils de couverture ou jarres, longs et raides, constituent la couche supérieure, protégeant la fourrure du dessous des éléments extérieurs. Ils peuvent être droits, coudés ou d'un type intermédiaire. À la base des poils droits se trouve un petit muscle (muscle horripilateur) dont la mission consiste à hérisser le poil.

Des muscles spécifiques reliés aux grands follicules permettent aux poils de se dresser à angle droit sur la peau lorsque le chat est surpris ou en colère. Son pelage se hérisse quand il est malade ou sa température anormalement basse.

Tous les poils, en particulier les poils de garde, sont sensibles au toucher, même sans contact avec la peau. Il en existe une quatrième sorte, les vibrisses, bien plus réceptives encore, qui constituent les moustaches, les cils et autres poils similaires situés sur les joues, le menton et le long des pattes postérieures. Elles sont très longues et épaisses.

Les moustaches sont enracinées dans la lèvre supérieure trois fois plus profondément que les autres poils et entourées d'un ensemble de terminaisons nerveuses ; celles-ci transmettent des informations concernant le moindre contact et les changements de la pression atmosphérique.

Réagissant aux courants d'air, aux variations de pression et au toucher, les vibrisses informent le félin lorsqu'il fait trop sombre. Les moustaches s'avancent pour explorer la forme des objets, s'enroulent autour des proies attrapées et aident le chat à détecter les changements dans son environnement.

La mue ou chute des poils désigne la perte régulière ou irrégulière des poils morts. Si, chez certains chats, ils tombent très peu tout au long de l'année, d'autres subissent des changements considérables de pelage durant le printemps et l'automne ; chez certaines variétés, l'aspect de la robe d'été et de celle d'hiver peut même se modifier considérablement.

LES SENS DU CHAT

LE SYSTÈME NERVEUX CENTRAL DU CHAT se compose du cerveau et de la moelle épinière ; il commande et coordonne toutes les activités quotidiennes. Il contrôle en permanence les informations reçues par les organes sensoriels et les traite selon leur importance. Ainsi, il gère immédiatement les informations vitales et urgentes, rejetant des signaux peu importants et en transmettant d'autres à la mémoire qui les stocke pour un usage ultérieur.

La structure du cerveau, doté de trois régions distinctes, présente les caractéristiques de ses homologues très primitifs. Le cerveau antérieur gère l'odorat ; il renferme le thalamus, qui réagit aux signaux de la moelle épinière, et l'hypothalamus, qui commande les processus internes de régulation. Le mésencéphale traite les informations suscitées par la lumière. Dans le cerveau postérieur, le cervelet régit l'équilibre et l'extrémité élargie de la colonne vertébrale forme la moelle, qui contrôle les systèmes respiratoire et circulatoire de l'animal.

Le cerveau assume les mêmes fonctions que chez les tout premiers vertébrés, régulant la production de la glande endocrine, contrôlant la respiration et le métabolisme, et maintenant l'homéostasie (constance du milieu interne). Des mécanismes régulateurs dans l'hypothalamus, qui reçoivent et analysent le rétrocontrôle provenant de l'organisme de l'animal, maintiennent constantes la fréquence cardiaque, la pression sanguine et la température corporelle.

Le système limbique commande la digestion et est responsable de toutes les activités nécessitant un modèle défini de réponses séquentielles. Cette partie du cerveau est vitale pour la survie. Chasser, manger, s'accoupler et s'échapper : pour se dérouler correctement, ces activités requièrent des modèles comportementaux réalisés dans un ordre déterminé.

Le cortex est la structure du cerveau dont l'évolution est la plus récente. Profondément ridé, ou alvéolé, il forme une vaste surface qui n'a pas nécessité l'augmentation de la boîte crânienne. Les deux grands hémisphères symétriques au sommet sont formés de nombreux neurones, ou cellules nerveuses, et séparés par un

Ci-contre : *L'œil du chat lui offre un large champ de vision et une vue stéréoscopique, ce qui l'aide à juger les distances et à voir lorsque la lumière est faible.*

Ci-dessus : *Un chat est sans cesse en alerte, à la fois en tant que chasseur, mais aussi pour sa propre protection. Même endormis, ses sens ne sont pas assoupis et ses oreilles écoutent.*

Ci-dessus : *Les larges pavillons des oreilles du chat l'aident à se concentrer sur les bruits et à en déterminer la direction. Ces félins entendent une large gamme de sons et repèrent ainsi leur proie.*

profond sillon de l'avant à l'arrière du cerveau. L'hémisphère gauche commande la plupart des fonctions du côté droit du corps, tandis que le droit gère la partie gauche ; un réseau de nerfs relie les deux hémisphères, permettant la corrélation des informations. Le contrôle des pattes s'effectue par une zone de la région centrale et une section à l'arrière du cortex s'occupe de l'analyse des stimuli visuels. Les régions du traitement auditif se situent sur les côtés du cortex et des zones complexes spécifiques sont liées à l'activité, à l'apprentissage, à la mémoire ainsi qu'à toutes les autres sensations conscientes.

La vue

La vue du chat est excellente, même lorsque la lumière est tamisée. Avec un sixième de la luminosité nécessaire aux hommes, il distingue les mêmes détails de forme et de mouvement. Ses pupilles s'ouvrent en grand pour faire entrer davantage de lumière ; celle-ci traverse la cornée transparente et incurvée ainsi que le cristallin jusqu'à la rétine, à l'arrière de l'œil. Toute lumière non absorbée rencontre une couche de cellules, le tapis rétinien, qui la réfléchit vers les cellules rétiniennes, améliorant ainsi la transmission des informations des nerfs au cerveau. La lumière renvoyée et non absorbée crée cet effet bien connu qui rend les yeux du chat brillants, d'une couleur jaune, verte ou rouge la nuit. La contraction de l'iris protège de la forte luminosité les mécanismes délicats situés à l'arrière des yeux : l'iris se ferme, laissant apparaître une pupille en forme de fente et améliorant l'acuité de la vision.

Le chat voit de face ; ses champs visuels se chevauchent et lui confèrent une vision stéréoscopique légèrement plus large que la nôtre. Ainsi, il juge les distances avec précision quand il bondit, saute et s'élance pour chasser. Ses yeux, très arrondis, autorisent une vision d'ensemble plus étendue que la nôtre. Quoi qu'il en soit, malgré leur taille et leur emplacement, en profondeur dans le crâne, ils ne sont pas libres de leurs mouvements ; pour une observation minutieuse, l'animal doit donc tourner sa tête. Les chats sont très sensibles aux subtiles différences de grisés dans les couleurs et, si leur perception des nuances colorées n'est pas aussi bonne que la nôtre, ils ne sont pas daltoniens contrairement à ce qu'on pensait autrefois.

Outre ses paupières supérieure et inférieure, le félin en a une autre appelée membrane nictitante ou troisième paupière. Il s'agit d'un fragment de tissu pâle dans le coin interne de chaque œil, rétracté pour ne pas entraver la vue. Tout déplacement vers l'intérieur de l'œil dans son orbite entraîne un mouvement de la membrane en diagonale, vers le haut et sur le devant du globe oculaire. Cette paupière retire la poussière et la saleté de la cornée et maintient l'œil humide et lubrifié. Chez un chat en mauvaise santé ou en période d'incubation, un minuscule bourrelet de graisse, situé sous l'œil, se contracte et entraîne une légère rétraction du globe dans son orbite, puis la membrane nictitante s'étend sur une partie de l'œil. Le déploiement de cette paupière est souvent un signe précurseur de maladie.

L'ouïe

Le chat a une ouïe exceptionnellement développée. Il entend les sons aigus émis par sa proie ainsi que de nombreux bruits inaudibles pour une oreille humaine. Si un homme entend 20 000 cycles et un chien presque 40 000, un chat atteint le nombre époustouflant de 100 000 cycles par seconde. Il capte les ultrasons précédant une activité, ce qui explique qu'il réagisse souvent avant même que nous ayons conscience de quoi que ce soit. Ses oreilles sont moins sensibles aux sons graves.

L'oreille comporte trois sections. À l'extérieur, le pavillon est naturellement dressé et dirigé vers l'avant. Il est suffisamment souple pour bouger en avant, sur les côtés ou en arrière, repérant la direction du moindre bruit, et forme un entonnoir pour conduire les ondes sonores jusqu'au tympan, étiré et tendu à travers le canal auditif. Dans l'oreille moyenne, trois petits os transmettent le son à la cochlée de l'oreille interne. Là, il se convertit en impulsions nerveuses transmises à la cochlée corticale du cerveau par le biais du nerf auditif ; il y est décodé et identifié, après comparaison avec les sons stockés en mémoire.

L'odorat

Chez le chat, l'odorat est bien développé, peut-être trente fois supérieur à celui de l'homme. Lorsque l'animal inhale les minuscules particules odorantes de l'atmosphère, lors du processus de respiration habituel ou d'une aspiration délibérée, ces particules stimulent les terminaisons nerveuses, extrêmement sensibles, des poils très fins de l'intérieur des fosses nasales.

Une épaisse membrane spongieuse, la muqueuse olfactive, comporte 200 millions de cellules olfactives, chiffre qui reflète l'importance de ce sens chez le chat, l'odorat lui sert durant sa vie sexuelle et lui est essentiel lors de la chasse pour trouver sa nourriture.

La voûte du palais comporte un organe dont le bulbe intérieur est garni de cellules sensorielles, connu sous le nom d'organe voméro-nasal ou organe de Jacobson. Lorsqu'un chat perçoit une odeur nouvelle, subtile ou intéressante, il ouvre sa gueule et lève la tête. Si cette attitude peut paraître similaire à celle d'un homme face à une mauvaise odeur, le chat est en fait en train de la savourer. Cette étrange grimace, le nez ridé et contracté et les babines en retrait, est appelée flehmen et permet de diriger l'odeur vers l'organe de Jacobson.

Ci-dessous : *L'odorat est un sens capital. L'urine, qui renferme son odeur, lui permet de marquer sa domination sur un territoire et de signifier sa présence à ses congénères.*

La plupart des chats trouvent l'odeur de la nourriture avariée extrêmement déplaisante. Certains sont même amateurs de parfums. La cataire émet une odeur irrésistible pour beaucoup ; la façon dont elle affecte le félin n'est qu'hypothèse, mais il semble qu'elle l'excite sexuellement tout en ayant simultanément, et de manière contradictoire, un effet apaisant sur son système nerveux. Même les animaux castrés et les chatons se rouleront dans cette plante en ronronnant d'extase.

Le goût

Chez le chat domestique, s'il est malaisé de distinguer l'odorat du goût, il semble que sa langue différencie salé, aigre, amer et sucré. Si la plupart aiment les saveurs salées, leurs réactions varient face au sucré. Leur réponse positive face à de la viande fraîche provient plus de son odeur que de son goût. Si ce dernier n'a guère d'importance pour de nombreux adultes, il permet aux petits quittant la première fois leur mère d'explorer des surfaces et

Ci-dessous : *En ouvrant sa bouche et en aspirant l'air chargé de particules odorantes, le chat les dirige vers l'organe de Jacobson. L'animal apprécie ainsi des odeurs utiles ou agréables.*

***Ci-contre :** Les chatons explorent sans cesse les nouveautés de leur univers. Peut-être celui-ci pense-t-il que ces fleurs émettent une odeur intéressante, mais il est aussi possible qu'un autre félin y ait laissé son odeur.*

***Ci-dessous :** Les pattes avant sont sensibles et servent à examiner des objets ; le chat utilise également ses moustaches, en particulier dans le noir, pour identifier les formes et constater les changements de pression dans l'air.*

des objets inconnus, les léchant méthodiquement avec une grande concentration. Le mode d'analyse et de stockage des informations ainsi reçues est inconnu et ce comportement n'a lieu que durant la période très délicate de l'apprentissage chez le jeune chat.

Le toucher

Les chats utilisent nez, pattes et moustaches pour examiner des objets par le toucher après les avoir explorés en les humant. Leur nez servant de thermomètre, ils approchent un plat de très près, reniflent et se brûlent rarement aux aliments ou aux liquides chauds : ils testent d'abord la température et se reculeront si elle est trop élevée.

En chasse, les chats tâtent leur proie avec leurs pattes pour savoir si elle est morte ou vivante. Chez les mères, le contact tactile avec les petits se fait souvent par les coussinets et le museau. Enfin, les chats ont recours à leur museau, leurs moustaches et leurs pattes pour se toucher entre eux.

L'ACCOUPLEMENT ET LA REPRODUCTION

Ci-dessous : *Lorsque la femelle a ses chaleurs, elle se roule sur le sol, attitude flirteuse avec laquelle elle va accueillir le mâle.*

Ci-dessous : *Si la chatte adopte cette position lorsqu'on la caresse, elle est physiologiquement prête pour l'accouplement.*

L'ÂGE DE LA MATURITÉ SEXUELLE varie selon la race ; ainsi, il est plus précoce chez les siamois et les birmans. Pour les mâles, il se situe entre 7 et 14 mois, et pour les femelles entre 4 et 9 mois. Parfois, les chats élevés en liberté n'atteignent pas cette maturité avant 15 mois ou plus. Si les mâles adultes non castrés sont prêts à s'accoupler à tout moment et ceux en liberté passent la plupart de leur temps à chercher une occasion, les femelles ne s'apparient qu'au cours de périodes limitées. La majorité d'entre elles connaissent leurs premières chaleurs entre 4 et 6 mois mais la saison détermine souvent le début de cette phase. Dans l'hémisphère nord, beaucoup commencent leurs « appels » si caractéristiques au cours du mois de février qui suit leur naissance. Les chattes d'intérieur, au chaud toute l'année sous une lumière artificielle qui « prolonge » la journée, se reproduisent à n'importe quelle saison ; celles en liberté ont une portée au printemps et une autre au début de l'été. D'une manière générale, le chat se reproduit jusqu'à la fin de sa vie.

Le mâle

Les deux testicules enfermés dans un sac, le scrotum, se situent hors de la cavité abdominale sous l'anus. Ils produisent l'hormone mâle, la testostérone, et les spermatozoïdes, dont la création requiert une température légèrement plus fraîche que celle du corps.

Les testicules descendent de la cavité abdominale dans les petites poches du scrotum lorsque les chatons sont encore dans l'utérus de leur mère ou peu après leur naissance. Rarement, l'un des testicules ou les deux ne descendent pas, rendant le chat totalement ou partiellement stérile ; ou même s'il est fécond, il transmettra sa condition à sa progéniture. Mieux vaut donc le faire castrer.

La femelle

Les deux ovaires se trouvent de part et d'autre de la colonne vertébrale, derrière les reins. Ils produisent l'hormone féminine, ou œstrogène, et les œufs. L'ovulation n'est pas cyclique, mais répond au stimulus de l'accouplement. Une fois les œufs expulsés, ils passent par les trompes de Fallope, en spirale, où ils sont fécondés par les spermatozoïdes du mâle jusqu'à trois jours après l'accouplement. Les minuscules œufs fécondés restent cinq ou six jours dans les trompes, se divisant pour former les blastocytes. Ce moment est crucial pour le développement des embryons car les ovaires de la mère émettent une autre hormone, la progestérone, nécessaire à l'implantation de l'œuf sur la paroi interne de l'utérus. Les chatons se développent ensuite peu à peu jusqu'à atteindre leur taille de naissance.

Comment reconnaître une chatte en chaleur

Durant la période des amours, une femelle est dite en « chaleur » et émet des appels caractéristiques. Il est aisé d'en reconnaître les signes. Pendant la phase préparatoire, ou pré-œstrus, lorsque les organes reproducteurs se modifient afin d'être prêts pour l'accouplement, la fécondation et la grossesse, la femelle devient extrêmement affectueuse et agitée. Enfermée, elle fait les cent pas et regarde sans cesse au dehors par la fenêtre. Elle produit une odeur particulière, plus susceptible d'être remarquée par les chats que par les hommes, frotte ses glandes de sécrétion odoriférante contre des objets et se roule par terre. À cette étape, même si elle s'intéresse aux mâles, elle n'est pas prête pour l'accouplement.

La période de pré-œstrus dure entre un et cinq jours, suivie de l'œstrus (une semaine environ) pendant laquelle l'accouplement peut avoir lieu. La femelle est de plus en plus agitée. Elle se roule vigoureusement sur le sol avec un cri ou « appel » distinctif, souvent très agressif. Retenue à l'intérieur, elle tentera de s'échapper ; ses cris deviennent plus profonds et plus impérieux, et elle peut refuser toute nourriture. Si on la caresse sur le dos, elle adopte immédiatement la position de l'accouplement et se montre très susceptible lorsqu'on la porte. Une femelle frustrée négligera sa litière et urinera n'importe où.

Ci-dessous : *Bien qu'elle souhaite s'accoupler, la femelle en chaleur n'accepte pas immédiatement les approches du mâle. Les parades nuptiales peuvent traîner en longueur.*

Ci-dessous : *Le mâle saisit la femelle par le cou en tentant de monter sur son dos ; après une copulation rapide, la chatte s'avance en criant.*

Ci-dessous : *Après le coït, la femelle se roule sur le sol et fait sa toilette. Au bout de quelques minutes, elle peut être prête pour un nouvel accouplement.*

La parade nuptiale et l'accouplement

Par ses appels et son odeur perceptible sur une grande distance, la femelle attire le mâle. Plusieurs mâles font la cour à une femelle en chaleur, qui se roule et adopte diverses postures, mais peut tout d'abord refuser de s'accoupler. Les mâles se battent, émettant un miaulement caractéristique, pour décider de l'ordre de priorité. Certains combats âpres et sanglants sont livrés dans un silence étonnant. Il arrive que la femelle s'accouple avec un chat subordonné tandis que deux dominants se livrent bataille, mais généralement le mâle le plus fort du groupe copule en premier. La femelle décide qui elle acceptera d'abord et s'accouple plusieurs fois avec des mâles différents durant une même période de chaleur. Lorsqu'elle est prête à recevoir le mâle, elle s'allonge, tête étirée et menton près du sol, les cuisses soulevées avec la queue sur le côté.

Parfois, le mâle en fait le tour et tente de la renifler ; si la chatte ne le repousse pas, il s'approche et saisit la peau lâche de son cou entre ses dents. Au bout d'un instant, après avoir testé ses réactions, il place ses pattes antérieures de part et d'autre de ses épaules et, avec ses pattes postérieures, appuie alternativement sur son arrière-train, l'encourageant à lever la queue. Si elle est réceptive, elle pétrit le sol de ses pattes arrière. Allongé sur son dos, le mâle tente d'effectuer le coït, ce qui peut prendre un certain temps car la femelle s'agite et se secoue. Finalement, la pénétration a lieu et la femelle grogne violemment en avançant. Le mâle maintient fermement son cou entre les dents jusqu'à l'éjaculation, puis la relâche et s'éloigne en bondissant. La raison de cette fuite est évidente : la femelle, grognant de manière agressive, se retourne pour l'attaquer à coups de dents et de griffes, puis se roule sur le dos avant de lécher soigneusement ses parties génitales. Il observe en permanence la femelle et, dès qu'elle se détend et adopte la posture de l'accouplement, monte sur son dos pour copuler à nouveau.

La gestation

La gestation dure en moyenne 65 jours. On ne connaît pas le moment exact de la conception et beaucoup de femelles portent leur future progéniture un peu plus longtemps. Un rosissement et un léger élargissement des mamelles au bout des trois semaines consécutives à l'accouplement constituent les premiers signes de grossesse. Plus visibles lors d'une première gestation, ces signes ne sont en aucun cas infaillibles. Une semaine plus tard, un vétérinaire pourra sentir les minuscules embryons à l'intérieur de l'utérus, mais cette tâche est réservée à des mains expertes.

Traitez la femelle normalement durant sa grossesse. Vers la moitié de la gestation, la prise de poids et sa répartition inégale la rendent plus prudente lorsqu'elle saute ou se faufile à travers d'étroites ouvertures. Elle passe davantage de temps à ses soins et son appétit augmente : mieux vaut lui donner un repas au milieu de la journée, en plus de son petit-déjeuner et de son dîner habituels, qu'augmenter la ration des deux repas : l'accroissement des trompes de Fallope pèse parfois sur son estomac, restreignant la quantité de nourriture qu'elle peut ingérer en une fois.

Au bout de six semaines, la grossesse est bien visible. Veillez à ce que la chatte ne prenne pas davantage de poids et encouragez-la à faire de l'exercice. Les fœtus grandissant rapidement, il peut être nécessaire d'ajouter du calcium dans son régime alimentaire à forte teneur en protéines. Certaines apprécient le lait et tireront leur calcium de cette source.

***Ci-contre :** Les chatons naissent environ neuf semaines après leur conception. On peut sentir les mouvements des fœtus à partir de la septième semaine. Il reste à peu près 10 jours à cette chatte avant qu'elle ne mette bas.*

D'autres, en particulier les variétés orientales, ne le tolèrent pas ; dans ce cas, le vétérinaire pourra vous conseiller.

À six semaines, la taille de l'abdomen augmente et la robe est resplendissante. La chatte occupe son temps à sa toilette, au repos et, le cas échéant, à l'affût dans le jardin. Si elle est constipée, donnez-lui des aliments huileux (sardines). Lorsque les chatons bougent dans son ventre, elle se roule sur le sol en étirant son corps, puis nettoie vigoureusement ses mamelles qui ont grossi. La septième semaine, l'instinct de « nid » se manifestant, la femelle explore tiroirs et coins sombres en quête d'un endroit adéquat pour mettre bas. Il est temps de préparer le « nid ».

Utilisez une boîte en carton robuste avec des côtés d'une cinquantaine de centimètres de long. Sur l'un d'eux, coupez un trou circulaire de 20 cm de diamètre. Cet orifice permettra à la chatte d'entrer et de sortir, tout en évitant les courants d'air. Placez la boîte dans un endroit approprié et isolez-en le fond avec du papier journal. La chatte le lacérera peut-être jusqu'à ce qu'il constitue un lit douillet. Des feuilles de papier absorbant déchirées formeront un matelas doux et jetable après la naissance. Un morceau de carton pourra constituer un toit amovible. Si la pièce est froide, suspendez un système de chauffage à infrarouge au-dessus de l'ouverture. Lorsque les chatons commenceront à quitter le nid au bout de quatre à cinq semaines, vous remplacerez la vieille boîte, que vous brûlerez, par une nouvelle.

Durant les dix derniers jours de la gestation, nettoyez doucement la chatte pour retirer les poils morts et stimuler ses muscles, et brossez-la soigneusement afin d'éviter tous parasites. Si sa portée est particulièrement nombreuse, elle ne parviendra pas à nettoyer sa partie anale ; passez deux fois par jour une éponge d'eau chaude sur cette zone. Si ses mamelles sont sèches ou rugueuses, massez-les doucement avec un peu d'huile végétale. Coupez les griffes trop longues. Dans le cas des femelles à poils longs, taillez les poils de la région pelvienne et ceux à proximité des mamelles afin de faciliter la tétée.

L'accouchement

Aux premières contractions, la femelle se dirige parfois vers son bac à litière et pousse tout en regardant derrière elle, agitée et perplexe. Ou elle fait les cent pas, grondant et gémissant doucement. Elle refuse toute alimentation plusieurs heures avant de mettre bas : un tel comportement face à ses aliments préférés indique l'imminence de la naissance. Les premiers signes du travail durent parfois plusieurs heures, mais ne sont guère perceptibles chez une chatte âgée.

Si la plupart des femelles se rendent dans leur « nid » à la seconde phase du travail, certaines souhaitent rester avec leur maître et ont besoin d'encouragement. Dans les deux cas, le toit amovible vous permet de la rassurer et de vérifier que tout se passe bien. Elle se couche sur le côté et, de ses pattes postérieures, pousse les parois de la boîte. Lorsque la tête ou la queue du premier chaton apparaît, elle s'assoit parfois, poussant jusqu'à l'expulsion. Le chaton se présente par la tête ou par le siège. Dans le dernier cas, si les pattes sont à l'intérieur et non étendues vers l'extérieur, la chatte a des difficultés à mettre bas. Avant l'expulsion, une poche amniotique se rompt, préparant le passage du premier chaton.

Après la naissance, s'aidant de sa langue, la mère retire la membrane placentaire qui enveloppe chaque chaton. La langue rêche stimule le petit qui va prendre sa première respiration. La mère coupe le cordon ombilical avec ses dents, lèche ses petits et mange le placenta.

Toute la portée peut naître en l'espace d'une heure ou en 24 heures, avec de longues pauses entre chaque chaton. Une fois tous les petits délivrés, nettoyés et séchés, la femelle fait sa toilette avant de se livrer aux soins des chatons. Elle appréciera un bol d'œufs battus ou de lait chaud sucré. Puis, rassemblant tous ses bébés, elle s'enroule autour d'eux et se repose pendant douze heures environ.

Les problèmes au cours de la naissance

Avant la naissance, prévoyez le matériel nécessaire pour les cas de nécessité : une vieille serviette en tissu éponge, coupée en petits carrés lavés et stérilisés à l'eau bouillante, puis conservés dans un sac en polyéthylène ; une paire de ciseaux stérilisés à bouts ronds ; un flacon de lotion antiseptique astringente que vous pouvez obtenir chez un vétérinaire ; un paquet de coton hydrophile ; une bouillotte d'eau chaude en caoutchouc ; enfin, le numéro de téléphone du vétérinaire, pour les cas d'urgence.

Pour une chatte dont c'est la première portée, la naissance peut être une opération longue et frustrante. Inutile d'appeler le vétérinaire, à moins qu'elle ne pousse pendant deux heures sans aucun résultat ou ne présente des signes d'épuisement ou d'anxiété. Un chaton à moitié sorti peut rester coincé malgré les efforts de sa mère. Placez un petit bout de serviette autour de lui et saisissez-le doucement et fermement. Lorsque la chatte exerce une nouvelle poussée, faites glisser le chaton lentement et progressivement vers le bas, entre les pattes de la chatte, jusqu'à ce qu'il soit libre. Ne le tirez pas, contentez-vous d'aider sa progression vers la sortie. S'il s'agit d'une présentation par le siège, faites pivoter très légèrement le corps afin de dégager la tête.

Parfois, la chatte est si occupée à mettre bas le chaton suivant qu'elle n'a pas le temps de s'occuper du nouveau-né. Dégagez sans tarder la tête du chaton de la poche amniotique et nettoyez le mucus sur sa face et ses narines. Une fois la membrane retirée, placez-le sur la paume de votre main, le museau vers le bas, et frottez le doucement mais fermement de la queue à la tête avec un bout de serviette, afin d'évacuer le liquide présent dans les poumons et les narines et d'inciter le chaton à respirer. Si le placenta est encore dans le ventre de la mère, attaché au chaton par le cordon, tirez doucement sur le cordon pendant une poussée de la chatte, jusqu'à la délivrance du placenta.

Mettez le chaton propre près de la tête de la mère pour qu'elle puisse manger le placenta et rompre le cordon. Si elle ne le fait pas, coupez-le à environ 2,5 cm du corps du chaton avec les ciseaux stérilisés. À l'aide de coton hydrophile, appliquez la solution astringente sur l'extrémité coupée du cordon. Les éleveurs expérimentés préfèrent enlever le cordon en le tirant doucement entre leurs doigts et leurs pouces bien nettoyés. Cette méthode permet de le rompre à l'emplacement où la disjonction se fait naturellement et évite tout saignement ; il est déconseillé aux novices de le faire.

Si la mère ignore un chaton, frottez-le avec un morceau de serviette jusqu'à ce qu'il soit sec, puis placez-le sur une bouillotte d'eau chaude en attendant que la chatte s'en occupe. Des accès de douleurs dus au travail la rendront temporairement peu disposée à prendre soin d'un ou de tous les chatons ; nettoyez-les et maintenez-les au chaud jusqu'à ce qu'elle ait fini de mettre bas et les accepte.

En principe, les naissances ont lieu normalement et les chattes sont d'excellentes mères. Parfois, il arrive que les choses se passent mal. Si le travail est particulièrement dur pour la mère, avec de fortes contractions pendant deux heures sans que ni la tête ni la queue n'apparaissent, appelez un vétérinaire.

Le patrimoine génétique

Lorsque les chatons naissent, sauf si l'accouplement a été préparé, il peut y avoir des surprises.

En effet, si certains chatons ressemblent à leur mère, d'autres sont très différents de leurs parents, dont les gènes déterminent l'apparence et les caractéristiques des petits. Les cellules du corps ont dix-neuf paires de chromosomes ; chaque parent apporte sa contribution à chacune des paires. Lorsque les gènes des deux adultes renferment des informations identiques, on les appelle homozygotes, et dans le cas contraire hétérozygotes. Dans le premier cas, les chatons auront la caractéristique correspondant au gène ; dans le second, tout dépend du trait dominant car certains gènes passent outre l'influence d'un partenaire récessif. Le gène récessif reste dans le nouveau code génétique et se transmet à la descendance ; un chaton ayant hérité de gènes récessifs identiques pourra donc présenter une caractéristique qui n'apparaît pas chez l'un ou l'autre de ses parents.

Si les ancêtres de chaque parent et des autres membres de la famille sont répertoriés, les éleveurs évaluent la constitution génétique potentielle de la descendance et planifient l'accouplement pour obtenir un résultat déterminé. Le pedigree est donc un élément important, ainsi que la connaissance des facteurs dominants et récessifs. Par exemple, le blanc est dominant sur toutes les autres couleurs. Le noir l'est sur le bleu, le tigré (agouti) sur le non tigré, les poils courts sur les poils longs, etc.

Ci-contre : *Pour retirer la poche de liquide amniotique qui entoure le nouveau-né, la mère doit la mordre ou se servir de sa langue, puis elle lèche son petit pour le sécher, incitant le chaton à respirer seul.*

Ci-dessous : *Si une portée comporte en moyenne 4 chatons, elle peut se monter à 15 petits.*

LE CHATON

Ci-contre : Les jeunes chatons sont curieux du monde qui les entoure et apprennent par l'exploration, en développant des relations avec des hommes et d'autres animaux.

Après la naissance d'un chaton, sa mère le nettoie avec sa langue rugueuse et retire de son pelage le liquide amniotique ainsi que les restes de la poche qui le contenait. Ce léchage stimule la circulation et la respiration du minuscule bébé. Dès qu'il respire normalement, il rampe vers les mamelles de sa mère, guidé par un sens de l'odorat très développé. C'est l'étape la plus favorable pour identifier le sexe. La fourrure molle autour des parties génitales est encore humide et les organes bien visibles. Une fois qu'ils sont secs, la tâche est plus difficile, mais on les distinguer de nouveau au bout de quatre semaines, lorsque la différence entre les sexes est plus marquée.

Les nouveau-nés, bien qu'aveugles et sourds, s'attribuent une mamelle spécifique qu'ils se disputent à tâtons avec les autres, par de vigoureux mouvements des pattes antérieures. Durant les premiers moments de leur vie, ils ne font que dormir et téter. Pendant les premiers jours, les odeurs de la naissance leur donnent un sentiment de sécurité. On peut changer le papier particulièrement souillé dans le « nid », mais les sécrétions émises à la naissance sont stériles et mieux vaut en laisser la majeure partie jusqu'à ce que les petits ouvrent les yeux ; ainsi, ils seront moins stressés que si vous modifiez leur environnement. Les chatons préfèrent certains emplacements de la boîte. Leurs pattes étant trop faibles pour les soutenir, ils se traînent sur le ventre, laissant des traces odoriférantes qu'ils sont en mesure de reconnaître. S'ils ont froid, ils se regroupent en petit tas. Lorsqu'ils ont chaud, ils s'éparpillent.

Le poids de naissance est très variable : les petits de races à poils longs et courts pèsent à peu près 114 g, et les siamois souvent seulement 57 g. Il dépend beaucoup de la taille des parents et du nombre de chatons de la portée, bien qu'il y ait des différences au sein d'une même portée. Avec une alimentation adéquate, les chatons grossissent progressivement. Pesez chaque petit une fois par semaine et reportez la progression sur un graphique. Si la courbe de certains d'entre eux reste inférieure au taux moyen de croissance, recherchez tous symptômes de maladie ou d'anomalie. Si tous les chatons présentent une croissance médiocre, vérifiez le régime de la mère ainsi que ses glandes mammaires.

Les soins à prodiguer à la mère

La chatte doit toujours avoir à sa disposition un peu d'eau fraîche. Si elle se montre tatillonne sur son alimentation mais a mangé le placenta, elle sera rassasiée pendant quelque temps. Au début, elle est peu disposée à quitter ses petits ; encouragez-la à étirer ses pattes et à accepter de l'eau ; parfois, le fait de placer la chatte sur une litière propre permet d'obtenir le résultat espéré. Assurez-vous que le lait coule normalement en examinant doucement ses mamelles le lendemain de l'accouchement. Si certaines sont bouchées, lavez-les à l'eau chaude, puis massez-les lentement avec de l'huile d'olive jusqu'à l'apparition du lait.

Une chatte qui allaite doit bénéficier de quatre bons repas par jour et boire en grande quantité. Il lui faut de petits repas, bien équilibrés. Ne lui donnez pas des aliments froids tout droit sortis du réfrigérateur car elle risquerait d'avoir des diarrhées ; présentez-lui la nourriture à température ambiante. Servez la viande, qui se digère en plusieurs heures, de préférence le midi ou juste avant le coucher. Les autres repas consisteront en poisson, fromage, œuf ou produits laitiers.

Les sens en éveil

Les chatons ouvrent leurs yeux entre deux et dix jours et sont très sensibles à la lumière forte. Les siamois le font souvent dès le second jour, contre douze jours chez d'autres. Inutile de s'inquiéter, à moins que les paupières ne présentent suintements ou gonflements. Nettoyez les viscosités avec une solution saline. L'ouïe se développe progressivement ; doués d'une sensibilité accrue, les chatons explorent leur environnement limité et présentent un comportement joueur. Dans un premier temps, ils se donnent de petits coups de pattes maladroits, mais à mesure que la focalisation et la vue s'améliorent, ils observent leur mère entrer et sortir de la boîte. Même à leur naissance, les chatons, aveugles et sans défense, sifflent si on les prend et continuent d'agir ainsi pendant deux à trois semaines. Une fois qu'ils reconnaissent les odeurs et la voix de leurs maîtres, et éventuellement les identifient visuellement, ce comportement cesse.

À l'âge de trois semaines, ils se tiennent debout, trottinant sur leurs courtes pattes instables. Ils gardent la tête près du sol et se fient beaucoup à leur odorat, revenant souvent vers la sécurité de leur « nid », dans le coin qu'ils se sont attribué, en suivant leurs propres traces. Ils se roulent, se redressent et jouent avec leurs frères et sœurs.

Ci-contre : *Une mère et son chaton.*

Ci-dessous : *Le lait s'écoule mieux de certaines mamelles que d'autres. Si les chatons se battent parfois pour la meilleure place, généralement ils s'attribuent une mamelle dès leur naissance.*

Ci-contre : *Si la mère décide de déplacer un chaton, elle le transporte en le tenant par la peau du cou. Le chaton relève ses pattes pour qu'elles ne traînent pas par terre.*

Vers la fin de la quatrième semaine, les chatons explorent l'extérieur du « nid ». Leurs pattes sont plus solides et ils utilisent la vue et l'ouïe davantage que l'odorat pour inspecter leur environnement. Au cours des premières excursions, les chatons se précipitent dans leur boîte lorsqu'un bruit fort ou un mouvement brusque les effraient. Ils expérimentent de nouvelles textures, léchant des surfaces et mâchonnant des objets ; il est donc vital de ne pas utiliser de désinfectants ni de détergents sur leur terrain de jeux et d'exploration (la plupart des produits à usage domestique sont nocifs pour les chats). Les chatons montrent de l'intérêt pour la nourriture de leur mère. À mesure qu'ils

Ci-contre : *Jouer avec sa mère, ses frères et sœurs ou tout seul permet au chaton de tester et d'améliorer les capacités qui lui seront nécessaires à l'âge adulte.*

En haut et en bas : *Les chattes doivent nourrir, protéger et élever leurs chatons. Elles tolèrent les cabrioles de leurs petits, mais vont les laisser seuls par moment ou refusent la tétée, attitude qui fait partie du processus de sevrage.*

ingèrent de plus en plus d'aliments solides, leurs excréments se modifient et la chatte cesse de les nettoyer. Il est temps de leur fournir leur propre litière. Si la mère ne leur apprend pas à s'en servir, placez-les dedans après chaque repas. Ils vont manger chaque jour davantage d'aliments solides tout en continuant à téter leur mère pendant quelques semaines, si elle le leur permet.

Stimulation et soins

Le cerveau d'un jeune chaton fonctionne dès la naissance, mais son intelligence dépend beaucoup du nombre de synapses se formant lors des premières semaines. Des stimuli adéquats ainsi qu'un léger stress durant cette période cruciale aident au développement du cerveau et de l'intelligence. Il faut s'occuper fréquemment des chatons entre quatre et huit semaines. Cette phase correspond à celle où les petits en liberté changent de « nid », et il est temps pour eux de différencier sécurité et danger. Commencez aussi à faire délicatement leur toilette, en particulier pour les races à poils longs, en inspectant avec un soin particulier oreilles et museau. À cette étape tout apprentissage est inestimable et ses bénéfices durent toute la vie.

À cinq semaines, le cerveau d'un chaton est presque à maturité ; les synapses sont formées et opérationnelles. Le développement moteur (coordination des membres et des muscles) requiert davantage de temps ; il faut donc protéger les petits animaux de toute blessure potentielle.

Le sevrage

Les chatons sont aventureux et ont besoin d'espace pour jouer ensemble ou avec des objets. Balles de golf, plumes et boules de papier constituent des jouets excellents. Donnez-leur une alimentation très variée pour éviter qu'ils deviennent difficiles à l'âge adulte.

Ci-contre : Pour demander nourriture ou aide, les chatons utilisent des cris perçants avant que leur ouïe ne soit opérationnelle ; quant à leurs mères, elles ont recours à des chants et à des appels pour les rassurer. À l'âge adulte, un chat s'exprime par la voix pour communiquer avec les humains.

À six semaines, bien que tétant encore, les petits absorbent beaucoup d'aliments solides. S'ils sont peu disposés à manger, frottez un peu de nourriture sur leurs lèvres : après l'avoir léchée, ils finiront par en apprécier le goût. Si certains éleveurs sevrent leurs chatons avec du lait mélangé à des céréales pour bébés, les petits préfèrent tout naturellement celui de leur mère.

D'autres propriétaires leur servent de la viande, qui évoque leurs futures proies. Découpez des morceaux crus en longues bandes étroites : ils grogneront tout autour avant de les mâchonner. Au début, surveillez-les lorsqu'ils ingèrent de la nourriture solide. En raison de leur manque d'habileté, des morceaux pourraient se coincer en travers du palais ; utilisez une allumette ou un manche de cuillère en plastique pour les débloquer doucement.

À chaque repas, les chatons doivent avoir de la nourriture fraîche. Retirez ce qu'ils n'ont pas absorbé au bout de dix minutes. Ainsi, ils s'habitueront à se nourrir à intervalles réguliers. La taille de leur estomac est encore celle d'une noix ; de petits repas fréquents éviteront donc tout embarras gastrique.

Certains, peu enclins à boire, sont légèrement constipés. Le cas échéant, mélangez un peu d'eau dans un repas à base de viande. Une pincée de sel de table augmentera leur soif et les incitera à boire davantage. Servez-leur de l'eau chaude ou du lait, mais pas de boissons provenant directement du réfrigérateur. Aujourd'hui, de nombreux chats adultes ne mangent que des aliments secs ; il est donc important que les chatons apprennent à boire en grandes quantités. À présent, ils fréquentent leur litière ; pensez donc à la changer.

L'acclimatation

Il faut apprendre aux chatons à accepter les étrangers, les enfants et les chiens, et les habituer aux bruits de la maison. Pour les animaux destinés aux concours, il est bon que les visiteurs de la maison les prennent et les caressent ; ainsi, ils apprécieront d'être touchés par toutes les personnes qu'ils rencontrent. Ne sous-estimez pas cette période de socialisation précoce. Si les chatons ne reçoivent pas les stimuli et les traitements adéquats, plus tard il sera difficile de les manipuler hors de leur environnement habituel ou en compagnie d'étrangers. La plupart des vétérinaires et des propriétaires de pension font les frais de ces chats difficiles, qui se montrent parfaitement dociles chez eux mais nerveux et irritables ailleurs, mordant et griffant si on les touche. Leurs maîtres confirmeront souvent que de tels animaux étaient autrefois sauvages ou habitaient dans une ferme, puis ont été adoptés et apprivoisés après cette phase cruciale. Il est nécessaire de s'occuper des chatons, de les chouchouter et de les toiletter souvent durant le sevrage. Habituez-les à venir lorsque vous les appelez et offrez-leur une récompense. Ils ne doivent pas résister lorsqu'on leur ouvre la bouche et qu'on inspecte et nettoie leurs oreilles. Enfin, ils apprendront qu'être brossé est le plus grand des plaisirs.

L'apprentissage par le jeu

Le jeu est important dans le développement des chatons et il ne faut jamais sous-estimer le rôle de la mère. Même lorsqu'ils sont encore très jeunes, la chatte les incite à s'amuser avec l'extrémité de sa queue. Elle leur apprend à se mettre à l'abri en grognant lorsque le danger menace. Par le jeu, les petits mettent en œuvre leurs compétences en matière de socialisation, de chasse et de combat, se préparant à la vie adulte.

À huit semaines, leurs jeux sont plus sophistiqués et les chats ont des comportements de chasse et d'égorgement. Ils s'entraînent à attraper leurs compagnons avec leurs pattes antérieures en leur administrant des morsures au cou. Les pattes postérieures grattent le corps de l'autre chaton tandis que les pattes avant le saisissent fermement autour du cou. Ils sautent sur la queue de leur mère, mordant l'endroit saisi entre leurs pattes. Ils dribblent avec de petits jouets à travers la pièce, les passant entre leurs pattes postérieures, donnant des coups de pied et piétinant. Ils portent de petits objets entre leurs mâchoires et grondent lorsqu'un congénère approche. Quand on leur offre un morceau de viande crue, chacun en prend un bout et grogne férocement lorsqu'un membre de la portée s'avance. Si on le touche à ce moment-là, le chaton ripostera avec précision et rapidité face à la main taquine.

L'indépendance

Vers six semaines, la mère oblige ses petits à être indépendants en refusant qu'ils tètent. Avec une grande portée, elle se montrera peu disposée à les nourrir plus longtemps, tandis qu'une chatte avec un ou deux petits pourra les allaiter jusqu'à ce qu'ils soient pratiquement adultes. À mesure qu'ils grandissent, leurs dents aiguisées comme des aiguilles commencent à faire mal à leur mère durant la tétée ; si elle peut vagabonder en liberté, elle rapportera quelque proie pour sa progéniture. Une chatte enfermée amène souvent la nourriture à ses chatons en émettant un cri caractéristique. Une fois que ses petits ont examiné la viande, elle la mange devant eux.

Si les chatons persistent à téter et qu'il faut les sevrer de force, le mieux est de les retirer des mamelles de leur mère pendant de longues périodes à la septième semaine, puis de séparer de la chatte la moitié de la portée, en choisissant les plus gros, pendant la huitième et la neuvième semaine. Enfin, la semaine suivante, retirez le reste des petits.

Avec six petits repas bien espacés chaque jour, les chatons oublieront rapidement le lait de leur mère. Ils mangent suffisamment pour satisfaire les besoins de leur organisme. Ils auront peut-être besoin d'un supplément en calcium, surtout s'ils descendent de chats orientaux ou siamois, et peuvent commencer à prendre des vermifuges doux. Prévoyez avec le vétérinaire la date des premières vaccinations contre les maladies félines et veillez à ce qu'ils soient toujours immunisés avant de fréquenter de nouvelles maisons.

Vers la douzième semaine, un chaton doit être assez indépendant pour se rendre dans une nouvelle maison. Bien que son développement physique et mental se poursuive, le petit sait qu'il est un chat et se conduit en animal de compagnie. Si vous n'envisagez pas de lui donner de compagnons, offrez-lui de nombreux jouets, dorlotez-le et occupez-vous beaucoup de lui les premiers mois pour qu'il soit équilibré et heureux.

Ci-dessous : *Lors de jeux entre frères et sœurs, un mécanisme instinctif de retenue empêche les chatons de se blesser les uns les autres.*

Ci-contre : *Un chaton doit pratiquer des activités physiques et des exercices de coordination et apprendre à comprendre et interpréter le monde environnant.*

LE COMPORTEMENT DU CHAT

Si les chats sont domestiqués depuis plus de trois millénaires, ils ont un long passé d'animal sauvage et conservent certains instincts spécifiques. La vie de nombreux chats, harets ou de compagnie, est restée la même, si ce n'est qu'ils bénéficient désormais de l'aide d'un maître. Chez le chat d'appartement, la domestication a préservé le caractère juvénile du chaton à l'âge adulte ; son caractère est ancré dans sa vie primitive d'animal sauvage. Le castrer avant que ses modèles comportementaux ne soient développés modifiera son attitude, mais ne le blâmez pas s'il reste un chasseur inné, défend son territoire et sort pour s'accoupler. Connaître son comportement et la manière dont il communique vous aidera à lui donner une vie plus heureuse et à mieux profiter de sa compagnie.

La conversation du chat

Beaucoup de maîtres parlent à leurs chats, qui leur répondent, et parfois tous semblent se comprendre. Les chats ont un vocabulaire considérable : un chercheur aurait identifié au moins une centaine de sons différents et certains ont essayé de les traduire avec précision. Quelques miaulements sont universels et d'interprétation aisée. Les maîtres apprendront donc à comprendre en partie ce que leur protégé essaie de leur dire. Pour converser avec eux, les animaux conserveraient les signaux utilisés dans leur enfance car ils maintiennent une relation maternelle avec leurs maîtres, tandis qu'ils utilisent un répertoire d'adulte pour parler avec leurs congénères.

Tous les chats ronronnent, quelques-uns si doucement qu'on ne sent les vibrations qu'en caressant leur gorge. S'il s'agit d'un signe de contentement ou d'affection, un son profond peut indiquer une douleur. Le ronronnement commence dès une semaine, souvent marque de satisfaction lors de la tétée. Ce son est monotone chez le jeune animal, contre deux ou trois notes chez les plus âgés. De nombreux autres appels et cris expriment des demandes et des émotions diverses.

Une chatte et son compagnon ont un langage d'appels amoureux. La mère communique avec ses petits au moyen d'une série de cris différents, de miaulements et de gémissements. Les grognements varient du cri de peur à la suffocation gutturale exprimant la colère. Enfin, les chats sifflent et crachent. Quel que soit le mode de communication, on identifiera facilement les sentiments et les intentions exprimés.

Ci-dessus : *Un chat qui s'approche en regardant devant lui, la queue en l'air avec la pointe enroulée vers l'avant, est éveillé et confiant, saluant ainsi d'une manière amicale.*

Ci-contre : *Lors d'une simulation de combat, l'un des chatons adopte une posture de soumission mais ses oreilles restent en alerte.*

Le langage corporel

Le chat communique par toute une gamme d'expressions du faciès et de postures corporelles. Le regard en alerte, les oreilles et les moustaches pointées vers l'avant, il tente d'identifier une odeur habituelle, un objet ou un son ; ses narines bougent légèrement s'il est un peu nerveux. Une fois reconnu et analysé, il lève la queue et s'approche, les pattes un peu raides, pour les présentations. Si le visiteur est un congénère, quelques frottements ou toilettages mutuels succèdent aux attouchements de nez préliminaires. Les adultes se saluent, puis se livrent à quelque jeu, simulant un combat ou s'amusant à se rattraper.

Si un congénère ou un chien inconnu menace un chat non agressif sur son propre territoire, celui ci se fige et fixe l'intrus, puis sa queue se balance doucement. Ses moustaches et ses oreilles pointées vers l'avant, le nez frémissant, il cherche à identifier le danger. Lorsque l'intrus se rapproche, le chat change d'attitude. L'extrémité de sa queue levée se penche, il rentre le menton et aplatit ses oreilles tout en se tournant doucement de côté. Peu à peu, les poils du dos et de la queue se hérissent, jusqu'à ce qu'il adopte une posture agressive.

Cette démonstration se poursuit si l'intrus s'avance et se montre menaçant. Le chat fait face à son ennemi, mais présente son corps de côté pour montrer une surface large et impressionnante. Les pattes postérieures sont tendues, disposées à bondir pour attaquer ou battre en retraite. Le poids de la partie antérieure du corps repose sur l'une des pattes avant, tandis que l'autre, toutes griffes dehors, est prête à frapper. Le chat rentre

Ci-dessus : *Le dos arqué et le pelage touffu de ce chaton ont un aspect belliqueux ; la queue est dressée d'une manière assurée et la partie postérieure du corps résiste, tandis que l'avant recule et que les poils se hérissent afin que le chat ait l'air plus imposant.*

Ci-dessous : *Recroquevillé au sol, ce chat n'est pas disposé à se soumettre : le menton rentré, les oreilles tournées présentant leur verso et les moustaches en avant, il est prêt à affronter le danger.*

Ci-contre : Un chat se frotte contre son maître à la fois pour lui souhaiter la bienvenue et pour lui laisser son odeur. Cet échange de parfums permet aux félins d'identifier ses amis.

Ci-dessous : Un chat marque son territoire en frottant ses glandes à sécrétions odoriférantes sur les arbres et les racines, ainsi qu'en urinant.

le menton pour protéger sa gorge, aplatit ses oreilles sur sa tête et étire ses babines, laissant apparaître les dents, tandis qu'il gronde furieusement.

Si le visiteur indésirable recule face au chat menaçant, ce dernier s'avance, fait claquer ses mâchoires et salive tout en grognant. Le danger disparu, le chat renifle la surface usurpée et urine, défèque ou fait ses griffes avant de retrouver son apparence et son calme.

Les signes d'agitation extrême sont faciles à reconnaître lorsqu'un chat se sent menacé. Les yeux écarquillés, il regarde rapidement d'un côté puis de l'autre, le corps ramassé, le menton rentré et les oreilles tendues de part et d'autre de la tête. Parlez-lui doucement. Si vous le touchez avant que ses yeux et ses oreilles n'aient retrouvé leur aspect habituel, il vous mordra ou vous griffera pour se défendre.

Les chats communiquent leur affection par des postures spécifiques. La queue, en particulier, est très expressive. Érigée, elle indique un sentiment de satisfaction, et parfaitement droite, un signe de bienvenue. Lorsque son extrémité bouge doucement de gauche à droite, le chat est content ; si elle cingle d'un côté puis de l'autre, en signe de grande contrariété, cela peut présager une agression. Un chat immobile, la queue en ligne droite, va presque certainement attaquer. Une queue dont tous les poils sont dressés ressemble à un goupillon, et si le pelage du corps est hérissé le chat paraît avoir doublé de volume.

Les chats heureux ronronnent souvent, pétrissant leur maître avec leurs pattes avant et imitant ainsi les minuscules chatons malaxant la mamelle pendant la tétée.

Les messages olfactifs

L'odeur d'un chat lui est propre et les signaux olfactifs de l'air ou des objets renseignent ses congénères sur son sexe, sa disposition à s'accoupler, son identité, le lieu d'où il vient et le temps écoulé depuis. Lorsque des amis se rencontrent, chacun laisse une trace odorante sur le corps de l'autre, aidant à éviter les confrontations. Un homme abandonne son parfum sur les chats qu'il caresse ; quand il entre dans une maison, son odeur indique à l'animal l'endroit d'où il vient.

Un chat laisse son odeur sur des objets en les frôlant de ses glandes sudoripares. Celles de la tête et de la queue servent au marquage. Il éprouve du plaisir à effectuer ce repérage avec son front et ses babines car il pétrit de ses pattes antérieures et ronronne en se frottant. Si un congénère ami a indiqué sa possession du même territoire, le chat bave et salive tout en poursuivant le marquage avec ses babines, frottant vigoureusement ses mâchoires et son menton sur les objets et se dressant même sur ses pattes postérieures pour se presser plus fort encore. Après avoir utilisé ses glandes temporales, il tourne sur lui-même pour achever sa tâche à l'aide des glandes de la queue. On observe ce comportement lorsqu'il s'enroule autour des jambes de son maître : il se penche et établit le contact avec son front et sa mâchoire latérale. Puis son corps frôle la même surface, suivi de la queue qui s'enroule autour d'une jambe pour la balayer de toute sa longueur.

Le marquage indique avant tout la revendication d'une zone précise. Le mâle émet quelques gouttelettes d'urine très odorante sur chacun des objets qui s'y prêtent, ponctuant ainsi le périmètre de son territoire : il inspecte un poteau ou un buisson, lui tourne le dos, lève sa queue puis, après deux ou trois mouvements de « pédalage » avec les pattes arrière, urine en hauteur avec précision. Parfois, il se retourne pour examiner sa signature ou la souligne en frottant sa queue et son arrière-train contre la surface humide. Ou il se retourne et renifle son marquage, puis gratte vigoureusement à l'aide de ses griffes.

Les femelles développent parfois la même habitude d'uriner, lorsque leur équilibre hormonal est perturbé par la pilule contraceptive ou si elles sont frustrees durant leurs chaleurs. Elles adoptent la position du mâle et dirigent leur urine vers l'arrière en un jet fin.

Chez le chat castré, une contrariété émotionnelle peut déclencher l'habitude d'uriner si l'arrivée d'un bébé, d'un chaton ou d'un chiot menace sa position au sein de la famille, ou à cause d'un nouveau meuble ou d'un tapis. Ceci est particulièrement ennuyeux s'il persiste à le faire à l'intérieur. Aucune urine ne ressemble à celle des mâles, d'odeur particulièrement désagréable, collante et difficile à nettoyer.

En cas de grande contrariété, il défèque et urine là où l'effet sera le plus dévastateur, au milieu d'un tapis ou sur les meilleurs coussins. Le lieu choisi est toujours bien visible et ce comportement va à l'encontre des habitudes du chat qui, après avoir vidé vessie et intestins, dissimule méticuleusement ses excréments.

Lorsqu'il inspecte les odeurs laissées par des congénères, un chat présente la réaction de flehmen, caractéristique, tirant ses babines et levant la tête afin que la moindre senteur parvienne jusqu'à l'organe de Jacobson ; ainsi, il la savoure, la teste et l'identifie.

Les territoires

Les chats sauvages occupent un territoire d'une taille correspond à leurs besoins de chasse. Si les proies y sont abondantes, il sera réduit. Les femelles défendent un noyau central tandis que les mâles ont un domaine plus vaste qui chevauche celui de plusieurs femelles. Les chats domestiqués, vivant en liberté et quémandant pour manger, chassant ou encore nourris par leur maître, n'ont pas besoin d'un grand domaine mais conservent un sens marqué du territoire. Les animaux de compagnie considèrent leur maison comme leur territoire ; ils le partagent avec la maisonnée, certaines zones stratégiques étant réservées à eux ou aux autres. Ils acceptent qu'on ne les tolère pas à certains endroits, qui coïncident avec le territoire de leur maître, et jetteront leur dévolu sur un fauteuil ou un coussin en particulier, sauf s'ils en sont délogés par un membre dominant du foyer.

En plein air, ils s'attribuent une superficie qu'ils défendent contre leurs congénères ; elle ne correspond pas forcément à leur maison ni leur jardin et englobe des lieux non contigus à leur résidence. Un nouveau venu dont le jardin est occupé, impuissant à en déloger son locataire, s'établira sur un territoire à plusieurs portes de là. Dans les zones très construites et sans jardin, un chat est réduit à un territoire ne dépassant guère le sommet d'un toit ou l'appui d'une fenêtre. Parfois, plusieurs chats se partagent certaines zones et la plupart des lieux de passages.

La chasse

Les chatons montrent les premiers signes d'un comportement de prédateur vers six semaines, lorsque la mère leur offre une proie ou des morceaux de viande. Elle appelle ses petits et palpe la nourriture avant de la manger devant eux. Ils s'exercent aux techniques de chasse, se servant de leurs frères et sœurs ainsi que de leurs jouets comme de proies factices :

Ci-contre : *Après avoir approché sa proie sans l'alerter, le chat attend patiemment en embuscade.*

Ci-dessous : Les chats domestiques se contentent de « jouer » avec leur proie car ils sont bien nourris, mais en raison de leur instinct marqué de chasseur, ils se livrent à cette activité.

En bas à droite : Un chat à la recherche de proies doit avoir tous ses sens en alerte.

Ci-contre : Certains chats deviennent d'excellents pêcheurs. Ils trempent une patte dans l'eau et jettent ensuite le poisson sur la rive.

ramassés sur eux-mêmes, ils bondissent et se livrent à des simulations d'attaques, mordant têtes et cous.

Même les plus paisibles partent occasionnellement à la chasse, sauf en cas d'embonpoint. Les chats bien nourris et en forme se livrent dès qu'ils le peuvent à cette activité, ingérant rarement leur proie mais considérant cette activité comme un sport plaisant. Ceux de ferme élevés pour tuer rats et souris sont plus efficaces s'ils sont bien nourris, moins susceptibles de souffrir des morsures de vermines. Si la plupart pratique cette activité en solitaire, plusieurs membres d'une même famille l'exercent parfois en commun.

Les chats chassent au coucher du soleil ou à l'aube, exploitant au mieux les conditions de faible luminosité. Leur ouïe aiguisée repère leur proie avant l'assaut final et meurtrier. Ils préfèrent chasser sur leur propre territoire défini avec soin ou dans leurs bosquets, bois et haies de prédilection s'ils vivent à la campagne. Utilisant moustaches, sourcils et touffes des oreilles, très sensibles, ils se faufilent à travers sous-bois denses et autres passages. Grâce à la douceur de leurs coussinets, griffes rétractées, leurs mouvements sont silencieux et agiles, et les muscles puissants de leurs membres postérieurs produisent le saut final de l'attaque. Les chats attrapent les proies entre leurs pattes avant, les griffes complètement sorties pour faciliter la saisie, et infligent une morsure meurtrière au niveau du cou.

Traquer les oiseaux nécessite une grande habileté et les volatiles sont moins souvent victimes de leurs assauts qu'on ne le pense. Le chat s'écrase au sol et rampe avec de longs mouvements fluides. Il maintient ses hanches et ses omoplates basses, au même niveau, et étire sa tête, oreilles aplaties. Lorsqu'il est à la bonne distance pour bondir, il s'arrête, bougeant rapidement ses hanches et sa queue, rassemblant ses forces avant de s'élancer. Brusquement il se rue, clouant sa proie au sol avec ses griffes. Sauf si sa mère le lui a appris, il ne sait pas tuer sa proie et diffère parfois sa mort pour s'essayer aux techniques de chasse. Si la victime tente de s'enfuir, le chat la jette, la palpe, l'attrape, la mord et joue avec

Ci-contre : *Les chats passent une bonne partie de leur temps à dormir et, tout comme les humains, possèdent une forme de repos léger et une autre de sommeil profond. En tout, ils occupent jusqu'à 60 pour cent de leur temps assoupis.*

pendant quelque temps avant qu'elle ne meure. Le chat est très éveillé et continuera de s'amuser avec ce petit corps longtemps après sa mort. Certains dissimulent leur proie sous un tapis ou un meuble avant de s'éloigner comme s'ils l'avaient oubliée. Puis se retournant et bondissant, ils glissent une patte pliée pour la sortir de sa cachette, dans une simulation de chasse. Lorsqu'ils la mangent, ils en dévorent souvent les entrailles, puis terminent ou non le reste. Les gros animaux, rats ou lièvres, durent longtemps car le chat dépouille la carcasse jusqu'au bout. Il ne mangera pas pendant deux ou trois jours. Quant aux petites proies – souris, oisillons –, il les ingère entièrement en quelques minutes en commençant par la tête. Il régurgite parfois les portions les moins digestes, comme la fourrure ou les plumes.

Chez le chat domestique, chasser et tuer sont des activités innées et un chat enfermé doit pouvoir compenser son manque. Un maître bien attentionné peut lui fournir jouets et divertissements. Balles en papier, ficelles, plumes et fausses souris remplies de cataires lui permettent de s'exercer et de simuler une chasse presque réelle, maintenant ainsi un lien avec son passé dans la nature.

Le sommeil

Les chats ont deux sortes distinctes de sommeil. Durant le sommeil très léger (petits sommes irréguliers de la journée), la pression artérielle reste normale et la température baisse tandis que les muscles sont légèrement tendus. Pendant le sommeil profond, ou paradoxal, la température monte, la pression diminue et les muscles se relâchent. Des enregistrements d'encéphalogrammes effectués pendant le sommeil léger montrent un diagramme caractéristique avec de petites vagues, tandis que ceux réalisés durant le sommeil paradoxal présentent des oscillations courtes et pointues. Au cours de ce dernier, les chats rêvent, ronronnant parfois, bougeant, secouant leurs pattes ou simulant avec leurs membres une course ou des sauts. Les lèvres font des mouvements de succion, la queue s'agite ou les oreilles remuent. On ne sait pas pourquoi ni à quoi ils rêvent, mais il est possible que les événements récemment vécus durant les heures d'éveil soient triés et les informations importantes stockées dans des registres de la mémoire.

Le sommeil paradoxal représente un tiers de l'endormissement total et un manque en la matière peut causer de graves maladies. Des expérimentations montrent que des chats privés de ce sommeil pendant plusieurs semaines présentent des rythmes cardiaques accélérés. Une fois les expériences terminées, les animaux dorment la majeure partie du temps, tentant de rattraper le manque, mais plusieurs semaines sont nécessaires pour que leur rythme cardiaque redevienne normal.

Les nouveau-nés passent la première semaine de leur vie en sommeil paradoxal, interrompu uniquement par de brefs moments d'éveil pour la tétée. Entre

***Ci-dessous :** Pour nettoyer leur tête, ils lèchent une patte et le membre antérieur correspondant afin de les mouiller, puis les passent sur le museau et les oreilles.*

***Ci-contre :** L'ossature flexible du chat lui permet de se tordre et d'utiliser sa langue pour se laver. Les félins passent environ un tiers de leur vie éveillée à leur toilette.*

une et quatre semaines, s'ils ont de plus longues périodes de lucidité, ils replongent directement dans le sommeil paradoxal sans phase transitoire. À quatre semaines, le développement des synapses dans leur cerveau terminé, ils ont des moments de sommeil léger.

Un chat dort n'importe quand, jour et nuit, dans n'importe quelle position. Assoupie, son ouïe est plus aiguisée que durant l'éveil et l'avertit du danger. S'il préfère les lits chauds et douillets, il se détendra sur n'importe quelle surface, même si elle nous semble inconfortable. Au réveil, il se livre à la même routine d'étirements et d'assouplissements, en particulier de la colonne vertébrale et des membres ; si le sommeil a duré longtemps, il sera peu disposé à faire de l'exercice pendant un moment et préférera boire ou s'occuper de sa toilette avant toutes choses.

Nettoyage et toilettage

La lumière et la chaleur sur le pelage stimulent le réflexe de toilettage. Il se sert de sa langue et de ses pattes, pouvant ainsi nettoyer la majeure partie de sa tête et de son corps. Sa langue est recouverte de minuscules bosses, les papilles, grâce auxquelles il arrache la chair des os avant de la pousser vers l'arrière de sa bouche. Elles lui servent pour laver et peigner son pelage. Le chat s'assoit et se lèche le museau et les babines, puis l'une des pattes jusqu'à ce qu'elle soit humide, et la passe au-dessus de sa tête, dans et autour de ses oreilles, au-dessus des yeux et sur les côtés de son museau. Il lèche de nouveau la même patte et poursuit jusqu'à ce qu'il se sente propre ; avec l'autre patte, il nettoie le côté opposé de la tête et du museau. Il lèche chaque épaule et chaque patte antérieure tour à tour, puis ses côtés et ses flancs, les pattes postérieures, les parties génitales et la queue.

Il mord pour enlever nœuds et chardons de son pelage ou entre ses doigts et retire la boue de ses coussinets. Les chats se nettoient mutuellement en signe d'affection, après un repas ou avant de s'installer ensemble pour dormir. Vers trois semaines, ils font leur toilette plutôt inefficacement. À six semaines, lorsqu'ils ingèrent des aliments solides, ils nettoient coussinets et museau, et lavent l'extrémité de leur queue après utilisation de leur litière.

Un chat refusant de se laver peut avoir des problèmes de bouche ; la première chose à faire est de rechercher la présence de tartre. Les femelles cessant de nettoyer leurs parties génitales ont peut-être des écoulements fétides ce qui, là encore, nécessite un examen. Quant aux mâles entiers qui présentent une surface graisseuse au niveau de la queue, ils souffrent d'un problème typique des reproducteurs : retirez la graisse avec de l'eau et du savon, puis maintenez la queue dans un état de propreté irréprochable.

De même qu'ils utilisent leur langue pour garder leur pelage propre, les chats se lèchent pour se sécher lorsqu'ils sont mouillés et, s'ils ont trop chaud, appliquent de la salive sur leurs poils, ce qui diminue leur température à mesure qu'elle s'évapore.

Problèmes comportementaux

Malgré les contraintes et les conditions plutôt anormales dans lesquelles vivent les chats de compagnie, seul un petit nombre se révolte contre la domestication ou montre un comportement étrange. Coups et traumatismes engendrent des troubles et un chat traité rudement deviendra déséquilibré et imprévisible ; un choc grave entraînera des réactions induisant collapsus du nerf crânien et mort. Ceci arrive aux animaux trop « humanisés », abreuvés de soins et d'affection ; l'attaque résulte d'une trop forte stimulation du système nerveux.

Un chat domestique est rarement agressif, sauf si on le tracasse ou le maltraite. Parfois, si un chat est violent lorsqu'on le touche, il réagit en fait à un autre danger : observant un chat menaçant ou encore un aspirateur bruyant au moment où son maître tente de l'attraper, pris de peur, il pense peut-être être attaqué. Cette réaction du mécanisme de défense complexe du félin est compréhensible.

Les médicaments et les additifs alimentaires peuvent provoquer un comportement inhabituel. Par exemple, l'acide benzoïque, conservateur utilisé sans aucun risque dans les préparations d'aliments pour chien, entraînera un état de nervosité chez le chat : sauvage, hystérique, très sensible à la lumière, il finira par développer de graves spasmes musculaires.

L'arrivée d'un chaton, chiot ou bébé dans la maison engendre la peur chez certains et un comportement antisocial chez d'autres. Outre le fait qu'ils urinent ou défèquent délibérément, certains refusent toute nourriture pendant plusieurs jours jusqu'à ce qu'ils tombent malades. D'autres font tomber et cassent méthodiquement les petits bibelots des rebords et des armoires, ou lacèrent les meubles aux surfaces tendres. Parfois, un chat perturbé se livre à une automutilation, léchant coussinets, flancs et queue, les dénudant jusqu'au sang. D'autres s'assoient et dépouillent le pelage de leur poitrine ou de leurs flancs. Un Siamois, jaloux et malheureux, placé dans une pension pour chats tandis que l'on décidait de son sort, a mordillé et coupé la moitié de sa queue en l'espace de cinq jours.

Ci-contre : *Les chats sont pleins de ressources pour attraper les choses qu'ils veulent. Extraire les aliments secs d'une boîte requiert la même habilité dont fait preuve un chat dans la nature pour faire sortir de petites proies réfugiées dans un trou.*

Ci-contre : *Pour un chat, les rideaux constituent une cachette ou encore à objet à attaquer ; si vous souhaitez protéger votre mobilier, orientez les jeux de votre protégé vers des succédanés moins fragiles.*

Les chats qui s'ennuient ou sont délaissés se livrent à un toilettage excessif, par exemple lors d'un long enfermement dans la cage d'une pension où tout stimulus est inexistant. Ils se lèchent jusqu'à dénuder certaines parties. Il arrive qu'ils sucent coussinets, queue ou mamelle arrière en ronronnant et pétrissant, régressant mentalement à l'état de chaton.

On rapproche l'autosuccion du fait de manger ou de sucer de la laine, attitude qu'on observe chez des chats bien équilibrés, en particulier certaines variétés de siamois. Accepter cette habitude et attribuer au chat son propre morceau de tissu à sucer constitue la solution de facilité. Si sa préférence va aux fibres artisanales, il en avalera une grande quantité, qui restera stockée dans l'estomac et les intestins, nécessitant une intervention chirurgicale.

Si des troubles sexuels se manifestent parfois chez le chat domestique castré, frustré par l'opération, d'une manière générale son comportement et sa santé s'améliorent nettement.

Les chats aiment adopter un comportement idiosyncrasique (réaction propre de chaque individu aux influences de divers agents extérieurs). Certains jouent avec l'eau, en particulier les robinets qui gouttent, et nagent même. D'autres sont assez intelligents pour utiliser les toilettes. Il existe des chats friands de neige et de glace, et d'autres qui ne sortiront jamais par temps de pluie. Certains se roulent sur le bitume froid et tapent aux fenêtres. Ils montrent que leur alimentation leur déplaît en la recouvrant, comme les déchets de leur litière. Enfin, ils boudent en tournant le dos à leurs maîtres si ceux-ci les ont agacés.

Quatrième partie :

Soigner son chat

CHOISIR SON CHAT

Les premières questions à vous poser avant d'adopter un chat vous concernent. Pourquoi voulez-vous un chat ? Êtes-vous prêt à consentir aux dépenses induites en termes de temps, d'efforts et d'argent ? Un chat peut vivre jusqu'à 14 ans, parfois 20 ans, et vous en serez responsable. Vous devrez lui fournir alimentation et toilettage, changer sa litière, payer les factures du vétérinaire, être disponible pour jouer et lui tenir compagnie, et trouver un remplaçant en cas d'absence. Si vous prenez beaucoup de vacances ou si votre travail demande de fréquents voyages, que ferez-vous de votre chat ? Si vous êtes prêt à accepter tout cela, le plaisir qu'il vous donnera vous récompensera largement. Réfléchissez ensuite à la possibilité de prendre non pas un mais deux chats si vous n'avez pas d'autres animaux pour lui tenir compagnie. Il sera plus heureux avec un ami, surtout si vous le laissez seul plusieurs heures. Deux chats élevés ensemble deviennent souvent inséparables. N'offrez jamais un chat ou un chaton à quelqu'un, à moins d'être sûr que la personne concernée le désire réellement et qu'elle est prête à fournir ce dont l'animal aura besoin tout au long de sa vie. Si ces considérations semblent évidentes, les organisations de protection doivent pourtant faire face à des milliers d'animaux abandonnés par des maîtres incapables de s'en occuper.

Où trouver un animal de compagnie ?

À moins de connaître un ami ou voisin avec un chat à la recherche d'un toit, le premier lieu à visiter est un refuge animalier. Nombre d'associations caritatives recueillant des animaux errants, non désirés ou confisqués à leurs propriétaires cruels, sont toujours à la recherche de foyers. Vous y trouverez chatons et chats adultes ; si vous voulez un animal placide, préférez un chat âgé, parfois plus difficile à reloger. Si le pedigree des chats de refuge est inconnu, on peut y trouver aussi bien des chats de gouttière que des chats de races très variées. En adoptant un animal de refuge, outre le fait d'avoir un compagnon, vous aurez la satisfaction de savoir que vous lui avez probablement sauvé la vie : nombreux sont les animaux indésirables qu'il faut endormir définitivement. Le refuge souhaitera peut-être contrôler que vous pouvez offrir à l'animal un foyer adapté et vous demandera une petite somme d'argent pour contribuer aux frais occasionnés.

Pour un chat avec pedigree, adressez-vous à un éleveur. S'ils n'ont que des chatons à vendre, ils sont souvent en liaison avec des amateurs de la race recherchée ou connaissent une personne avec un chat adulte en quête d'une maison d'accueil. Un concours constitue le meilleur endroit pour voir de nombreux chats et chatons de race. La plupart des grandes villes présentent au moins une fois par an de tels événements, pour lesquels elles

***À gauche :** Tous les chatons sont adorables, mais vous devez faire votre choix ou laisser le chaton le faire pour vous. Si vous optez pour un animal aussi jeune, attendez qu'il soit entièrement sevré avant de le ramener chez vous. Si vous ne possédez aucun autre animal pour lui tenir compagnie, et en particulier si vous êtes dehors à longueur de journée, envisagez d'en prendre deux.*

***Ci-dessous :** Lorsque vous rendez visite à un éleveur pour voir ses chatons, inspectez l'ensemble de la chatterie. Dans quelles conditions les chats sont-ils gardés ? Tous les animaux ont-ils l'air sain et en forme ?*

font beaucoup de publicité. C'est l'occasion d'observer différentes races et de prendre contact avec des éleveurs, enchantés d'expliquer les vertus de leurs races de prédilection, mais pas forcément objectifs. Un vétérinaire vous mettra en relation avec des éleveurs locaux si vous avez des difficultés à en trouver.

Les animaleries vendent de nombreux chats. Les meilleures n'ont pas les animaux dans leurs locaux mais arrangent l'achat auprès d'éleveurs réputés. Pour un chat, une cage dans un magasin ne constitue pas un environnement adéquat. On se laisse facilement attendrir par un chaton plaintif devant la devanture d'une boutique ou on souhaite en sauver un autre qui a l'air malheureux, mais l'acheter signifie qu'il sera remplacé par un autre animal tout aussi triste ; en outre, il est peut-être fragile, maladif ou présente des troubles du comportement. Un chaton mal nourri, privé de protéines essentielles, de vitamines et de minéraux les premières semaines de sa vie, peut ne jamais se développer correctement. De nombreux soins et des frais de vétérinaire conséquents n'empêchent pas des chatons de mourir de gastrite ou d'entérite non décelée, peu après leur installation dans leur nouvelle maison, et ce au plus grand désarroi de leurs maîtres.

Avant l'achat, observez le chat dans son environnement. Cette précaution ne permet pas toujours de juger de son caractère, mais vous évaluerez au moins l'hygiène de l'établissement et la qualité de l'élevage. Vous verrez un chaton au contact de ses frères et sœurs, de sa mère ou encore de proches. Cela vous renseignera sur son caractère vraisemblable et vous permettra de choisir votre favori dans une portée. Certains sont calmes et austères, d'autres de véritables pitres extravertis. Vous les reconnaîtrez au sein d'une portée. Une maisonnée bruyante et affairée, avec de jeunes enfants et d'autres animaux, ne conviendra pas à un chaton timide et sensible, tandis qu'un petit animal espiègle sera trop vivant pour un foyer tranquille et paisible.

Chat de race ou animal de compagnie ?

Un élégant chat à une exposition ou un chaton semblable à une peluche dans un refuge animalier séduiront le véritable amateur de chat. Le choix final dépend uniquement de vous.

Les chats de race ne sont pas plus affectueux, plus intelligents ou encore plus indisciplinés que les autres et leur beauté est une affaire de goût personnel. Certains ont un caractère particulier : les siamois et les orientaux sont plus demandeurs et plus impliqués dans la vie de leurs maîtres que les persans, par exemple. Le caractère dépend également des maîtres et de l'éducation. Certaines lignées montrent des traits de personnalité spécifiques que vous remarquerez en observant les animaux chez eux. Souvent, vous serez simplement attiré par leur apparence. Souvenez-vous que les poils longs requièrent davantage de soins et causent plus de problèmes en cas d'allergie. Les orientaux en perdent peu et chez les rex et les sphinx la chute est encore plus minime. Un brossage régulier réduira les chutes.

Avec un chaton de race, vous aurez une idée de son aspect à l'âge adulte. Certains sont chers, en particulier s'ils sont rares et très demandés. Si vous ne souhaitez pas faire d'élevage, vous trouverez des chatons d'une qualité moindre que celle nécessaire pour les concours et moins onéreux. Vous pouvez choisir un chaton croisé issu d'un accouplement accidentel ou ne convenant pas pour l'élevage. Dans ce cas, l'éleveur insistera pour que l'animal soit opéré afin que vous ne commenciez pas à votre tour un élevage.

Chaton ou adulte ?

Si beaucoup préfèrent les chatons, ce choix n'est pas toujours le plus judicieux. Un petit a besoin de repas à intervalles tout au long de la journée et sera effrayé par une famille bruyante. Le tempérament d'un chat plus âgé est facile à percevoir et tout trait de caractère désagréable déjà visible. Pour une personne âgée ou avec peu de temps, un chat adulte est plus facile à satisfaire.

Mâle ou femelle ?

Pour un élevage, vous avez le choix entre avoir des chatons ou juste un chat reproducteur. Si vous souhaitez un animal de compagnie, il faut le faire castrer et la question du sexe importe peu. Les mâles deviennent un peu plus gros et agressifs que les femelles ; mais avec un animal castré vous constaterez peu de différences – guère plus que les variations habituelles d'un chat à un autre.

Le choix du chat ou du chaton

Le chat doit être propre et en bonne santé, avec un corps ferme et svelte. Sa colonne vertébrale et ses hanches sont bien garnies mais son ventre n'est pas proéminent (signe de la présence de vers). Les yeux sont clairs et vifs, sans traces d'écoulement, et la troisième paupière n'est pas visible dans le coin interne de l'œil. L'oreille est propre, dépourvue de taches internes et de granulés noirs indiquant la présence de mites. Les poils sont doux, propres et non collés ; lorsqu'on les écarte derrière les oreilles et à la base la queue, il ne doit pas y avoir de minuscules grains noirs et ronds (excréments de puces). Pour un chaton, vérifiez qu'aucun écoulement ne sort des narines et que les dents et les gencives sont propres et saines. Enfin, assurez-vous qu'il n'y a pas de salissure jaunâtre sous la queue, ce qui indiquerait que l'animal souffre de diarrhée.

Si le chaton réussit tous ces tests, vous pouvez le ramener chez vous en toute tranquillité. Dans le cas contraire, laissez-le dans son environnement familier pour qu'il soit traité.

Un éleveur fiable sera d'accord pour qu'un chat à vendre soit examiné par un vétérinaire. Il peut souhaiter que vous prouviez votre aptitude en tant que nouveau propriétaire. Assurez-vous que le petit est sevré et, dans le cas d'un chaton plus âgé ou d'un adulte, immunisé.

Les chats errants

Si vous avez trouvé un chat abandonné, tentez de retrouver ses propriétaires, peut-être affligés par sa perte. En l'absence de tatouage ou de puce d'identification, informez les autorités compétentes pour le cas où il serait porté disparu. Le problème est que vous ne savez absolument rien à son sujet ; mieux vaut donc vérifier auprès d'un vétérinaire qu'il n'a pas de problème et, si nécessaire, le faire castrer.

Ci-dessous, à gauche : *Chez un chaton femelle, la vulve est une fente verticale pratiquement reliée à l'anus, en forme de « i ».*

Ci-dessous, à droite : *Chez un chaton mâle, la pointe du pénis est dissimulée dans une ouverture située à 1 cm au-dessous de l'anus, les poches du scrotum figurant entre les deux.*

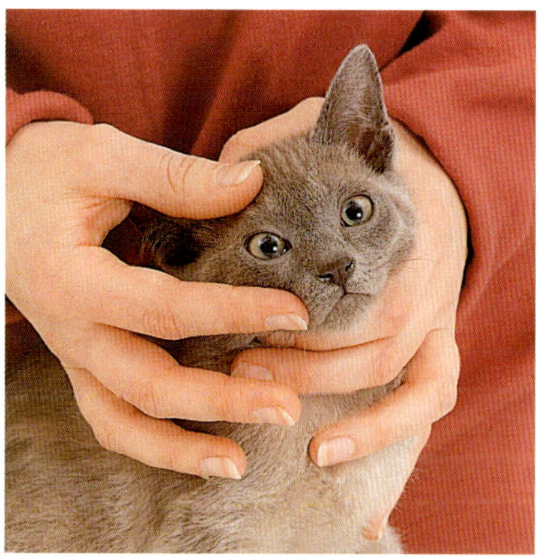

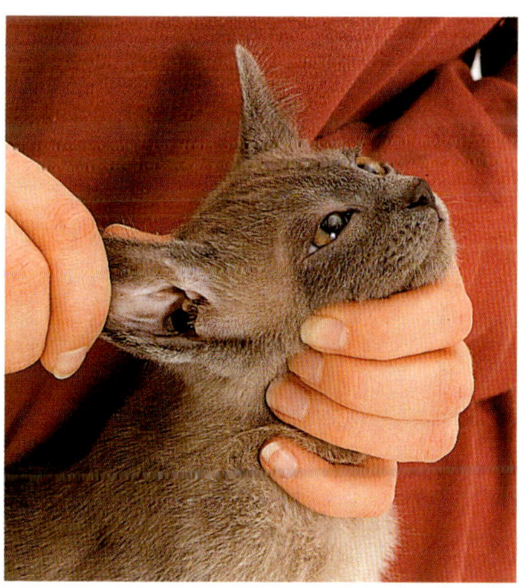

À gauche, en haut : *Inspectez l'intérieur de la gueule. Les gencives doivent être saines, d'un rose pâle, les dents propres et blanches, et l'haleine dépourvue d'odeur.*

À gauche, au centre : *Les yeux doivent être vifs et propres, sans écoulement. Il ne faut pas que la troisième paupière soit visible et que les narines présentent écoulements ou obstructions.*

À gauche, en bas : *Vérifiez que les oreilles ne présentent pas de dépôt de cérumen ni d'écoulement. Des bouts de cérumen sombres peuvent indiquer la présence de mites d'oreilles.*

Ci-dessous : *Si vous avez opté pour un chaton de race, observez bien la chatterie ainsi que ses pensionnaires. Cela vous donnera une bonne idée de l'hygiène et des soins administrés à l'élevage.*

Accueillir un nouveau chat

Aucun chaton ne doit quitter sa mère avant d'être sevré. Si vous l'achetez lors d'un concours, ne le ramenez pas directement chez vous. De telles exhibitions exigent beaucoup du petit et, en raison de sa baisse de résistance, il peut développer une infection mineure. Mieux vaut laisser une avance d'argent et récupérer l'animal quelques semaines plus tard. Cela vous donnera le temps de faire des préparatifs pour l'accueillir. La transition d'une maison à l'autre doit se passer tranquillement pour éviter tout stress inutile.

Il vous faut un panier fiable pour le transport. Ne laissez pas le chat en liberté dans une voiture ou un transport public. Les paniers existent en osier, en plastique, en grillage ou en carton. De bonne qualité, il durera plusieurs années et vaut l'investissement ; achetez-en donc un suffisamment grand pour contenir un chat adulte. Ceux en carton bon marché ont l'avantage d'être jetables. Ceux en plastique ou en métal recouvert de plastique sont faciles à laver, pour une bonne hygiène.

Garnissez le fond de plusieurs couches de papier journal recouvertes d'un vieux pull ou d'un morceau de couverture chaude. Si le panier comporte des ouvertures, entourez-les de papier, en particulier par temps froid. Pour un chaton, ajoutez une bouillotte en caoutchouc sous la couverture. Si le chat enfermé proteste, n'ouvrez la porte en aucun cas. Dans une voiture, si vous êtes passager, parlez-lui et rassurez-le pendant tout le trajet.

Assurez-vous que l'éleveur ou l'ancien propriétaire vous a communiqué toutes les informations nécessaires sur son régime alimentaire habituel, de préférence par écrit, et que son certificat de vaccinations (s'il a été immunisé) comporte les dates, les types des vaccins et, le cas échéant, le pedigree et le certificat d'enregistrement.

Pour un élevage ou un chat de concours, procédez aux arrangements nécessaires avec l'éleveur pour effectuer officiellement le transfert de propriété et enregistrer l'animal, si cela n'a pas encore été fait.

METTRE UN CHAT À SON AISE

Ci-dessous : *Il s'agit ici d'une panière traditionnelle pour chat, mais une boîte en carton fera tout aussi bien l'affaire. Placez-la dans un endroit calme et non dans un lieu de passage fréquenté.*

À droite : *Un poteau à gratter permet au chat de faire ses griffes sans endommager votre mobilier. Assurez-vous qu'il restera stable lors de son utilisation.*

Avant l'arrivée du chat, quelques préparatifs sont nécessaires. Fabriquez un lit chaud pour qu'il puisse se reposer et dormir. Si un chat adulte possède une panière, demandez à l'emporter : il constituera un support familier que vous remplacerez lorsque le chat se sera acclimaté. Pour un chaton, mieux vaut une robuste boîte en carton qu'un panier en osier. Ses solides côtés le protégeront des courants d'air et vous la jetterez une fois souillée. Doublez-la d'une grosse épaisseur de papier journal recouverte d'une couverture, que le chat repoussera sur les côtés pour former une sorte de nid dans lequel il se recroquevillera pour dormir. C'est un refuge duquel il partira en exploration ou dans lequel il se retirera s'il se sent menacé.

Procurez-lui des toilettes peu profondes. Utilisez la litière à laquelle il est habitué, puis remplacez-la par une marque ou celle que vous préférez, une fois le chat familiarisé avec ses nouvelles toilettes.

Il a besoin d'une écuelle, d'un bol ou d'une soucoupe, et d'aliments familiers. Plus tard, vous essaierez une autre nourriture pour varier son menu.

Les chats s'exercent à étirer leurs griffes et en retirent les pointes émoussées ; fournissez-lui un morceau de bois pour ces activités. Ne le posez pas simplement sur le sol mais fixez-le verticalement. Certains petits poteaux spéciaux, dans le commerce, sont recouverts de moquette, ce qui risque d'inciter le chat à utiliser n'importe quel tapis dans le même but. Dehors, un chat griffera des troncs d'arbres, s'étirant et raclant avec délice.

Enfin, les chatons ont besoin de jouets et de nombreux adultes les apprécient. Une boîte en carton constituera une caverne fantaisiste que les chatons adoreront escalader. Dans chacun des côtés, découpez des trous de la taille du chaton et placez-y quelques jouets. Les petits se plairont à y plonger et à en ressortir. De nombreux jouets pour animaux sont en vente dans le commerce ; évitez ceux dotés de longs cordons ou d'élastiques, d'yeux en verre, de petites clochettes ou d'élément susceptible d'être mâchonné et avalé par un chaton dont les dents poussent. Ustensiles tout simples, boules en papier froissé ou balles de ping-pong, bobines de fil, plumes et souris rudimentaires en tissu : autant d'objets qui lui donneront du plaisir et l'inciteront à jouer. Cette activité contribue au développement de ses muscles et aiguise ses réflexes. Si, dans son ancienne maison, le chat a des petits jouets qu'il apprécie, récupérez-les car ils sont imprégnés de son odeur.

À terme, si votre chat peut sortir, installez-lui une chatière pour qu'il puisse aller et venir à sa guise. Ne le laissez pas tant qu'il n'est pas habitué à sa demeure et mieux vaut attendre trois ou quatre mois avant de lui apprendre à s'en servir. Un bon volet de chatière doit être lesté afin qu'il ne se balance pas sous l'effet de la brise, et doté d'un loquet pour empêcher le chat de sortir. Certaines chatières

ont une fermeture magnétique actionnée par un petit aimant situé sur le collier, évitant ainsi tout animal étranger de pénétrer.

L'arrivée du chat

Un nouveau venu, en particulier un chaton affecté par l'absence de sa mère et de ses compagnons de portée, doit recevoir beaucoup d'attention à son arrivée dans son nouveau foyer, mais s'il désire rentrer dans sa boîte, ne l'importunez pas. Cantonnez-le à la pièce où se trouvent sa panière et son bac à litière, afin qu'il trouve ses marques. Montrez-lui sa litière et grattez dedans pour qu'il en comprenne le but. Offrez-lui un repas, puis indiquez-lui de nouveau le bac. Dans le cas d'un chaton, placez-le dessus pour lui apprendre à s'en servir. Laissez-le explorer les environs à son propre rythme, en vous assurant que la voie reste libre s'il veut opérer une retraite vers son panier. Veillez à ce qu'il n'y ait aucune fenêtre ou cheminée ouverte, fils électriques pendant des lampes, bocal à poisson non recouvert ou encore attrape-mouches imprégnés de produit, autant de dangers pour un chaton en exploration.

Si d'autres animaux domestiques sont déjà dans la maison, prodiguez-leur beaucoup d'attention afin qu'ils ne sentent ni leur sécurité ni leur statut menacés par le nouveau venu. Prenez quelques objets de leur couchage ou même un peu de litière souillée et frottez-les sur le chaton pour lui transmettre leur odeur avant la rencontre. Nourrissez-les séparément et ne les laissez pas seuls tant que les chats crachent et soufflent quand ils se voient. Pour un adulte, une semaine ou plus sont nécessaires pour qu'il tolère un chaton, même si ce dernier se montre amical. Il est rare qu'un chat ne finisse pas par en accepter un autre, quelles qu'aient été ses toutes premières réactions.

La plupart des animaux tolèrent les jeunes d'une autre espèce, mais si vous avez un chien jaloux, il peut attaquer le nouveau venu, même un minuscule chaton. Faites les présentations en plusieurs étapes et ne les laissez pas seuls avant qu'ils ne soient devenus amis. Servez toujours la nourriture du chat séparément de celle du chien. Donnez les repas en enfermant les animaux dans des pièces séparées, ou bien à des niveaux différents, celui du chien au sol et celui du chat en hauteur.

Une fois que le chat se sent chez lui, installez lit et bac à litière à leur emplacement définitif ; si vous possédez d'autres animaux de compagnie, peut-être voudront-ils dormir ensemble. Quoi qu'il en soit, réservez toujours au chat son propre territoire.

Ci-dessus, à droite : *Pour un chat autorisé à sortir, une chatière vous évitera d'ouvrir continuellement la porte d'entrée. Bloquez-la en position ouverte le temps que le chat apprenne qu'il s'agit là d'une voie pour entrer et sortir.*

Ci-contre : *Un bac à litière est un élément indispensable, même si vous vous proposez de laisser sortir votre chat. Les récipients avec couvercle empêchent la litière de s'éparpiller à l'extérieur.*

NOURRIR UN CHAT

Lorsque le chat a opté pour un régime carnivore, il a perdu sa capacité à digérer et assimiler toute alimentation végétale. Il ne peut pas vivre avec un régime pauvre en protéines et a besoin de viande chaque jour, en quantité proportionnelle à sa taille. Il ne digère les glucides que s'ils sont cuits (biscuits, produits à base de pain et de racines bouillies). Il lui faut aussi beaucoup de vitamine A pour maintenir le fonctionnement des cellules de son organisme normal, mais moins de vitamine D que pour les chiens ou les hommes. Les vitamines du groupe B sont importantes pour l'entretien du système nerveux central.

Les aliments naturels produisent de grandes quantités de calcium et de phosphore, indispensables à la croissance osseuse. En revanche, les préparations pour animaux de compagnie en sont parfois dépourvues. Les symptômes d'une déficience apparaissent sous forme de fractures ou de déformations osseuses, en particulier chez les chatons de quatre à six mois. Les chats mâchent souvent de l'herbe, qui leur apporte l'acide folique nécessaire à leur bien-être et absent des régimes alimentaires à base de viande cuite.

Après la digestion, la nourriture est soumise au processus d'oxydation dans l'organisme, ce qui libère de l'énergie. Celle-ci se mesure en unités de chaleur appelées calories. Chez les chats en bonne santé, le nombre des calories requises équivaut à celui que son organisme utilise chaque jour. Si l'équilibre reste stable, l'animal est sain et en bonne condition physique, avec un poids constant. Un chat insuffisamment nourri perd peu à peu du poids et de l'énergie à mesure que son organisme tire sur ses réserves de graisse et de protéines pour combler ses carences.

Selon ses activités, la femelle consomme 200 à 250 calories par jour, contre 250 à 300 calories pour le mâle. Les chatons ont besoin de davantage de calories, selon leur poids, car leur croissance est rapide, leur petit corps soumis à davantage de perte de chaleur et leurs besoins en énergie croissants.

Donnez une alimentation variée et découragez tout comportement difficile face à une nourriture particulière : si une marque disparaît du commerce, les chats qui en sont dépendants en souffriront. Les carcasses de viande sont pauvres en calcium, en vitamine A et en iode ; un régime basé uniquement sur ce type d'aliment générera de l'ostéoporose ou « friabilité des os ». Une quantité excessive de foie provoquera un excès de vitamine A, avec des excroissances osseuses au niveau des articulations et de la colonne vertébrale, rendant les mouvements douloureux. Trop d'huile de foie de morue aura le même effet.

Vous pouvez servir la viande cuite, en boîte ou crue. Dans ce dernier cas, elle doit être propre à notre consommation. Lavez-vous toujours les mains après l'avoir manipulée et avant de toucher quoi que ce soit d'autre. La cuisson détruit de nombreuses vitamines, qu'on remplacera par des suppléments alimentaires.

Le lait est riche en protéines et certains chats le tolèrent tandis que d'autres ne digèrent pas le lactose, qui entraîne chez eux de graves diarrhées persistantes. De nombreux éleveurs utilisent du lait en poudre et donnent un supplément en calcium aux femelles gravides ou allaitantes. Dilué avec une quantité équivalente d'eau chaude, il convient à la plupart mais si des diarrhées apparaissent, supprimez-le. Complétez le régime alimentaire de l'animal en calcium par le biais d'additifs spécifiques ou de farine d'os stérilisée.

Versez tous les jours de l'eau dans un bol propre.

Les préparations alimentaires pour animaux domestiques

La qualité de la nourriture en boîte varie et de nombreuses sortes très onéreuses sont plus adaptées aux goûts de l'ache-

Ci-contre : *Assurez-vous que le récipient contenant la nourriture ne risque pas de se renverser facilement et qu'il est pratique à nettoyer.*

teur qu'à ceux du chat ; quoi qu'il en soit, celle vendue par les principales marques est équilibrée. Les vitamines perdues lors de la cuisson sont remplacées et les ingrédients soigneusement sélectionnés avant d'être préparés dans des conditions d'hygiène et d'efficacité scrupuleuses.

Vous trouverez des aliments secs complets, qui contiennent tout ce dont un chat a besoin pour rester en bonne santé. Les chats nourris ainsi recevront seulement un tiers de nourriture en boîte ainsi que de grandes quantités d'eau. Assurez-vous qu'ils boivent. Une pincée de sel dans leur alimentation les incitera à laper. Les chatons sevrés avec des aliments secs absorbent des quantités d'eau adéquates et se portent bien ; les chats plus âgés, qui adoptent un tel régime plus tard dans leur vie, sont parfois trop paresseux pour boire suffisamment et risquent des problèmes de santé. Les aliments secs aident à conserver des dents saines, mais certains chats deviennent rapidement dépendants de leur marque favorite.

Un régime varié

Composez un régime diversifié pour un chat moyen avec des besoins hebdomadaires entre 1 400 et 1 800 calories. Voici quelques suggestions d'aliments variés pour une semaine.

1. 7 petites boîtes d'aliments pour chat et 600 ml de lait ;
2. 450 g d'aliments secs et 300 ml de lait ;
3. 900 g de lapin, 225 g de foie et 450 ml de lait ;
4. 450 g de bœuf, 450 g de rate, 225 g de poisson gras et 300 ml de lait ;
5. 4 boîtes pour chat, 112 g d'aliments secs, 25 g de poisson blanc et 350 ml de lait.

Quand le nourrir ?

Les animaux de compagnie se portent bien avec un repas quotidien, mais deux repas par jour renforcent les liens, constituent une distraction et, dans une pension, l'aident à oublier la routine. Quelle que soit la solution adoptée, réduisez peu à peu le nombre de repas. Pour les femelles gravides et allaitantes, donnez trois, voire quatre repas quotidiens. Il ne s'agit pas là de règles d'or, mais pour un animal adulte le premier repas de la journée peut comporter 57 à 85 g de lait, avec quelques gouttes d'huile de foie de morue deux fois par semaine, et celui du soir 170 à 255 g d'aliments variés en boîte ou frais, en fonction de la taille et du poids. Si votre protégé souffre d'un excès ou d'une insuffisance de poids, perd ses poils, a mauvaise haleine, présente une peau desquamée ou des griffes déchirées, son régime alimentaire est peut-être à mettre en cause. Stérilité, mouvements incertains, comportement névrotique et sensibilité à la lumière : autant de réactions qui résultent d'une alimentation inadéquate ou carentielle. Un examen approfondi et la liste détaillée du régime aidera le vétérinaire à identifier le problème.

Ci-contre : *Les chats mangent de l'herbe, source d'acide folique qui, en tant que matière cellulosique, peut l'aider à régurgiter les pelotes de poils.*

Guide alimentaire

Âge	Masse corporelle (kg)	Besoins alimentaires quotidiens (g)	Nombre de repas quotidiens
Nouveau-né	0,12	28	10
5 semaines	0,45	85	6
10 semaines	0,9	141	5
20 semaines	2	170	4
30 semaines	3	198	3
Mâle adulte	4,5	241	1
Femelle gravide	3,4	241	2–3
Femelle allaitante	2,5	396	4
Chat castré	4	184	1

SOINS GÉNÉRAUX ET APPRENTISSAGE

Le chat domestique doit accepter les limites de la vie quotidienne et obéir aux règles de partage dans la maison de ses maîtres, qui assumeront la responsabilité de son bien-être et de sa protection. De même qu'ils lui fournissent le gîte et le couvert dans un environnement sûr, ils doivent le toiletter et vérifier ainsi sa condition physique, en surveillant tout changement de comportement, symptomatique de problèmes éventuels. Les vaccinations se font périodiquement et vous pouvez envisager la castration, tâche certes peu plaisante ; enfin la plupart des soins concernant le chat doivent devenir une habitude. Cela suppose inévitablement des factures de vétérinaire à payer. De nombreuses sociétés proposent diverses assurances couvrant ces frais. Elles peuvent être intéressantes, mais examinez-les au préalable et comparez l'étendue de leur couverture.

Tatouages d'identification et puces électroniques

Tous les chats sortant au grand air doivent être identifiables. On leur mettra un collier doté d'un médaillon avec son identité et d'une section élastique, ou conçu pour se rompre facilement (s'il s'accroche à une petite branche, il risque d'étrangler l'animal). Un collier devenu lâche après une perte de poids si le chat est resté prisonnier quelque part sans nourriture, peut aussi être à l'origine de blessures : une patte coincée dans le collier laissera le chat avec une coupure au niveau du haut de la jambe. Au lieu du collier, ou mieux, en complément, insérez une micro-puce sous la peau. Elle comporte un numéro d'identification personnel sous lequel le chat est enregistré ; un appareil détenu par les vétérinaires permet de le décoder. L'insertion n'est pas douloureuse, n'a aucun effet sur le chat et garantit son identification, même sans collier ou s'il a été volé.

Les vaccinations

Tous les chats doivent être vaccinés contre la panleucopénie infectieuse féline, la leucose virale féline et deux virus respiratoires, la rhino-trachéite virale féline et le calcivirus félin. On effectue l'ensemble des vaccins le même jour, avec les premières piqûres entre neuf et douze semaines, et la deuxième injection trois semaines plus tard, avant un rappel annuel. Procurez-vous un carnet de vaccination.

Les pratiques vétérinaires et les types de vaccins varient, certains ne nécessitant qu'un rappel tous les deux ans ; conformez-vous aux conseils du spécialiste consulté. Il existe des maladies terribles et tous les chats ont besoin d'en être protégés. Les animaux de concours et ceux en chatterie sont particulièrement exposés à de tels risques et leur admission dans l'un ou l'autre de ces lieux est conditionnée par la présentation d'un certificat de vaccination en règle. Ne vous fiez pas à une pension si elle ne vous le demande pas.

La castration

Il est préférable de faire castrer son chat afin d'éviter tous chatons indésirables. Dans le cas d'une femelle, si vous souhaitez qu'elle ait une portée et êtes sûr de pouvoir placer les petits dans des foyers dignes de confiance, faites-la opérer après une première grossesse. Les femelles entières non autorisées à s'accoupler feront tout pour s'échapper. Leur frustration débouchera sur des problèmes de comportement et, parfois, de santé. Les mâles reproducteurs restent enfermés dans leur chatterie, mais les mâles entiers en liberté développent rapidement des attitudes asociales : ils marquent leur territoire de leur urine, se battent et crient toute la nuit.

La castration des mâles est une opération simple, au cours de laquelle on retire les testicules par une petite incision dans le scrotum et qui ne requiert pas de points de suture. Effectuée à six mois, elle peut toutefois se faire à n'importe quel âge après quatre mois et n'a aucun effet dommageable, même chez les vieux mâles rompus aux combats.

Une femelle à qui on retire les ovaires et l'utérus est dite stérilisée. Cette opération a lieu sous anesthésie générale, la région concernée étant rasée et nettoyée pour éviter toute infection. Aux États-

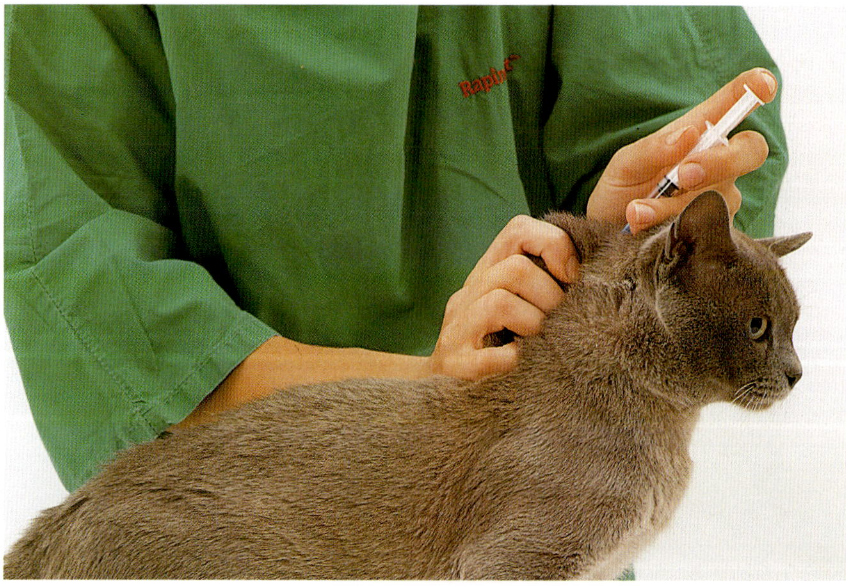

Ci-contre : *Tous les chats devraient être vaccinés contre les principales maladies infectieuses félines et recevoir des rappels annuels. Il s'agit là d'une procédure simple non douloureuse pour l'animal.*

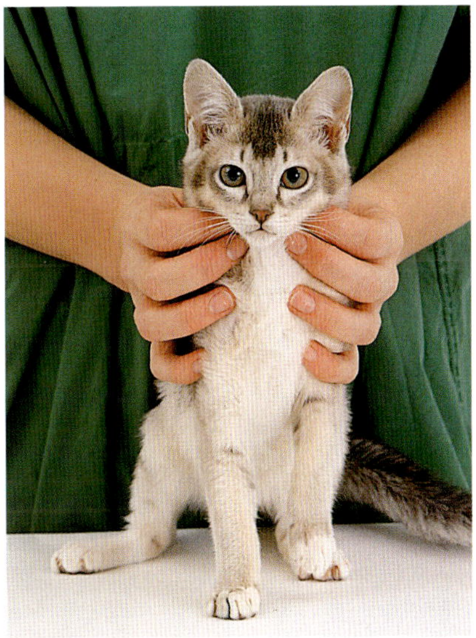

Ci-contre : Vous pouvez juger de la santé et du bien-être général de votre chaton par un examen physique.

Ci-dessus : Un bac recouvert évitera que le chat n'éparpille la litière lorsqu'il gratte pour dissimuler ses excréments. Le couvercle se retire, ce qui permet de changer facilement la litière.

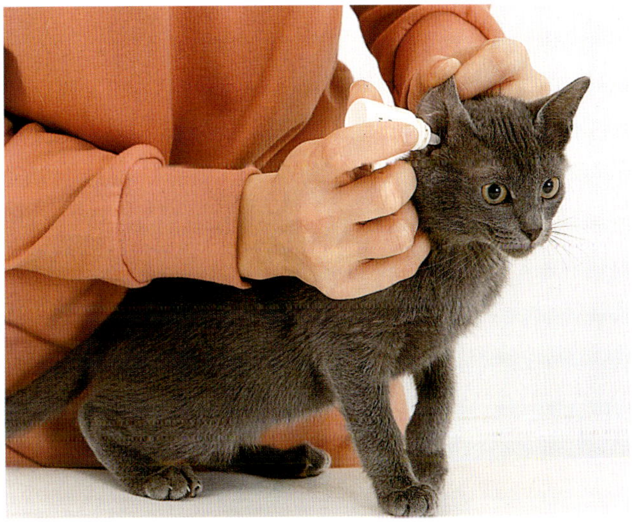

Ci-contre : Lorsque vous administrez des gouttes dans les oreilles de votre chat, maintenez-lui la tête en douceur, puis frottez à la base des oreilles pour faire pénétrer les gouttes. Pour les gouttes dans les yeux, procédez avec la même minutie, en veillant à ne pas tenir la bouteille trop près des globes oculaires.

Ci-contre : Votre inspection régulière doit inclure dentition et gueule. Les chatons perdent leurs premières dents à partir de cinq mois environ.

Unis, on pratique une incision sur une ligne médiane (au centre de l'abdomen, du nombril vers les pattes postérieures) ; en Europe et en Australie, elle se fait sur le flanc. Une fois les organes retirés, on referme par deux ou trois points de suture, enlevés au bout d'une semaine.

Il est possible d'opérer une femelle à n'importe quel âge à partir de quatre mois, mais jamais lorsque la femelle est en chaleur (sauf pour des raisons vitales) car ses organes sont plus dilatés et les risques encourus importants.

Douze heures avant l'opération, les chats ne doivent absorber ni nourriture ni liquide ; la plupart se remettent à jouer, manger et boire quelques heures après. Les chattes ayant subi une incision en ligne médiane ont besoin d'un peu plus de temps, 48 heures environ. Souvent, on repousse un peu la castration des chats de race ou d'exposition afin de permettre leur développement complet.

Les bacs à litière

Dans le commerce, vous trouverez toute une gamme de bacs à litière, certains avec un couvercle empêchant la litière de s'éparpiller tout autour, d'autres avec des filtres pour évacuer les liquides. Il existe tout un assortiment de litières de marque, quelques-unes permettant de réduire l'odeur. Disposez des copeaux de bois ou du papier déchiré sous la litière pour diminuer la quantité utilisée. Changez-la fréquemment et lavez le bac avec un

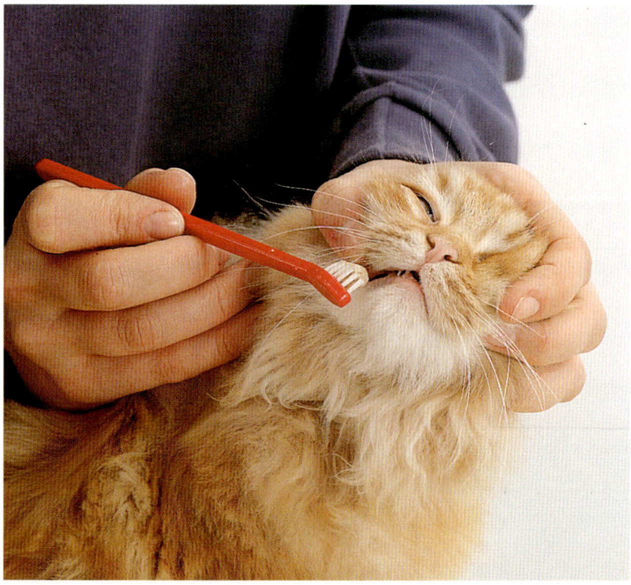

Ci-contre : Un brossage à l'aide d'un dentifrice spécifique pour chat aide à prévenir la formation de tartre sur les dents. Habituez l'animal à la brosse avant de l'utiliser dans sa gueule.

produit ménager doux et dilué ou un désinfectant non nocif pour le chat, sans phénol (comme le Lysol). Stérilisez le bac à l'eau bouillie. Lorsqu'un chaton quitte sa mère, il doit savoir se servir de ses toilettes. S'il ne le fait pas correctement, vérifiez qu'il ne s'agit pas d'une protestation face à une litière sale.

L'examen corporel

Lorsque vous connaîtrez bien votre chat, vous remarquerez vite toute claudication, maladresse de mouvement, difficulté à uriner ou à déféquer, ou comportement inhabituel : autant de signes nécessitant un examen rapide pour en trouver la cause. Pendant le toilettage, recherchez les traces de blessures ou d'infestation et pratiquez un examen plus complet au moins une fois par semaine.

Assurez-vous que l'intérieur des oreilles est propre, sans tache, et légèrement humide. Nettoyez le cérumen grisâtre à l'aide d'un coton tige. Si l'oreille comporte de nombreux poils internes, le cérumen peut constituer un bouchon tout autour. Retirez-le avec du coton humecté à l'eau chaude et au savon pour bébé. Ne faites pas ruisseler l'eau dans l'oreille et ne touchez jamais le canal auditif.

Des substances noires ou brun foncé d'aspect sablonneux indiquent la présence de mites des oreilles. La poussière rentre facilement dans les oreilles des chatons qui nécessitent donc un nettoyage régulier. Apprenez-leur à apprécier ce moment en l'incluant dans le toilettage, avant le repas.

Habituez votre chat aux examens de bouche, nécessaires chez les chatons pour vérifier que leurs dents définitives poussent correctement et que leurs dents de lait tombent. Si un petit refuse toute nourriture, c'est à cause d'une poussée de dents : les premières sont encore présentes et le chat souffre de violents maux de bouche. Un petit morceau de viande crue chaque jour évitera ces problèmes précoces, contribuant à la chute des dents de lait tandis que les définitives font une percée. Les aliments mous provoquent l'accumulation de tartre le long des gencives. Des observations régulières préviendront son apparition : utilisez une brosse à dents pour enfant ou un bâton dentaire en bois tendre imprégné d'un antiseptique oral. Les chats apprécient ce soin. Quelques boulettes dures et croquantes contribuent à maintenir dents et gencives en bonne santé.

Ci-contre : Les griffes requièrent un taillage régulier, en particulier si le chat ne sort pas en plein air. Utilisez une pince à guillotine et non des ciseaux.

Une salivation excessive chez un chat sain provient d'une accumulation démesurée de tartre. Un vétérinaire doit le retirer sans tarder. Si vous négligez cet aspect, il sera nécessaire d'arracher les dents.

Sur les coussinets des pattes, traquez épines, coupures ou usures, et pressez doucement chaque pied pour faire sortir les griffes. Une griffe cassée s'infecte, présentant un gonflement au niveau de son fourreau. Pour soulager l'animal, baignez la patte. Parfois, la région du fourreau est négligée et sale : lavez soigneusement chaque patte à l'eau chaude et au savon pour bébé, puis rincez et séchez. Les griffes sont les zones le plus souvent attaquées par des mycoses comme la teigne. Vérifiez leur longueur et coupez-les. Si cette tâche peut s'exécuter seul, certains maîtres ont besoin d'aide pour maintenir l'animal ou encore demandent au vétérinaire de le faire. Enfin, certains font retirer les griffes de leur protégé. Si vous envisagez sérieusement cette possibilité, mieux vaut ne pas avoir de chat.

Pendant le toilettage, recherchez blessures et lésions. Les plaies perforantes, provoquées par des dents ou des griffes, au cours de batailles ou par des proies, s'infectent et se transforment en abcès. Recherchez tous signes d'infection ou de problèmes de peau. Aucun chat affligé d'une égratignure, d'une croûte ou encore d'un fragment de peau dénudée ne peut participer à une exposition. Vérifiez qu'il n'a aucun comédon au niveau du menton, de la peau des moustaches ou encore au sommet de la queue. Il s'agit de glandes sébacées bouchées qu'il faut nettoyer.

Un apprentissage nécessaire

Apprenez aux chats à s'intégrer à la routine familiale. La plupart du temps, ils font ce qui leur plaît et l'apprentissage consistera à les observer, les ignorant s'ils se comportent bien et les réprimandant s'il en est autrement.

Un chat doit apprendre son nom. Choisissez-en un bien distinct de ceux des autres animaux de la maison et des membres de la famille. Prononcez-le lorsque vous faites des choses que le chat apprécie, offrez-lui de la nourriture et caressez-le ou encore saluez-le lorsqu'il vient vers vous. Ne l'utilisez jamais pour le réprimander, mais dites plutôt « vilain chat » ou une expression similaire. Si vous avez plusieurs chats, l'animal concerné ne répondra peut-être pas à votre appel, mais cela vaut la peine d'essayer. Certains éleveurs ont recours au stratagème suivant : lorsque tous les chats sont endormis, ils prononcent un nom, puis un autre nom lorsque le chat interpellé lève les yeux, et ainsi de suite jusqu'à ce que chacun ait réagi.

Enseignez-lui quelques ordres brefs et directs. « Descends ! » est efficace quand le chat a l'habitude de sauter là où il ne le devrait pas ou chaparde sur le plan de travail de la cuisine. Ayez une voix ferme et incisive, et frappez des mains. Il comprendra rapidement un « Non ! » de

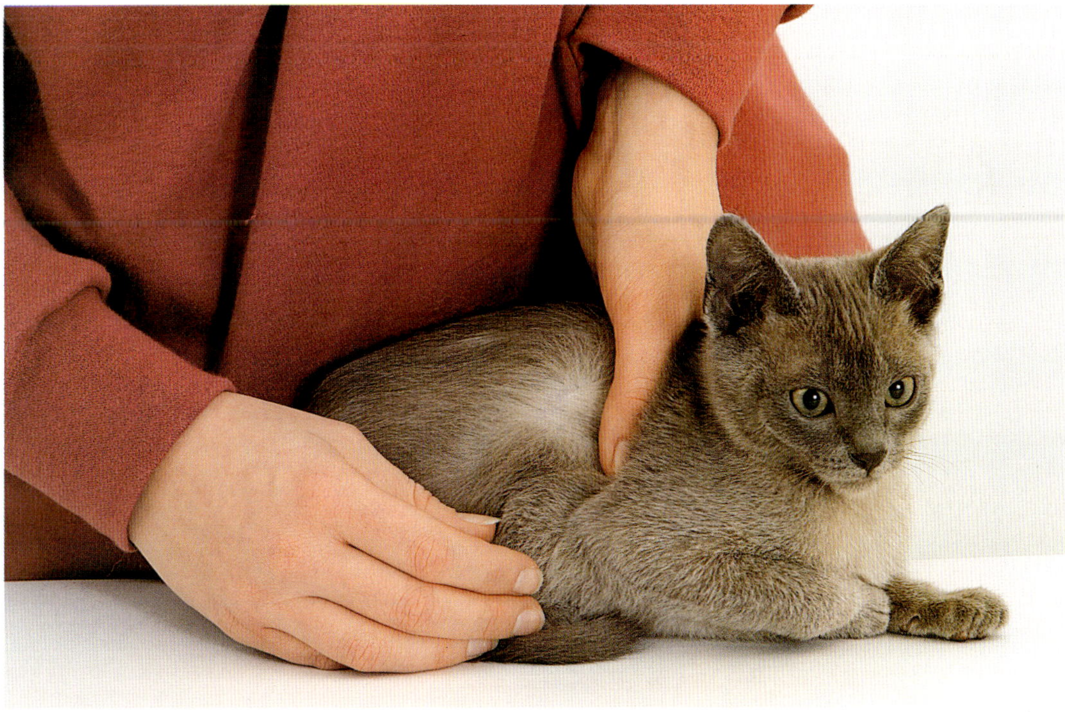

Ci-contre : Séparez les poils du pelage de manière à pouvoir les observer jusqu'à la racine et à vérifier l'état de la peau, à la recherche de signes indiquant la présence de puces, de leurs excréments ou d'autres parasites.

Ci-dessous : *Les chats d'appartement ont besoin de jouer pour faire de l'exercice, mais parfois ils ont simplement envie de se retirer dans un panier pour se reposer ou faire leur toilette.*

désapprobation, par exemple s'il gratte un tapis. Posez-le résolument à côté de son poteau à griffer. S'il fait ses besoins ou urine n'importe où, réprimandez-le, puis placez-le sur sa litière. Décidez d'un endroit pour son bac et ne le déplacez pas sinon le chat utilisera l'emplacement d'origine.

Pour lui apprendre que les toilettes sont à l'extérieur, allez-y progressivement. Placez le bac à litière près de la porte, puis au bout de quelques jours mettez-le dehors plusieurs heures, dans la zone du jardin réservée. Enfin, disposez-y un peu de litière souillée et retirez le bac. Autorisez votre animal à utiliser un bac propre en cas de besoin. Ainsi, vous observerez son comportement et noterez tout signe de constipation, de diarrhée, de présence de vers et de dysfonctionnements des reins ou de la vessie. Enfin, le chat est moins susceptible d'attraper une infection s'il dispose de toilettes à l'intérieur de la maison.

De nombreux chats passent leur vie enfermés à cause de la circulation routière ou d'autres dangers potentiels. Ils seront satisfaits et en bonne santé s'ils n'ont pas été habitués au grand air. Si vous le laissez en permanence à l'intérieur, faites-le dès son enfance afin qu'il ne connaisse aucune autre existence. Un chat d'intérieur doit pouvoir s'occuper et avoir un compagnon. Des pots d'herbes et des poteaux à griffer compensent l'absence de jardin et le chat appréciera une structure à escalader.

Si votre chat fait une bêtise, réprimandez-le immédiatement et non pas lorsqu'il accourt vers vous. Certains maîtres utilisent un pistolet à eau pour asperger l'animal et lui signifier leur désapprobation, mais vous devez toujours associer ce geste à des reproches verbaux.

Le chat âgé

La compagnie d'un chat âgé en bonne santé est agréable, apaisante et aussi gratifiante que celle d'un chaton joueur. Ses réactions sont brusques, ses mouvements subtils et il daignera pourchasser une ficelle ou s'amuser avec une plume si vous ne le ridiculisez pas.

On parle de vieillesse entre neuf et dix-neuf ans, mais on le considère âgé lorsqu'il est plus calme et passe davantage de temps à dormir. Les vieux chats ont besoin d'amour et d'affection ; ne les ignorez pas sous prétexte qu'ils restent assis, sont moins demandeurs et placides. Vous devez tout faire pour qu'ils se sentent bien.

Donnez-leur un régime alimentaire adapté et brossez-les tous les jours car ils ne s'occupent plus assez de leur pelage ni de leur toilette, négligeant souvent la zone de la queue ; une attention redoublée est indispensable.

Soyez attentif à ses oreilles, à ses dents et à ses griffes. Ne le laissez pas prendre trop de poids, ce qui soumettrait son cœur à des efforts excessifs. Faites vérifier par un vétérinaire la bouche, les dents et l'état général, à la recherche de signes indiquant une maladie des reins.

Si ses dents se détériorent donnez-lui des aliments mous et, si ses reins présentent des dysfonctionnements, commencez un régime pauvre en protéines à base de riz et de pâtes. Lui servir de l'eau potable fraîche et propre revêt une grande importance. L'extraction des dents abîmées améliore souvent sa santé de façon spectaculaire ; pour qu'il conserve ses forces en attendant la guérison, donnez-lui de légers repas liquides pendant quelques jours.

Un chat âgé qui a des difficultés à marcher peut avoir des coussinets craquelés. Gardez-le enfermé quelques jours et frottez la peau abîmée avec de l'huile

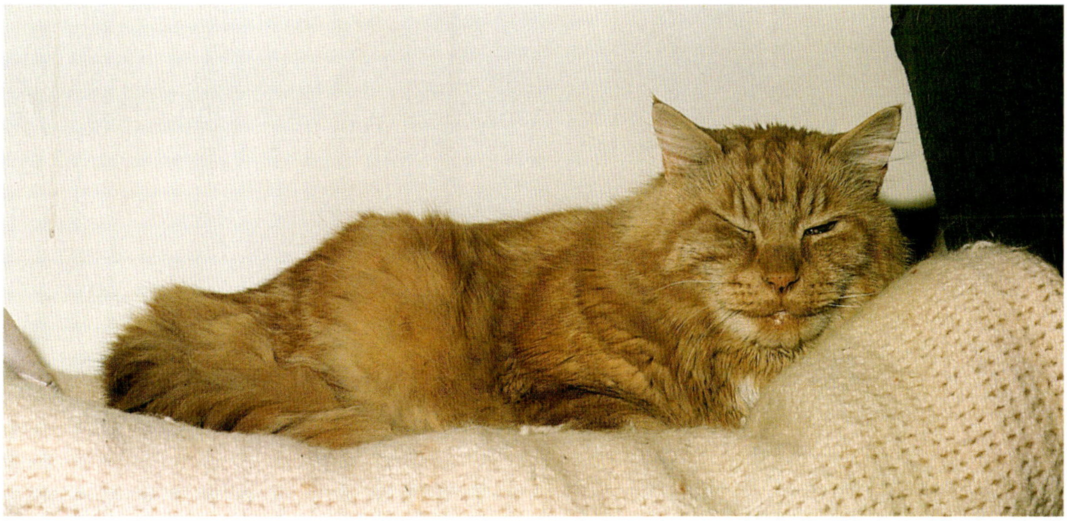

Ci-contre : *Si la plupart des chats vivent entre 9 et 15 ans, grâce à l'amélioration de leur alimentation ainsi qu'aux soins actuellement disponibles, il n'est pas inhabituel qu'ils restent en vie plus longtemps.*

végétale. Un peu d'huile dans ses repas améliorera l'état de la peau.

Souvent, les propriétaires d'un chat vieillissant se procurent un nouveau chaton, décision bonne ou mauvaise en fonction du tempérament du vieux chat, bien établi dans les lieux. S'il apprécie le chaton, sa présence amènera un regain de dynamisme. L'appétit vorace du petit le stimulera, il mangera mieux et trouvera un intérêt renouvelé pour la vie. Un chat âgé et chipoteur, souffrant parfois d'un inconfort général en raison de ses reins ou de raideurs des articulations, peut mal percevoir les clowneries d'un chaton. Les tentatives de ce dernier à faire participer son aîné à ses jeux se heurteront à son hostilité, et le matou deviendra si rancunier qu'il peut arrêter de s'alimenter, devenir malade et incontinent. S'il est le seul animal de la maison et l'a toujours été, différez l'acquisition d'un nouveau chaton. Mais s'il n'est que l'un des nombreux animaux de compagnie, il n'aura probablement aucune objection.

À mesure que le chat vieillit, la dégénérescence de certains tissus commence. Cette évolution est inévitable et on ne peut la prévenir bien que, avec de nombreux soins, il soit possible d'en limiter les effets. Faites des visites chez le vétérinaire, tous les six mois ou davantage si un traitement s'impose. Une maladie chronique provoquera le dérèglement de son comportement : un chat autrefois propre aura des accidents, laissant des flaques sur un siège ou un tapis. Mieux vaut le cantonner dans des parties de la maison où un « manque de manière » occasionnel n'aura guère de conséquences. Il serait cruel et injuste de le réprimander ou de le chasser à cause d'une action qu'il ne contrôle pas.

Enfin, un chat âgé dort de plus en plus et devient moins disposé à faire de l'exercice. S'il boit beaucoup, il peut n'absorber que peu de nourriture. S'il vit normalement, en dépit de ces modifications, il sera heureux et satisfait. Mais si vessie et intestins fonctionnent mal et qu'il est incapable de manger, prenez conseil auprès d'un vétérinaire, car la seule réaction humaine est de l'endormir pour qu'il meure dignement.

Ci-dessous : *La vieillesse a peu d'effet sur l'appétit du chat mais ses mouvements perdent en souplesse, le toilettage est moins soigneux et la routine quotidienne plus stable.*

LE TOILETTAGE

Le toilettage est essentiel au bien-être du chat. Il permet de maintenir le pelage en bonne santé, de retirer les poils et les pellicules de peau morte, de nettoyer et de séparer les poils qui poussent, d'activer la circulation et de stimuler les muscles. Les méthodes diffèrent en fonction des poils, longs ou ras, et pour les expositions les techniques sont plus sophistiquées. Le toilettage doit commencer dès le plus jeune âge et devenir un moment de plaisir pour le chat.

Le toilettage des chats à poils ras

Il faut un toilettage au moins une fois par semaine, et plus si le chat perd beaucoup de poils ou doit participer à un spectacle. Servez-vous d'une brosse à poils modérément durs pour un toilettage doux mais en profondeur de la tête à la queue, afin de retirer les poils détachés. Insistez sur la gorge, les aisselles et l'intérieur des cuisses. Recherchez tous granulés noirs indiquant la présence de puces.

Appliquez un produit insecticide et faites-le pénétrer dans le pelage. Passez ensuite un peigne à dents fines, de la tête à la queue, afin de retirer tous poils détachés, pellicules, parasites ou granulés. Pour faire briller la robe, prenez un morceau de tissu doux ou une peau de chamois et frottez le long des muscles ; puis caressez le chat avec vos mains, doucement mais fermement, pour favoriser la tonification des muscles. Enfin, examinez les oreilles, les yeux, la région anale ainsi que les fourreaux des griffes et nettoyez-les.

Des caresses fermes avec les mains retireront les poils morts et certains chats apprécient la sensation que leur procure le brossage.

Le toilettage des chats à poils longs

Les poils longs nécessitent un toilettage quotidien avec une séance supplémentaire une fois par semaine pour vérifier et nettoyer les oreilles, les griffes et les dents. Il faut poudrer tous les jours les chats au pelage doux et facilement terne, et les autres une fois par semaine. Mieux vaut une poudre spécifique, mais celle pour bébé fera aussi l'affaire. Saupoudrez-la légèrement et faites-la pénétrer du bout des doigts en séparant doucement les poils. Elle absorbera leur graisse. Enlevez les nœuds et les enchevêtrements avec un petit peigne en métal ou des mitaines. Utilisez-les avec précaution pour ne pas égratigner la peau ni l'abîmer. Retirez la poudre en brossant et peignez le chat avec un démêloir grossier en métal à pointes émoussées, en terminant de la queue à la tête à rebrousse-poil.

Si vous délaissez des poils longs, ils s'agglutinent pour former des amas épais. Impossibles à démêler, ils doivent être coupés à la racine. Un pelage négligé doit parfois être rasé ou les poils décollés, opération faite par un vétérinaire sous anesthésie générale. À mesure qu'ils repoussent, occupez-vous-en pour éviter qu'ils s'emmêlent. Mieux vaut couper ras ceux du ventre, à moins que l'animal ne soit destiné à participer à des concours.

Le bain de son

Pour nettoyer une robe très sale ou graisseuse, donnez un bain de son à votre

Ci-dessous, de gauche à droite : *Les chats à poils longs requièrent un toilettage quotidien. 1) Brossez-les de la tête à la queue, tout d'abord sur le dos, puis l'estomac et les pattes. 2) Peignez le pelage sans tirer sur les enchevêtrements. 3) Nettoyez les yeux avec du coton hydrophile imprégné d'eau claire, en utilisant un morceau propre pour chaque œil. 4) Finissez par les poils de la tête à l'aide d'une brosse à dents.*

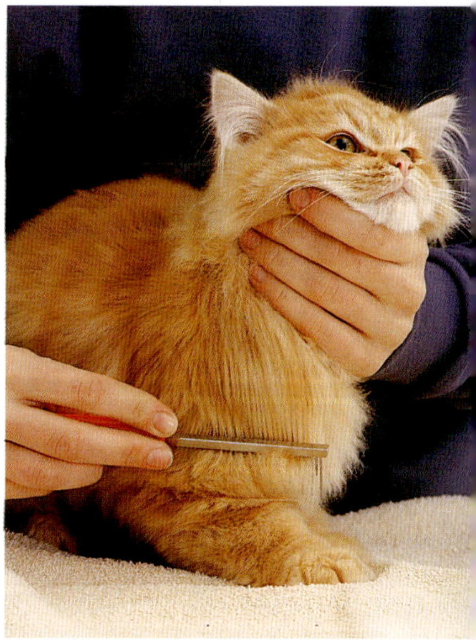

chat. Répartissez 112 g de son dans un plat et mettez-le au four jusqu'à ce qu'il soit suffisamment chaud. Versez-le sur un grand morceau de papier journal et placez-y le chat, puis massez son pelage jusqu'aux racines des poils. Enveloppez-le ensuite dans une serviette chaude et dorlotez-le. Au bout de dix minutes environ, retirez la serviette, mettez le chat sur le papier journal, puis brossez et peignez pour éliminer son, poussières, pellicules et poils détachés. Le jour suivant, toilettez-le de nouveau pour supprimer toutes traces de son. Le pelage en sera considérablement amélioré et présentera un bel aspect brillant.

Le shampoing

Si le pelage est contaminé par des produits chimiques, mieux vaut baigner le chat. Dans le cas de produits à base de pétrole et de térébenthine, utilisez d'abord de l'huile végétale ou de la margarine, puis lavez le chat avec un savon doux, un shampoing spécifique ou pour bébés, mais en aucun cas pour adultes car ces produits sont trop forts. Pour un pelage très gras ou qui doit être parfait en vue d'une exposition (cas moins urgent que les précédents), on fera un simple shampoing. Les chats habitués au bain dès leur enfance l'apprécient, mais vous aurez besoin d'un assistant. Ne vous servez pas de la baignoire car vous devez vous pencher en avant ; utilisez un lavabo double ou deux bassines, avec de l'eau suffisamment chaude. Mettez le chat dans une bassine ou dans l'évier rempli au quart. Versez de l'eau en commençant par la tête jusqu'à saturation du pelage. Un peu de shampoing aidera l'eau à pénétrer dans les poils. Une fois le pelage entièrement mouillé, massez avec le shampoing en évitant le visage. Une personne maintiendra le chat par la nuque tandis que l'autre s'occupera du shampoing.

Utilisez la seconde bassine d'eau chaude pour rincer. Versez doucement jusqu'à élimination de la mousse. Si nécessaire, changez l'eau dans laquelle le chat est assis. Séchez ensuite l'animal avec une serviette épaisse. Certains vous laisseront terminer au sèche-cheveux ; quant aux autres, placez-les dans un endroit très chaud dans une caisse grillagée jusqu'à ce qu'ils soient secs. La plupart participent au séchage en se léchant vigoureusement. Dès que les poils sont secs, peignez-les pour les mettre en place.

Tailler les griffes

Utilisez une pince à guillotine avec une poignée à ressort et non des ciseaux, qui écailleraient les griffes et les rendraient douloureuses. Tenez le chat et pressez doucement sur les coussinets pour faire sortir les griffes. Chacune présente une zone rose au niveau de la base, la veine de la griffe, très sensible, facilement visible sous la kératine, plus pâle. Hors de cette zone, placez la pince autour de la griffe et coupez d'un geste sec. Si le chat devient irritable, n'insistez pas. Terminez à une autre occasion.

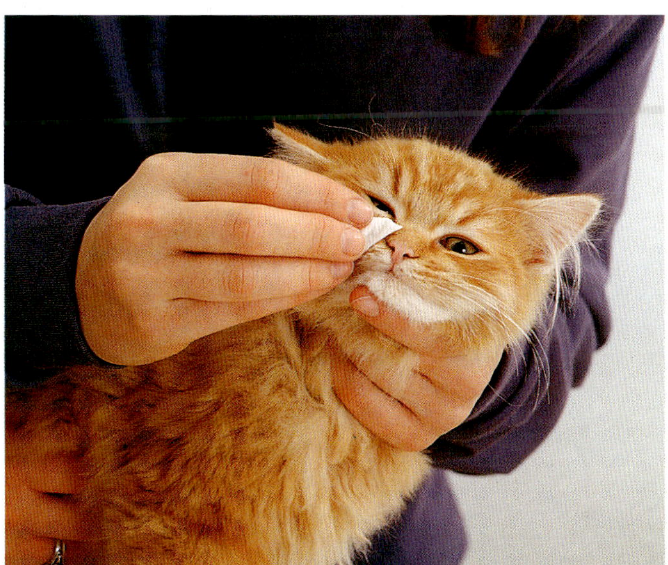

SORTIES ET VACANCES

Ci-contre : *Habituer un chat à une laisse vous permettra de le sortir avec vous. Même si l'animal ne s'y accoutume pas, les laisses constituent des accessoires utiles pour les contrôler en voyage.*

Certains maîtres aiment emmener leur chat dans leur résidence secondaire pour le week-end, chez des amis ou au bureau. Tous les chats participeront à quelques sorties, chez le vétérinaire, à l'occasion d'une exposition ou encore pour aller dans une chatterie. Ils doivent donc s'habituer aux promenades dans leur panier de voyage.

Un maître en déplacement doit prévoir suffisamment de nourriture. Le voisin ou l'ami chargé de s'occuper de votre chat devra passer du temps à jouer et à le caresser et ne se contentera pas d'une brève visite pour le nourrir ou changer sa litière. L'idéal est que son gardien habite chez vous le temps de votre absence. Un chat étant attaché à son territoire, l'installer chez quelqu'un d'autre n'est pas une bonne solution car il essaiera de retrouver le chemin de sa maison ; un appartement est un endroit plus sûr. Si personne ne peut prendre soin de votre chat pendant votre absence, vous devrez le confier à une pension.

Utiliser un panier à chat

Un panier doit pouvoir contenir le chat, être facile à porter, confortable et protéger des courants d'air ainsi que des intempéries lorsque vous vous déplacez. Il doit être bien conçu et doté de fermetures qu'un chat intelligent ne parviendra pas à ouvrir. Un animal apeuré déchire et mordille un carton ou un autre emballage peu solide. Les paniers en grillage métallique et ceux sans couvercle n'offrent aucune protection face aux conditions climatiques. Enfin, les ouvertures au niveau du toit permettent de saisir plus facilement le chat pour le faire entrer et sortir que celles situées aux extrémités.

Avant d'utiliser le panier, habituez-y votre chat. Il doit devenir partie intégrante de sa zone de jeux ; placez une couverture avec son odeur à l'intérieur, en guise de lit, quelques bouts de papier, ainsi que son repas favori. Laissez la trappe ouverte, puis au bout de quelque temps fermez-la. Après quoi, dorlotez votre protégé. Celui-ci associera peu à peu le panier à une chose agréable, dotée d'odeurs familières. Lors de son utilisation, placez-y une couverture imprégnée de l'odeur du chat.

En cas d'urgence, si vous n'avez pas de panier, pratiquez des trous dans une boîte en carton et refermez les battants. En dernier recours, utilisez un solide sac de shopping avec fermeture éclair ou encore un sac en bandoulière.

Laisses et colliers

En l'absence de panier, une laisse permet de retenir et de contrôler un chat. Attachez la laisse à un harnais autour du corps de l'animal plutôt qu'à un collier. Un chat déterminé se tortillera pour se glisser hors du collier et s'étranglera à moitié en tirant sur sa laisse. Les harnais s'adaptent confortablement, sans frottement. Passez la boucle de la laisse autour de votre poignet afin qu'un élan soudain ne vous la fasse pas lâcher.

Certains chats marchent en laisse si on les y a habitués dès leur plus jeune âge. Si votre chat aime se déplacer à vos côtés, vous y parviendrez. Tenez la laisse très lâche. Le chat étant distant de moins d'une longueur de laisse, appelez-le, puis caressez-le. Continuez de la sorte en vous éloignant légèrement. Avec un peu de chance, il vous suivra.

Habituer un chat au voyage

Si un chat doit vous accompagner souvent en voyage, habituez-le tout jeune. Sortez-le pour de brèves excursions en voiture, en transport public ou encore marchez tout simplement. Afin qu'il se sente en sécurité, placez sa couverture et ses jouets préférés dans son panier. Il se familiarisera avec les bruits extérieurs, la circulation et les déplacements en voiture (les chats souffrent rarement du mal des transports).

Certains aiment observer ce qui se passe autour d'eux. Même s'ils apprécient l'attention des voyageurs d'un bus ou d'un train, ou regardent par la fenêtre d'une voiture, ne les faites jamais sortir de leur panier, sauf en laisse ; ne les laissez pas s'approcher du chauffeur, car ils plongeraient sous les pédales. Pendant un long voyage, la plupart s'ennuient et s'endorment rapidement ; mieux vaut les placer là où il n'y a rien à voir.

Transports publics et déplacements à l'étranger

Avant de partir en voyage avec votre chat, renseignez-vous auprès des compagnies aériennes et ferroviaires, ainsi que des sociétés de bus car elles peuvent avoir des règlements spécifiques. Certaines acceptent la présence d'un panier dans la section réservée aux passagers. Si elles n'autorisent le transport de votre chat qu'en tant que marchandise, placez-le dans une cage de contention en bois spécifique résistant aux chocs.

Des règlements stricts s'appliquent au transport des chats entre différents pays ; étudiez-les avec soin avant de l'emmener à l'étranger. Il faut parfois des vaccins particuliers et des certificats pour pénétrer dans certains pays. Dans d'autres, il devra être enfermé en quarantaine pendant plusieurs mois.

La quarantaine, mesure visant à lutter contre la propagation de la rage, s'applique encore actuellement dans certains pays (Australie, Nouvelle-Zélande, etc.).

Les vacances

Certains hôtels autorisent les animaux domestiques, mais les chats doivent rester dans la chambre ; prévenez le personnel de l'hôtel pour qu'il ne le laisse pas s'échapper en ouvrant la porte. Le mieux est qu'il ne soit jamais seul. Il est si facile de perdre un chat curieux ou apeuré qu'on ne saurait recommander de l'emmener. Si vous passez du temps dans une résidence secondaire, procédez comme lors de son arrivée chez vous. Ne le laissez pas sortir tant qu'il n'est pas bien établi sur son nouveau territoire. Permettez-lui d'aller dehors après plusieurs week-ends ou au bout des trois ou quatre premiers jours de vacances.

Les pensions pour chats

Prenez conseil auprès de vétérinaires ou d'autres propriétaires et visitez toujours une pension avant de réserver une place. Les établissements varient beaucoup. Certains sont conçus et gérés exclusivement pour les chats, tandis que d'autres sont annexés à des pensions pour chiens. Les meilleurs comportent une petite construction pour chaque animal, chaude et bien ventilée, avec de la place pour son lit et ses affaires personnelles, de la nourriture et de l'eau, ainsi que de l'espace pour son exercice physique. À côté, une piste extérieure fermée empêche toute tentative de fuite, avec un sol facile à nettoyer, un bac à litière recouvert ou placé à l'intérieur, ainsi qu'une planche pour profiter du soleil.

Les pensions sans espaces extérieurs ne sont guère satisfaisantes car les risques d'infections d'un chat à l'autre sont importants si l'air ne circule pas correctement.

Ci-dessus : *Il faut toujours transporter les chats dans un panier fermé. Plus ils sont habitués à voyager, moins ils trouveront cela perturbant.*

Ci-dessous : *Inspectez la future pension de votre chat aussi tôt que possible, afin d'être sûr qu'il y aura une place libre. Emmenez son lit et quelques-uns de ses jouets pour que tout ne semble pas nouveau et étranger à votre protégé.*

Cinquième partie :

La **santé** du **chat**

L'ÉTAT GÉNÉRAL

Ci-contre : *Un chat en bonne santé est vif, fait très souvent sa toilette et nettoie son pelage.*

À droite : *Vous êtes le mieux placé pour savoir si votre chat est mal en point et léthargique.*

TOUT MAÎTRE RESPONSABLE veille à la santé de son chat en lui fournissant un menu équilibré, une bonne hygiène, et en l'immunisant dès son plus jeune âge, par une vaccination et des rappels réguliers. En tant que maître connaissant son chat et son comportement, vous êtes le mieux placé pour identifier les signes de maladies lorsqu'ils apparaissent, ce qui permet un traitement précoce garantissant les meilleures chances de guérison. Si le toilettage est une occasion d'examiner l'animal, tout changement de comportement ou toute attitude suspecte donneront lieu à une inspection.

Si les chats souffrent de plusieurs maladies et affections, certaines proches des pathologies humaines, des cancers à l'arthrite en passant par le diabète, rares sont celles qui se transmettent de l'homme au chat, et réciproquement. La rage est la maladie la plus grave. La teigne est une mycose contagieuse pour l'homme et le chat peut lui transmettre certains types de puces (bien que ces dernières préfèrent nettement le chat comme hôte). Les bactéries d'un chat infecteront les plaies ouvertes d'un homme ; nettoyez donc les égratignures et les coupures et recouvrez-les afin d'éviter tout contact avec l'animal. Désinfectez scrupuleusement les morsures et les griffures avec un antiseptique.

Parmi ces pathologies, la plus préoccupante est due à un parasite protozoaire, le toxoplasme. De nombreux hommes en sont porteurs – 90 % dans certains pays et sans doute 50 % des chats – et les félins propagent des kystes infectieux dans leurs fèces. Si les symptômes sont mineurs chez le chat et rares chez l'homme, ce parasite affecte les embryons dans le ventre de leur mère ; les femmes enceintes doivent donc éviter de changer une litière ou, si elles y sont obligées, porter des gants. Homme et chat contractent cette maladie en ingérant de la viande crue ou mal cuite.

Les symptômes

Si un chat perd son appétit, en partie ou totalement, son maître doit en rechercher la cause. Même un chat difficile possède des habitudes alimentaires et tout changement doit déclencher immédiatement la sonnette d'alarme.

Ci-contre : *Chez ce chat, le soulèvement des membranes nictitantes (troisième paupière) signale indubitablement que quelque chose ne va pas.*

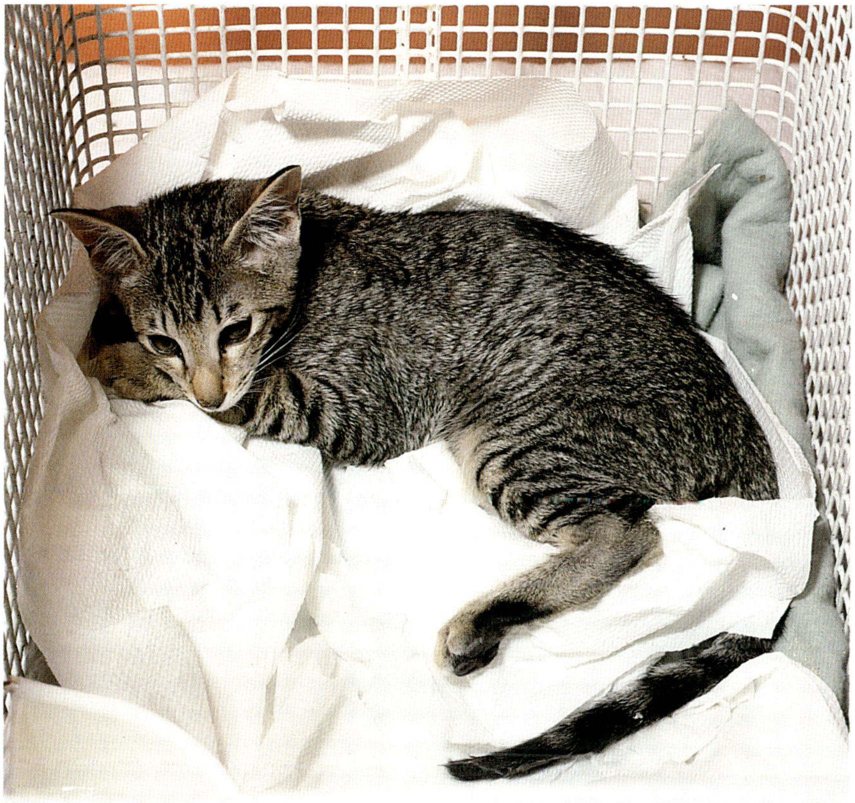

Des modifications de son apparence et de son comportement indiquent l'incubation d'une maladie. Recherchez des indices comme les poils dressés, qui lui donnent un air éthéré et effrayant, les yeux éteints et le déploiement de la membrane nictitante (troisième paupière) sur l'œil, à partir du coin interne. Un chat peut sembler assoiffé mais peu disposé à boire, penchant la tête au-dessus du bol d'eau, ou au contraire laper copieusement et goulûment. Il se rend souvent à sa litière sans uriner ni déféquer en dépit de ses efforts. Un chat malade n'apprécie pas d'être manipulé et crache, ou cesse de nettoyer son pelage. Mauvaise haleine, éternuements, bave, vomissements, diarrhées et écoulements du nez et des yeux sont autant de signes d'alerte. Parfois, le chat crie lorsqu'il urine ou son abdomen est très détendu. Il passe du temps à lécher ses parties génitales et va plusieurs fois, agité, à sa litière. Il faut prêter attention à ces comportements anormaux et les signaler au vétérinaire pour l'aider dans son diagnostic.

Les vomissements sont des symptômes non négligeables mais n'indiquent pas toujours une urgence. S'ils se produisent une ou deux fois en quelques jours, il s'agit d'un trouble mineur de l'estomac. Le meilleur traitement est un jeûne de 24 heures, puis un régime alimentaire sans irritants gastriques pendant plusieurs jours. Si les vomissements persistent, consultez un vétérinaire. N'attendez pas le milieu de la nuit pour l'appeler : si vous êtes inquiet, demandez conseil rapidement, suivez les instructions, puis rappelez le lendemain pour signaler toute évolution et demander d'autres consignes. Mieux vaut une fausse alerte plutôt qu'amener le chat dans un état avancé de maladie infectieuse. En cas de doute, prenez un rendez-vous ferme : emmener votre animal dans une salle d'attente comble mettrait en danger les autres chats. Dans certains pays, les vétérinaires sont équipés pour des visites à domicile ; dans d'autres, il faut conduire les chats au cabinet pour un examen et éventuellement une hospitalisation.

Un diagnostic précoce et l'administration prompte d'un traitement médical sont déterminants.

Les symptômes à prendre en compte

- Perte de poids
- Toux/éternuement/écoulement nasal
- Difficulté à manger
- Perte d'appétit
- Vomissements
- Sang dans les urines/difficulté à uriner
- Morosité/fièvre
- Accroissement de la soif
- Changement marqué du comportement
- Grattement/léchage
- Signes de douleurs aiguës
- Diarrhées
- Constipation
- Déploiement de la troisième paupière
- Difficultés respiratoires
- Ulcération de la bouche
- Pâleur des babines et des gencives
- Gonflement de l'abdomen
- Démarche raide ou indécise
- Impotence
- Perte de poils/nettoyage et autotoilettage insuffisants

ACCIDENTS ET PREMIERS SOINS

Les accidents de la route font de nombreuses victimes chez les chats. S'ils ne sont pas tués sur le coup, ils peuvent être choqués et contusionnés, présenter des fractures multiples ou encore des blessures internes. Il est facile d'identifier un impact de véhicule comme la cause d'une blessure car le chat racle la surface de la route et ses griffes sont abîmées.

Les dangers domestiques

La curiosité naturelle des chats leur cause parfois des soucis. Dissuadez-les de sauter sur les tables, les étagères et les surfaces de travail. Un chat habitué à bondir pour sentir de près quelque odeur alléchante finira par se heurter au manche d'une casserole ou atterrira sur une plaque chaude. Il est difficile de traiter des coussinets cloqués, extrêmement douloureux. L'huile chaude calcine la peau, provoquant des brûlures profondes et une perte de poils. L'eau bouillante constitue un autre danger. Nettoyants ménagers, désinfectants, désodorisants et insecticides sont toxiques pour le chat. Certains grimpent dans les réfrigérateurs ou les machines à laver et s'y retrouvent enfermés.

Les fils électriques et les câbles attirent les chatons qui s'amusent avec tout ce qui traîne sur le sol, des appareils aux prises murales. Ils jouent avec le câble, se roulent dedans et le frappent, l'attrapent, puis le mordent dans une simulation de mise à mort. Si l'extrémité est reliée à une prise sous tension et que les dents acérées percent la gaine, le contact s'établit et les chatons sont électrocutés.

Dans le garage, les produits antigels pour radiateurs de voitures signifient la mort pour le chat. Pour quelque raison inexplicable, ils trouvent cette substance étrangement attirante et tentent de la lécher. Le composant toxique est l'éthylène glycol, qui entraîne rapidement la mort.

À l'extérieur

Les chats en liberté peuvent s'intoxiquer en absorbant des pesticides, comme les appâts à limaces, qui provoquent convulsions, arrêt de la respiration, puis mort. Ils ingèrent parfois des produits nocifs contre les rongeurs. Les pulvérisateurs pour jardin contiennent des composants organophosphorés, déclenchant diarrhées aiguës et tremblements musculaires, puis menant au collapsus. Fortement concentrés, ils sont mortels.

Les piqûres d'insectes se produisent lorsque le chat attaque le coléoptère et essaie de le mordre ; la plupart se situent donc à l'intérieur ou autour de la bouche. Un chat se griffant désespérément à ce niveau en a peut-être été victime, auquel cas la zone gonfle rapidement ; ou il tente de retirer un bout d'os ou un autre corps étranger coincé en travers du palais, dans la langue ou les babines. Inspectez soigneusement sa bouche.

Les chats savent nager s'ils tombent dans des cuvettes d'eau ou des bassins, mais s'ils n'arrivent pas à s'extraire ils se noieront d'épuisement.

Les premiers soins

Brûlures et échaudages : Rafraîchissez la zone brûlée avec de l'eau glacée, recouvrez-la d'un linge propre, placez le chat dans un panier et emmenez-le rapidement chez le vétérinaire.
Électrocution : Éteignez la source d'alimentation en utilisant des gants en caoutchouc ou un objet en laine pour éviter l'électrocution. Réchauffez le chat en le frottant et en l'enveloppant dans des couvertures jusqu'à obtenir l'aide d'un professionnel. Il faudra pratiquer la respiration artificielle si vous ne percevez plus aucun souffle.
Empoisonnement externe : Lavez les substances toxiques présentes sur la robe ou les pattes au savon (sans détergent) et à

Ci-dessous : *Les trousses de secours de premiers soins pour chat sont semblables aux nôtres, si ce n'est que les antiseptiques doivent convenir aux félins. Ajoutez un aérosol contre les puces ainsi qu'un vermifuge et préparez un peu d'antidote international (voir le glossaire).*

l'eau chaude. Prenez conseil auprès d'un professionnel.

Empoisonnement interne : Maintenez l'animal au chaud et consultez un vétérinaire sans tarder. Emportez avec vous les produits suspects afin qu'il puisse administrer l'antidote adéquat.

Piqûres : Retirez-le dard. Les piqûres d'abeilles sont acides : neutralisez-les en frottant doucement avec de l'eau gazeuse. Celles de guêpes sont alcalines : baignez la blessure dans du vinaigre ou du jus de citron. Maintenez le chat au chaud et au calme. Si la région piquée enfle de façon alarmante ou si le chat devient fiévreux ou inquiet, prenez conseil auprès d'un spécialiste.

Noyade : Allongez le chat sur la table, la tête pendante à l'une des extrémités, et évacuez l'eau et le mucus de la bouche en massant le corps. En l'absence de souffle, pratiquez la respiration artificielle jusqu'à ce qu'un professionnel arrive ou que vous puissiez en appeler un.

Accidents de la route : Avec précaution, placez le chat blessé ou inconscient dans une serviette ou une veste pour le soulever sans bouger ses membres ni ses organes internes, peut-être atteints. Emmenez-le chez le vétérinaire en le maintenant au chaud et au calme durant le trajet. Si le chat présente une hémorragie dans la bouche, maintenez les voies aériennes ouvertes.

Saignement : Si du sang jaillit d'une blessure, il provient d'une artère et doit être arrêté. Pressez un mouchoir plié sur le point de saignement en attendant l'aide d'un professionnel. Si le saignement vient d'un membre, faites un garrot : attachez un mouchoir autour du membre, audessus de la blessure, nouez un bâton ou un crayon en dessous, puis tournez-le comme un robinet jusqu'à stopper l'hémorragie. Au bout de dix minutes, retirez doucement le garrot.

En cas d'hémorragie de la bouche, du nez ou des oreilles, un vétérinaire doit l'examiner de toute urgence ; maintenez-le au chaud et au calme jusqu'à l'arrivée des secours.

Fractures : Avec précaution, allongez le chat sur un plateau ou une planche pour l'emmener chez le vétérinaire. Enveloppez-le dans une couverture et gardez-le au calme.

Corps étrangers : Débloquez des os coincés en travers du palais à l'aide du manche d'une cuillère en plastique. Les aiguilles à coudre se plantent dans la langue, les babines ou la gorge et leur retrait nécessite l'intervention d'un spécialiste. Chardons et épines provoquent des douleurs sur les coussinets ; enlevez-les avec une pince à épiler, avant de baigner la patte dans une solution de sels d'Epsom pour diminuer l'endolorissement et le gonflement. Parfois, des graminées se glissent sous les paupières : faites-les sortir en versant une solution saline tiède au moyen d'une seringue.

Respiration artificielle : Nécessaire dans des cas extrêmes pour sauver la vie d'un animal, la respiration artificielle se pratique de deux manières. 1) Placez le chat sur le côté, la tête et la langue en avant pour dégager les voies aériennes, la bouche et la gorge (en cas de noyade, laissez pendre la tête à une extrémité de la table). Pressez doucement sur la poitrine, puis relâchez. Répétez cette procédure en rythme, appuyant puis relâchant pendant quatre secondes à chaque fois, jusqu'à ce que le chat respire à nouveau. 2) Maintenez le chat la tête en bas, en le saisissant par ses membres antérieurs, les rapprochant puis les écartant en un large demi-cercle, doucement et régulièrement, jusqu'à ce que l'animal respire.

Ci-dessus : *Chez vous, il est possible de nettoyer les blessures d'un chat avec du coton et de l'eau salée.*

Ci-contre : *Pour bien fixer un bandage autour du cou ou de la partie supérieure du corps, attachez-le autour des pattes antérieures.*

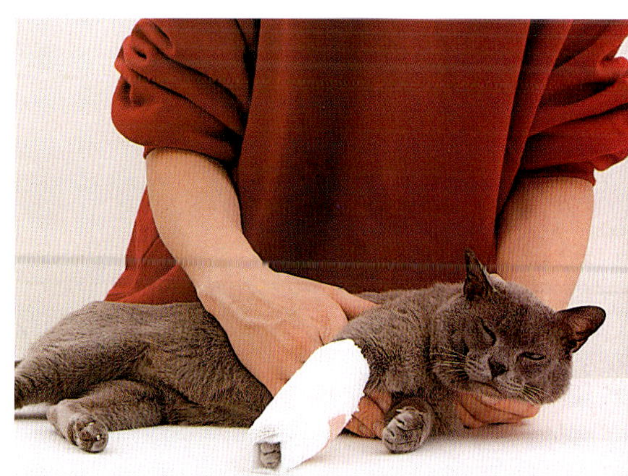

Ci-dessous : *Pour maintenir un bandage autour d'une patte, fixez-le aux deux extrémités avec des bandes adhésives.*

LES MALADIES DES CHATS

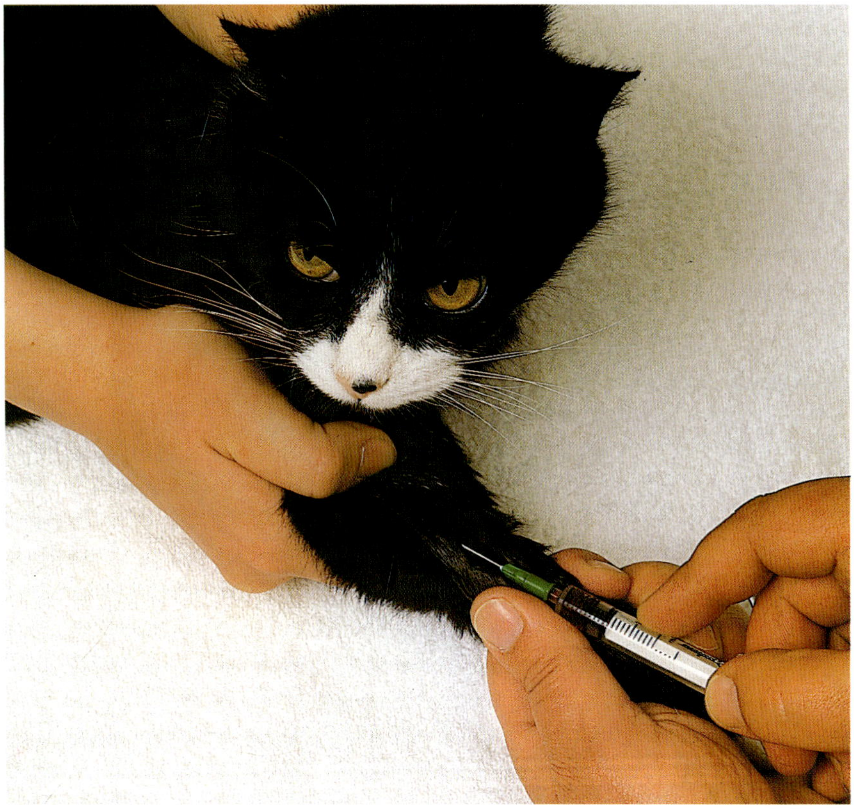

Les maladies virales

Contre les divers virus infectieux, on dispose aujourd'hui de vaccins protégeant de la plupart des maladies les plus graves, même s'il n'en existe pas encore contre le virus de l'immunodéficience féline (FIV ou sida des chats).

Le typhus ou panleucopénie infectieuse féline est très contagieux, avec une période d'incubation de deux à neuf jours, généralement inférieure à six jours. Sa survenue est soudaine et le chat meurt rapidement. Il affecte surtout les chatons, qui apparaissent déprimés, refusent de manger et vomissent une mousse blanche ou de la bile jaunâtre. La température monte parfois jusqu'à 45 °C dans les premières phases, puis chute à un niveau anormalement bas. La déshydratation est manifeste et rapide, le chat restant assis, recroquevillé, les poils hérissés, le regard dans le vide et la tête ballante au-dessus de son bol d'eau. Il tente de boire mais ne parvient qu'à laper goulûment ou lèche ses babines. Si on le touche ou le soulève, il crie de douleur ; son corps semble froid et raide par rapport à sa chaleur et sa souplesse habituelles. Le virus s'attaque aux régions de production des leucocytes, d'où son autre nom de leucopénie. Si le chat vit plus de quelques jours, il souffrira de diarrhées.

Un traitement précoce est vital. Des antibiotiques contre les infections secondaires, des liquides chauds en intraveineuses, et des soins attentifs et constants stopperont la progression. Brûlez les déchets et gardez l'ensemble du matériel stérile. Portez des vêtements jetables ou faciles à stériliser lorsque vous manipulez le chat et évitez tout contact entre lui et ses congénères jusqu'à la fin de la quarantaine. Le taux de mortalité est très élevé et les chats, qui se rétablissent lentement, peuvent être contagieux ; empêchez donc tout contact avec d'autres félins. Le virus, imperméable à la plupart des désinfectants, se transmet par les particules de l'air, des mains et des vêtements ou par les puces, et survit longtemps loin de son hôte. La vaccination, essentielle, constitue le seul moyen efficace pour combattre la maladie.

Le virus de la leucose féline (FeLV), contagieux, se transmet par la bave. Il ne vit pas longtemps hors du corps du chat. Outre la leucémie, il provoque pathologies articulaires, problèmes de reproduction, anomalies des cellules rouges, tumeurs et immunosupression ; les symptômes sont donc très variables. Le chat perd du poids progressivement ou a des difficultés de respiration, mais nombreux sont ceux qui ne présentent aucun signe d'infection et les effets sont comparables à ceux de la FIV.

Les chats qui souffrent d'infections récurrentes ou sont lents à guérir feront le test du virus. Le vaccin, bien que n'étant pas efficace à 100 %, protège un animal exposé. Si de nombreux chats adultes exposés à l'infection à petites doses développent leurs propres anticorps, les jeunes sont vulnérables.

Chez les chats en pension ou vivant en colonie, la susceptibilité est plus importante et la pratique de tests réguliers est la seule manière de prévenir la maladie. Les animaux destinés à être placés en pension doivent donc toujours être vaccinés.

Ci-contre : *Jeune chat souffrant de péritonite infectieuse féline à un stade avancé, alors que la maladie a commencé à provoquer des gonflements abdominaux et des excroissances inflammatoires.*

La péritonite infectieuse féline (PIF), souche du coronavirus associée à des pathologies intestinales, se rencontre surtout chez les jeunes chats. Ce sont eux, qui porteurs du germe, seraient les principaux responsables de la propagation de la maladie qui se transmettrait par voie orale. Les premiers symptômes sont la léthargie, la perte d'appétit et la fièvre. La maladie se développe sous sa forme « humide », avec une accumulation de liquide dans l'abdomen qui se distend, ou « sèche », et des symptômes variant en fonction des organes touchés : problèmes de coordination, paralysie, surdité, cécité dégénérante ou maladie des reins. La péritonite est mortelle et le diagnostic positif s'établit dans sa phase terminale. Les États-Unis ont sorti un vaccin dont le succès est limité.

La rhino-trachéite virale féline (ou coryza) et **le calcivirus félin** sont des maladies des voies respiratoires supérieures provoquées par des virus et des vaccins permettent de les combattre. Dans les colonies de chats, de nombreux animaux cliniquement sains sont porteurs et propagent le virus au cours de périodes de stress. Fièvre, éternuements, bave, conjonctivite, écoulements du nez et des yeux, et toux en sont les premiers signes. Le calcivirus est moins grave et parfois le seul symptôme en est l'ulcération de la langue ou des pattes.

Des antibiotiques contrent les effets secondaires et des vitamines évitent la dépression tout en stimulant l'appétit. En cas de doute, conduisez votre chat chez le vétérinaire, après avoir pris un rendez-vous pour éviter tout contact avec ses congénères. Isolez un chat atteint et occupez-vous-en ; nourrissez-le à la main et aidez-le dans sa litière, ou il risque de devenir incontinent. Nombre d'entre eux surmontent cette « grippe des chats », même s'ils ont eu une pneumonie, et recouvrent la santé. D'autres souffrent d'effets consécutifs permanents tels que sinusite, paupières abîmées ou conjonctivite, jetages, respiration bruyante ou toux. Parfois, certains semblent bien se porter, ne présentant ces signes que par temps froid, humide ou lorsqu'ils sont soumis à un stress. La majorité des chats guéris restent porteurs du germe.

La rage est une maladie virale, transmise par la salive lors d'une morsure par un animal infecté. La contamination de chat à chat est rare et aux États-Unis, les chauves-souris seraient les principales sources d'infection. Une fois dans le corps, le virus s'infiltre dans les tissus nerveux, entraînant la maladie et culminant en une mort atroce. Dans certains pays, comme l'Australie ou la Nouvelle-Zélande des règlements instaurant la quarantaine évitent sa propagation. La période d'incubation dépend de la distance entre la morsure et le système

À gauche : *Un vétérinaire pourra prélever un échantillon de sang pour l'aider à établir son diagnostic ou confirmer les indices des symptômes physiques et comportementaux.*

Ci-contre : *Persan chinchilla affecté de difficultés respiratoires, symptôme de la grippe des chats.*

Ci-dessous : Les yeux de ce chat révèlent la présence d'une maladie et l'écoulement nasal peut indiquer un cas de l'une de ces maladies respiratoires communément connue sous le nom de « grippe du chat ».

Ci-contre : Les lourds filets de salive qui pendent de la bouche sont d'autres symptômes indiquant la grippe du chat.

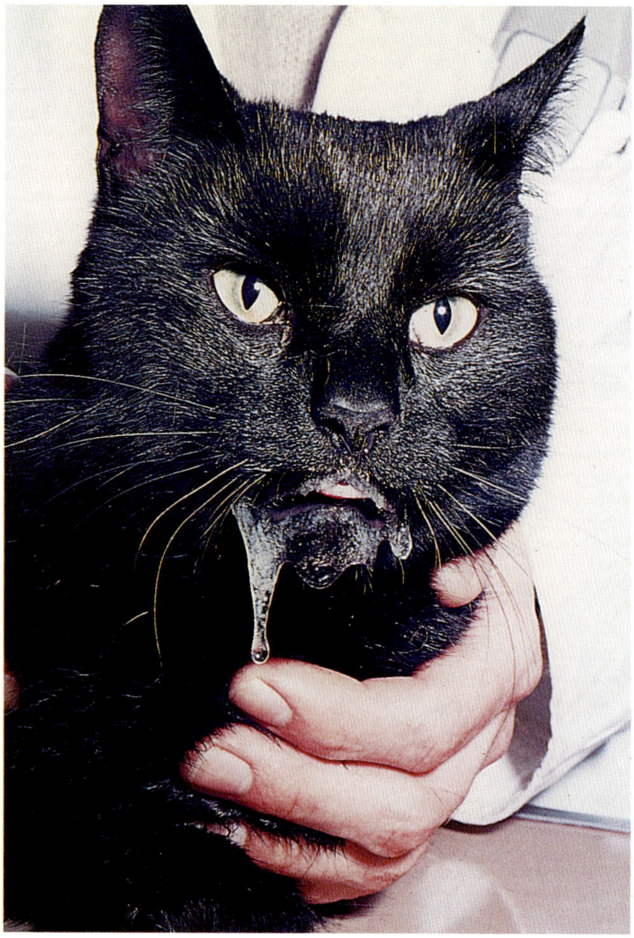

nerveux central ; elle dure de 9 à 60 jours, et parfois même 6 mois, d'où les longues périodes de confinement imposées par divers gouvernements. Dans de nombreux pays où la rage subsiste, la loi rend la vaccination obligatoire.

D'infimes changements de comportement chez un animal, qui se cache, présente une légère augmentation de température ou encore une dilatation des pupilles, sont les premiers symptômes. Cette phase dure trois jours, suivie d'une période d'excitation. Les quatre jours suivants, le chat est nerveux et irritable, avec des réactions exagérées face aux sons et aux lumières. Il devient toujours plus agressif, attaque et mord tous ceux qui l'approchent. Enfin, il perd tout contrôle musculaire : les mâchoires tombent, il salive, la paralysie s'étend à l'ensemble du corps et la mort s'ensuit au bout de deux à trois jours. Cette phase terminale est connue sous le nom de rage furieuse ou paralytique et dans certains cas le chat ne présente aucun des symptômes précurseurs. Il n'existe pas de traitement efficace.

Le virus de l'immunodéficience féline (FIV) ou **sida des chats,** comme celui qui touche les hommes, affecte le système immunitaire, l'empêchant de lutter contre d'autres maladies. On ne l'a découvert qu'en 1987, bien qu'il s'attaque à la population féline depuis les années 1970, mais certains points sombres demeurent. Il se transmettrait par la salive lors de morsures. Le virus est instable, ne peut survivre dans l'environnement et ne se transmettrait que rarement par les assiettes de nourriture et les contacts. Il peut passer de la mère au fœtus, mais l'importance de ce mode de propagation n'est pas encore établie.

Une fois infecté, le système immunitaire ne peut éliminer le virus. La température augmente pendant quelques semaines, avec un grossissement des ganglions lymphatiques, qui persiste plusieurs mois. Puis succède une période de latence sans signes cliniques. Au bout de quelque temps, les symptômes de l'immunodépression deviennent manifestes à mesure que le virus détruit les globules blancs, ou leucocytes, qui participent à la réponse immunitaire. Les symptômes sont variés et dépendent de la maladie secondaire dont souffre l'animal : gingivite, stomatite, problèmes oculaires, perte de poids, diarrhée chronique, fièvre, pneumonie et tumeurs. On suspecte la présence du FIV lorsqu'un animal souffre d'infections à répétition ou ne guérit pas d'une maladie infectieuse.

Il existe un grand nombre de tests pour diagnostiquer l'infection, mais aucun traitement connu ni, jusqu'à présent, aucun vaccin. Des médicaments onéreux, comme l'AZT, ralentissent la progression de la maladie sans la guérir. La castration, qui calme les comportements agressifs, et les restrictions frappant les visiteurs extérieurs ralentissent la

Ci-contre : *Chat présentant une langue ulcérée, symptôme de plusieurs maladies potentielles.*

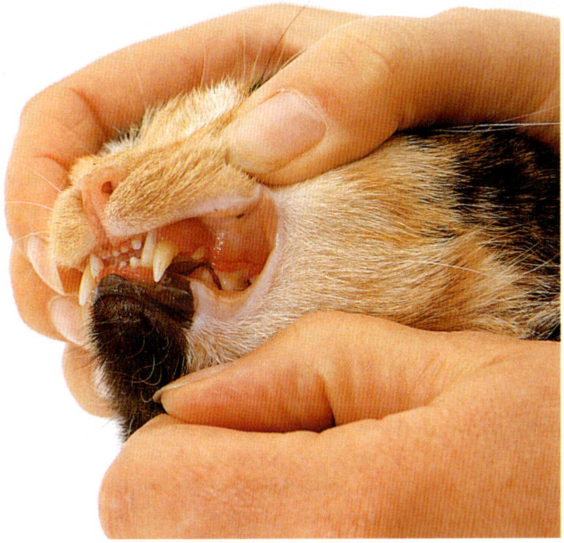

Ci-dessous : *La gingivite produit une inflammation sous la forme d'une ligne rouge le long des gencives, à côté des dents. Ce symptôme peut indiquer plusieurs pathologies différentes.*

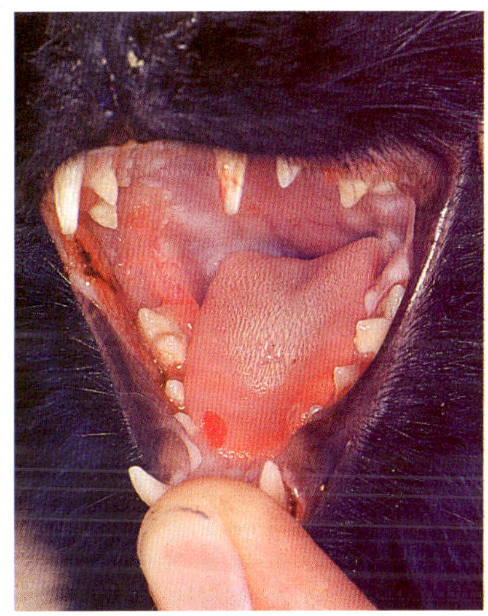

propagation de la maladie. Les risques de transmission sont faibles dans une maison paisible avec plusieurs chats.

Les maladies du système digestif

Les infections buccales. Blessures, bactéries, virus ou infections fongiques provoquent des inflammations et des infections buccales. Mauvaise haleine, bave et perte d'appétit en sont autant de signes et la bouche présentera des saignements des gencives, ou gingivites (rougissement le long de la gencive). On diagnostique une gingivite lors de l'accumulation de plaque dentaire, qui mine les gencives et expose les racines. Non traitées, les dents se détachent et tombent ou des abcès se développent au niveau des racines. Les chats grincent des dents, salivent et dédaignent leur nourriture. La plupart ont besoin d'un détartrage et d'un polissage à certains moments de leur vie, après quoi il faut leur donner des aliments secs qui usent les dents et limitent l'accumulation de tartre.

La gastrite est une inflammation de l'estomac due à un régime alimentaire déséquilibré, l'ingestion d'irritants lorsque le chat lèche son pelage ou ses coussinets, ou encore des bactéries, des parasites ou des ægagropiles (boules de poils). Le principal symptôme en est le vomissement de substances transparentes et mousseuses, parfois jaune clair et teintées de sang. Mais on observe ce symptôme dans de nombreuses affections n'indiquant pas une gastrite (obstructions, défaillance des organes et maladies comme la panleucopénie infectieuse féline et l'hépatite). Si le chat régurgite une ou deux fois sur plusieurs jours, faites-le jeûner 24 heures, puis donnez-lui un régime alimentaire sans irritants gastriques pendant quelques jours. Si les vomissements persistent, consultez un vétérinaire. Pour éviter les ægagropiles, brossez souvent la robe et donnez des aliments légèrement laxatifs les saisons au cours desquelles ils perdent leurs poils.

L'entérite est une inflammation de l'intestin ; lorsque l'estomac et l'intestin sont tous deux touchés, la maladie se transforme en gastro-entérite. Le premier symptôme en est la diarrhée. Certains chats sont constipés et vomissent aux cours des premières phases, puis développent des diarrhées pâles et laiteuses, jaune clair ou encore beaucoup plus sombres que la normale, parfois avec des traces de sang. Donnez de l'eau bouillie pour prévenir la déshydratation en attendant l'aide d'un vétérinaire.

Les causes de l'entérite sont nombreuses ; n'ignorez pas les symptômes éventuels. Si l'animal a des selles liquides mais semble bien se porter, observez-le pendant 24 heures et donnez-lui uniquement de grandes quantités de liquide. S'il vomit, ne lui servez qu'un peu de boisson. Il y a de grandes chances pour que le chat soit en forme le jour suivant, n'ayant en fait réagi qu'à l'ingestion de quelque chose de mauvais, insecte empoisonné, par exemple. Certains nettoyants courants, produits à polir, désinfectants et vaporisateurs provoquent de tels symptômes. Tout chat frappé d'accès bénins de diarrhées ou de vomissements doit être examiné par un vétérinaire.

La péritonite infectieuse féline (PIF, voir plus haut) et autres maladies virales, des bactéries comme la *Salmonella* et l'*Escherichia coli* (toutes deux transmissibles aux hommes) ou encore d'autres causes, comprenant les infestations par les vers chez les chatons, peuvent entraîner des entérites.

Si les diarrhées aiguës sont souvent le résultat d'un changement soudain de régime alimentaire, celles qui persistent ont un grand nombre de causes requérant un traitement. Attention aux risques de déshydratation.

Les maladies du système uro-génital

Des insuffisances rénales se produisent sous une forme aiguë sous l'effet de toxines comme le glycol éthylique, les métaux lourds, certains médicaments ou encore des infections bactériennes ; elles surviennent aussi lorsqu'une diminution de l'apport en sang dans les reins résulte d'une grave déshydratation, d'une hémorragie, d'une insuffisance cardiaque ou d'obstacles à l'écoulement urinaire. Les symptômes en sont la dépression, l'accroissement de la soif, la perte d'appétit, les vomissements occasionnels et la production de petites quantités d'urine concentrée. Le chat s'assoit dans une position caractéristique, recroquevillé, criant lorsqu'on le touche ou le soulève. L'ulcération de la bouche l'empêche de boire et il faut le traiter. Diagnostiquée à temps, la maladie est réversible. Sa guérison est lente et s'accompagnera d'un régime spécifique pauvre en protéines.

Les défaillances rénales chroniques sont communes chez les chats âgés. Ceux-ci boivent excessivement et sont friands de l'eau des flaques, des étangs et des vases. Ils évacuent de grandes quantités d'urine pâle, ont l'haleine fétide et la bouche ulcérée. L'affection connue sous le nom d'urémie s'installe lorsque les reins ne filtrent pas les déchets du sang ; le chat vomit et devient anémique.

On servira un régime à base de protéines de qualité, diminuant ainsi les déchets du métabolisme, et pauvre en phosphates pour réduire la libération de calcium par les os, qui aggrave l'état de l'animal.

La maladie féline du tractus inférieur est répandue chez les félins paresseux et souffrants de surpoids, nourris d'aliments secs et absorbant de l'eau en petites quantités. Ils se rendent souvent à leur bac à litière mais, s'accroupissant et semblant fournir de nombreux efforts, n'évacuent que peu d'urine, parfois teintée de sang. Ces efforts s'accompagnent de grognements ou de cris de douleur. Des cristaux sont souvent présents dans l'urine. Si la rétention est importante, la vessie prend la forme d'une balle ronde et dure. Manipulez le chat avec précaution, car la vessie risque de se rompre.

Chez les mâles, et parfois les femelles, des cristaux bloquent l'urètre. Si on ne les retirent pas, la vessie se déchirera. On supprime l'obstruction par cathétérisme, puis on prescrit un régime destiné à prévenir la réapparition des cristaux. Si on

Ci-dessus : *Des efforts excessifs dans le bac à litière ou des tentatives d'uriner ou de déféquer sans résultat sont des symptômes tout aussi importants que diarrhées ou vomissements, qu'il convient de signaler.*

Ci-contre : *Le gonflement de l'abdomen de ce chat provient de la présence de liquide et l'une des causes peut en être la pyométrie. Chez un chat atteint de cette affection, le gonflement n'est pas toujours visible.*

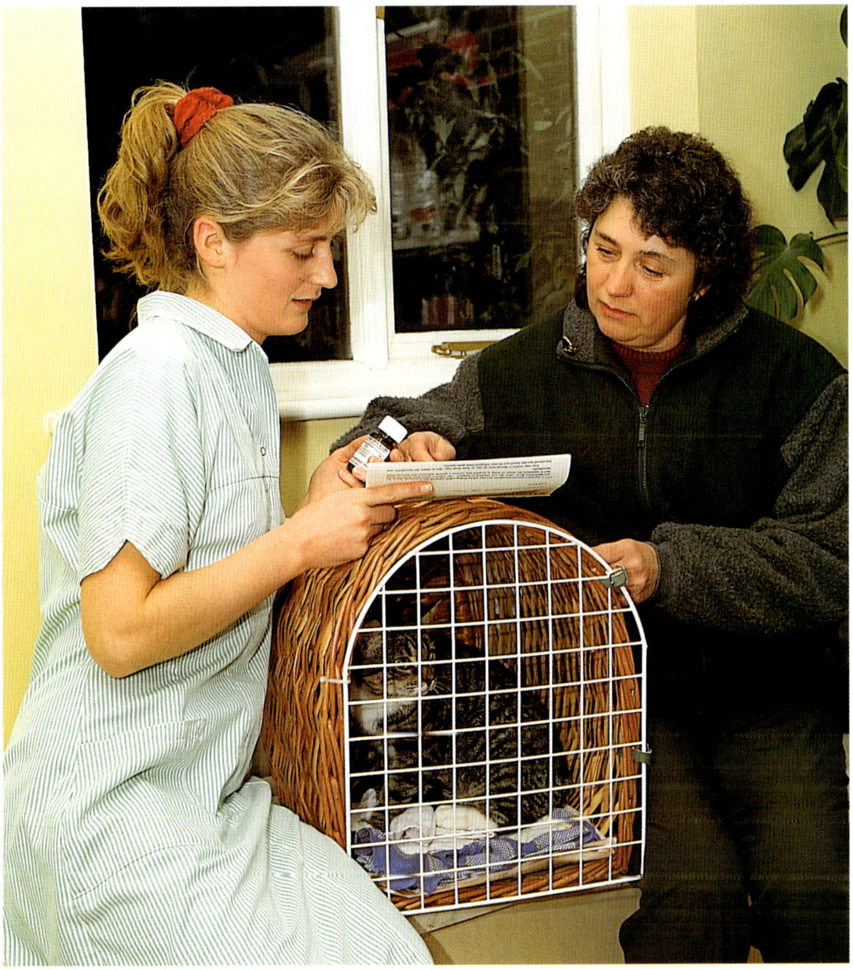

Ci-contre : *Lorsque vous appelez un vétérinaire, décrivez-lui les symptômes de votre chat. Il se peut que l'animal souffre d'une maladie contagieuse, auquel cas le praticien vous donnera un rendez-vous, de manière à éviter tout contact avec d'autres chats.*

ne parvient pas à les dissoudre, une intervention chirurgicale est nécessaire.

Les troubles utérins. Après une mise bas, une chatte peut souffrir d'une métrite périnéale causée par la rétention du placenta ou d'un chaton mort. Elle nettoie ses parties génitales, s'arrête, se tourne et émet un cri plaintif, puis un écoulement fétide se produit. Un traitement rapide est nécessaire pour la sauver.

Chez les chattes non reproductrices plus âgées, une affection connue sous le nom de pyométrie peut survenir. Du pus se forme dans l'utérus et l'abdomen se distend. L'animal est déprimé, assoiffé, refuse de manger, présente une température élevée et vomit.

L'endométrite, inflammation de la paroi utérine et première cause de problèmes de reproduction, survient sans raison apparente chez les femelles de tous âges. Fausses-couches répétées, chatons mort-nés et écoulements vaginaux en sont les principaux signes. Non traitée, elle se transforme en pyométrie.

Les maladies de la peau

Chez les chats, la majorité des problèmes de peau sont dus à des parasites ou des allergies. Parfois les follicules des poils s'obstruent, souvent sur le menton, produisant des points noirs ; pour les traiter, on utilisera de l'eau et du savon. Si ces problèmes de peau se compliquent par une infection bactérienne entraînant la formation de pus dans les follicules, faites appel à un vétérinaire. Si le chat se lèche excessivement l'aine, l'intérieur des pattes et le ventre, il se forme une zone en relief, humide et enflée, connue sous le nom de granulome de léchage ; on administre alors des corticoïdes. Dans le cas du granulome linéaire, dont la cause est inconnue, des nodules en relief d'un jaune rosâtre apparaissent sur la peau. On le traite de la même manière.

Rarement, et surtout chez les chats castrés à poils ras, les poils tombent temporairement en raison d'un déséquilibre hormonal. Un gonflement, ou hématome, provoqué par un saignement dû à la rupture d'un vaisseau sanguin sur l'oreille constitue une affection plus répandue.

Les allergies de la peau ont des causes diverses : réactions à des denrées alimentaires, inhalation de particules, contact avec des substances chimiques ou encore parasites. Les réactions les plus répandues sont la dermatite miliaire et l'alopécie symétrique, résultant d'une allergie provoquant des démangeaisons.

Dans le cas de la dermatite miliaire, des lésions (croûtes) apparaissent à la base de la queue, au niveau du cou et sur la colonne. Elles s'accompagnent de cassure et de chute des poils. Pour l'alopécie symétrique, les poils cassés se situent à l'intérieur de la cuisse et à l'arrière de l'abdomen. On distingue ces affections de la perte de poils due à des problèmes hormonaux car, dans le cas présent, les tiges continuent de pousser.

On peut diagnostiquer la présence de parasites externes en examinant les poils brossés ou en pratiquant une biopsie de la peau. Il est très facile de détecter la présence de puces car elles laissent des tâches noires correspondant à leurs fèces. Si vous avez des doutes, plongez-les dans de l'eau, puis mettez-les sur du papier humide : une décoloration brune ou de la couleur du sang apparaîtra. Les morsures de puces constituent un élément majeur dans l'apparition de dermatite miliaire et les traitements doivent garantir l'élimination des puces.

LES PARASITES DU CHAT

Un grand nombre de parasites vivent sur la peau du chat : il s'agit d'insectes. Les infections fongiques prospèrent ailleurs que sur la peau de l'animal. Ainsi, on trouve des parasites internes tels que nématodes, trichocéphales et trématodes, rarement responsables de problèmes, et toute une variété de vers détaillés ci-dessous. Quelques protozoaires unicellulaires sont susceptibles d'affecter le chat. L'isospora, qui se niche sur la paroi intestinale, n'a pas d'effets négatifs mais provoque des entérites chez les chatons. Le toxoplasme, sans conséquences dommageables sur l'animal, entraîne parfois une infection dangereuse chez la femme enceinte.

Ci-contre : *Il n'est pas facile de repérer les larves de puces, sauf au microscope, comme ici ; les excréments sont plus visibles. Quoi qu'il en soit, lorsque la présence d'œufs et de larves est pratiquement certaine, il faut traiter l'animal de façon répétée pour garantir leur élimination même lorsqu'ils seront adultes.*

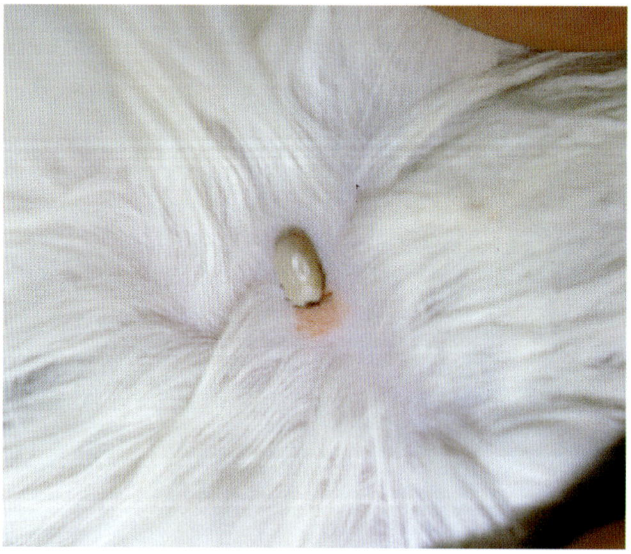

Ci-contre : *Les tiques sont facilement visibles lors de l'inspection du pelage d'un chat. N'essayez jamais de les retirer directement. Leurs gencives tenaces peuvent rester sur la peau et provoquer une blessure qui s'infectera. L'alcool leur fera lâcher prise.*

Les parasites externes

Les puces mordent et sucent le sang. Elles ne se limitent pas à un seul hôte, bien qu'elles préfèrent une espèce spécifique, et se déplacent par bonds. Elles passent la majorité de leur temps hors de leur hôte et pondent sur la peau ou dans leur environnement. Un chat qui se gratte le cou, est atteint de contractions musculaires le long de sa colonne vertébrale ou se tourne pour mordre la racine de sa queue, en présente les signes caractéristiques. De petits grains noirs sont à la base des oreilles et de la queue, le long de la colonne.

Retirez les puces à la main ou avec un peigne à dents fines, écrasez-les puis traitez la peau et sa panière avec des produits pesticides. Inspectez souvent le chat pour détecter les signes d'une nouvelle infestation.

Les poux n'ont qu'un hôte ; ils passent toute leur vie sur le chat et se transmettent par contact direct. L'une des sortes de poux suce le liquide et le sang des tissus, tandis qu'une autre ingère les poils et la peau morte. On les trouve rarement sur les chats, sauf ceux qui ne se nettoient pas, les jeunes animaux étant les plus touchés. Un chat qui se gratte la tête et le cou est infesté. D'un blanc jaunâtre, les poux, en forme de poire, sont visibles sur la peau où ils se déplacent lentement, et ressemblent à des squames. De minuscules œufs clairs, semblables à des perles (les lentes), se fixent sur les poils. Pulvérisez le pelage, époussetez et baignez-le avec l'insecticide prescrit. Retirez les poils avec lentes en les peignant, puis brûlez-les. Inspectez souvent l'animal.

Les tiques, rares, proviennent de la végétation extérieure. Ne provoquant ni irritation ni anxiété, elles sucent le sang et ont un effet débilitant. On les voit sous

Ci-contre : *Si un chat se gratte de façon excessive, il est nécessaire de l'examiner de près. Cela peut être un signe de présence de puces ou d'autres parasites et, si les grattements se concentrent autour de l'oreille, de gale due à des otodectes.*

forme de grosseurs d'une couleur bleu-gris attachées à la peau, semblables à des verrues. La plupart des traitements anti-puces permettent de les tuer, ou un peu d'alcool chirurgical leur fera lâcher prise. Utilisez une pince à épiler (ne les enlevez pas directement ou leurs gencives risquent de rester dans la peau).

Les trombiidés (puces des sables ou chiques) injectent leur salive dans la peau, puis sucent le liquide. Ils sont parasitaires dans les premières phases de leur vie. Un chat infesté a les oreilles baissées, se gratte la tête et mord ses pattes. De près, on voit les minuscules puces semblables à des taches rouge-orangé rassemblées en grappes, sur le pavillon des oreilles ou entre les doigts. La plupart des traitements anti-puces les tuent.

Gale. Il existe plusieurs types d'acariens dont l'infestation est communément appelée gale. L'une des gales, appelée notoedres, est contagieuse pour les animaux et les hommes. Heureusement rare, elle est provoquée par des acariens se nichant sur leur hôte toute leur vie, soit deux à trois semaines. Elle se manifeste par la cassure des poils et l'apparition de lésions sur la tête et le cou, avec un rougissement de la peau et la formation d'écailles et de croûtes. Isolez le chat et adoucissez la peau avec du savon et de l'eau, avant d'appliquer des préparations adéquates. Répétez le traitement, jusqu'à ce que la repousse des poils indique la destruction totale des acariens.

La gale démodécique, peu répandue, entraîne des lésions autour des yeux et parfois sur les pattes antérieures. L'écaillage de la peau est fréquent chez les chats souffrant de démangeaisons et se grattant. Là encore, le traitement consiste en l'application d'une crème spécifique.

Les *Cheyletiella* vivent sur la peau de nombreux animaux et ne sont pas spécifiques à certaines espèces. La présence de pellicules, en particulier le long de la partie supérieure du dos, en est le signe le plus fréquent ; parfois, une dermatite miliaire survient. Il arrive aussi que le chat se gratte sans présenter aucun autre symptôme. Son maître peut développer des éruptions cutanées sur les poignets, la poitrine et l'estomac. Cette gale s'identifie par l'observation des poils brossés et des squames de la peau. Un insecticide tue ces acariens mais il faut renouveler l'application au bout d'un certain temps.

L'otoacariase est due à la présence d'otodectes, ou mites des oreilles, qui se propagent parfois sur la tête et le corps. Ces mites vivent et pondent dans l'oreille, provoquant des irritations intenses. Le chat secoue sa tête et se gratte le dos de l'oreille, où s'accumule une exsudation brun foncé dans le canal auditif. Appliquez un traitement sans tarder.

Une fois l'exsudat évacué, versez des gouttes ascaricides, puis de la crème antibiotique pour traiter toute infection secondaire, souvent avant l'éradication des acariens. Des applications répétées sont

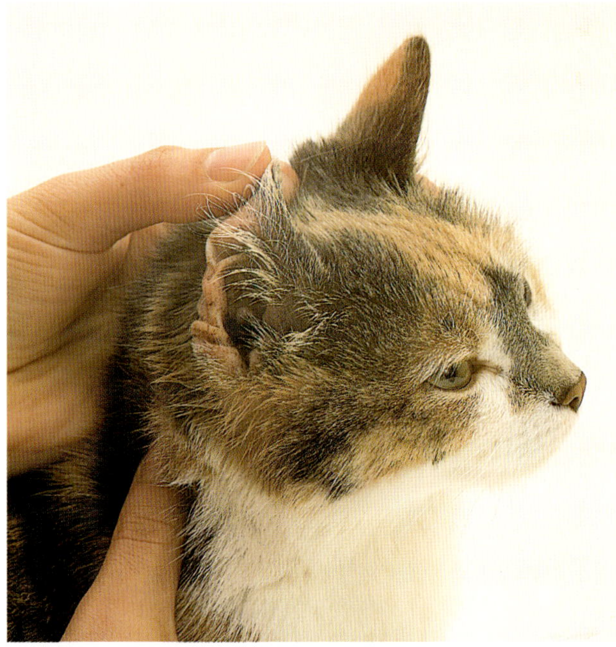

Ci-contre : L'accumulation de cérumen à l'intérieur des oreilles est un signe d'infestation par des mites des oreilles.

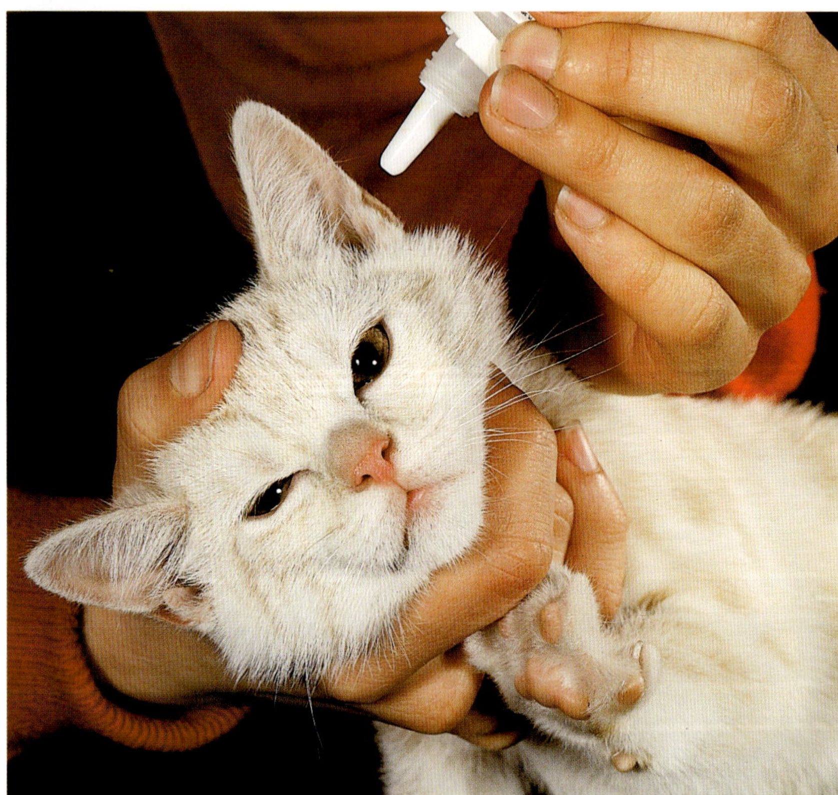

Ci-dessous : Pour traiter les mites des oreilles, administrez des gouttes, puis répartissez-les en massant doucement la base de l'oreille.

nécessaires ; suivez les instructions du vétérinaire. Les gouttes peuvent assécher le canal auditif et interférer avec les sécrétions naturelles de cérumen. Cette affection est contagieuse : quelle que soit l'oreille atteinte, traitez les deux ainsi que celles des autres chats et chiens de la maison.

La teigne est une infection fongique qui apparaît autour du nez, des babines, du front, des pattes antérieures et dans les fourreaux des coussinets. Elle se présente sous la forme de petites lésions circulaires ou ovales ou parfois de boutons avec de petites croûtes, chaque « cercle » renfermant des poils cassés. Sous une autre forme, elle engendre des amas de pellicules bien visibles qui se répandent comme de la cendre de cigarette sur la peau ou de petites squames blanches regroupées autour de touffes de poils. Certains chats en sont porteurs sans présenter de symptômes et on découvrira des lésions sur les membres de la famille avant de suspecter la maladie chez l'animal. Soumise aux rayons ultraviolets, la teigne dégage une certaine fluorescence. Pour confirmer le diagnostic, procédez à un examen microscopique des poils infectés ou des cultures effectuées.

On administre oralement un antibiotique fongicide jusqu'à six semaines ainsi que diverses crèmes et lotions. Il faut mettre les chats affectés en quarantaine. Brûlez les poils tombés, désinfectez les autres équipements avec du formol, en suivant les instructions du vétérinaire.

Les parasites internes

Les vers ronds sont répandus chez les chats domestiques. Seules les infestations majeures nuisent aux animaux adultes, sauf s'ils souffrent d'une autre affection les rendant très faibles. Elles sont graves chez les chatons, qui les attrapent par leur mère. Souvent, le chat vomit les vers ronds présents dans son estomac, recroquevillés comme de fines pâtes torsadées, longs de 75 mm et parfois du double. Leurs œufs se transmettent par les fèces. On suspecte leur présence si le chat a la diarrhée, le ventre gonflé, un pelage terne et montre une inappétence. Les chatons toussent et auront mauvaise haleine.

Les chattes reproductrices doivent être traitées contre les vers avant l'accouplement. Les chatons seront vermifugés sous

Ci-contre : *Un œuf de pou attaché dans le pelage d'un chat, fortement agrandi. À l'œil nu, il ressemble à une squame mais on peut le voir se déplacer lentement.*

Ci-contre : *Les cheyletiella produisent une couche de pellicules visibles sur la peau si on écarte les poils.*

assistance vétérinaire, si nécessaire même avant le sevrage. Le traitement dure quatre semaines, puis s'administre toutes les deux semaines pendant cinq mois, et enfin toutes les huit semaines pendant un an. Les chats d'extérieur doivent être vermifugés trois ou quatre fois par an toute leur vie et ceux d'intérieur au moins une fois. Les traitements soignent toute une série d'infections par les vers, ce qui n'est pas le cas de certains médicaments vendus en animalerie.

Les cestodes vivent dans les intestins. Le chat ingère leurs œufs en mangeant des hôtes intermédiaires, comme les puces et les tiques ou certaines espèces de rongeurs ; les cestodes se développent à l'état adulte dans le chat. Les segments du ver porteurs d'œufs se séparent, s'évacuent dans les excréments et sont visibles, semblables à des grains de riz, dans les poils autour de l'anus. Il peut s'agir là du seul signe d'infection, mais parfois la membrane nictitante se soulève, le chat semble agité et mange beaucoup tout en paraissant en mauvaise santé. Pour minimiser les risques d'infection, protégez l'animal des puces, empêchez-le de manger des carcasses d'animaux sauvages et vermifugez-le.

Les coccidies regroupent des parasites protozoaires qui se nichent dans la paroi intestinale et entraînent une coccidiose, affection répandue chez les chatons élevés en grand nombre et dans des conditions peu hygiéniques. Si certains animaux ne montrent aucun symptôme, en cas d'infestation majeure ils vomissent souvent, en particulier le matin au réveil. Ils ont des diarrhées fétides souvent tachées de sang et deviennent anémiques, avec une pâleur autour des babines. Si on ne les traite pas, ils sont de plus en plus émaciés. Une bonne hygiène réduira l'infestation et empêchera une nouvelle infection.

Le toxoplasme est un autre parasite protozoaire dont les chats peuvent être porteurs sans subir d'effets dommageables ; il est dangereux pour les femmes enceintes. Sous une forme aiguë chez les jeunes chatons, il entraîne perte d'appétit, fièvre, jaunisse, difficultés respiratoires, diarrhées et vomissements, et ce pendant deux semaines environ jusqu'à ce que le chat succombe. Chez les animaux plus âgés, l'affection prend une forme chronique, certains des symptômes précités se développant graduellement. Finalement, elle attaque le système nerveux et provoque notamment cécité et défaillance cardiaque. Le traitement existe mais on ne le recommande pas pour des raisons de santé publique.

Les vers du cœur sont ronds et se transmettent par piqûres de moustiques ; leur hôte est habituellement le chien. Les chats ne subissent aucun effet négatif jusqu'à ce que, au bout de six mois, les parasites parviennent à maturité : ils agissent sur le cœur et la circulation vers les poumons. Les chats présentent alors de grosses difficultés respiratoires. Il est difficile de les traiter si des vers morts bloquent les vaisseaux sanguins.

Les vers à crochets s'attachent sur la paroi intestinale où ils sucent le sang. Ils dégagent ensuite un anticoagulant et, lorsqu'ils se déplacent, le saignement se poursuit sur l'ancien site. Leurs larves sont ingérées par les chats ou se nichent dans la peau, l'animal les récoltant quand il se trouve sur un sol humide infecté. Normalement, certains traitements vermifuges permettent de s'en débarrasser.

LES SOINS INFIRMIERS À DOMICILE

Ci-dessous : *Pour administrer des pilules à son chat, on préférera l'utilisation d'un distributeur comme celui-ci, bien que cette tâche puisse se faire également avec les doigts.*

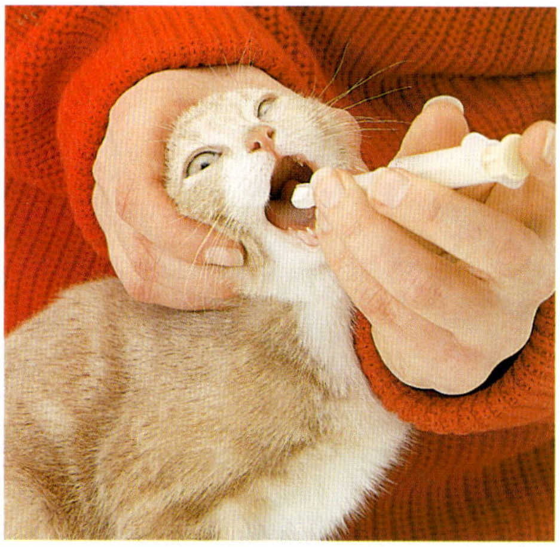

Ci-dessous : *Après avoir donné une pilu ou un médicament, caressez toujours la gorge du chat pour encourager l'anim à avaler. De nombreux chats essaient de retenir le médicament dans leur bouche, puis le crachent après coup.*

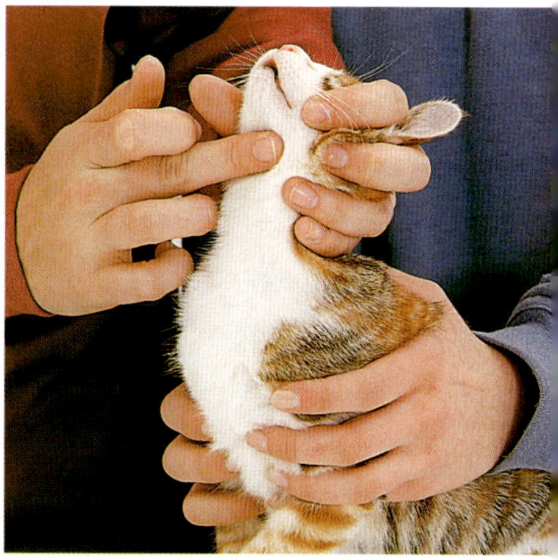

Mieux vaut soigner un animal gravement blessé ou sérieusement malade dans une clinique vétérinaire plutôt qu'à la maison, où les maîtres ne disposent ni des équipements adéquats ni de la compétence nécessaire. Néanmoins, on peut s'occuper chez soi de nombreux autres cas moins graves, en suivant les instructions d'un vétérinaire. La proximité d'amis, d'odeurs domestiques et d'un environnement familier diminue le stress et constitue un soutien précieux. Il faut garder le chat propre, au chaud et maintenir son intérêt en éveil. Chaque maladie a ses propres caractéristiques et requiert des soins que le vétérinaire vous détaillera. Une mise en quarantaine rigoureuse est requise en cas de maladies infectieuses ; les personnes manipulant le chat changeront leurs vêtements et se laveront les mains avant tout contact avec d'autres chats. Si les animaux malades se cachent, interdisez-leur de sortir et fermez soigneusement portes et fenêtres. Placez leur panière dans un endroit calme à l'abri de la lumière.

Ci-contre : *La façon la plus simple d'administrer des médicaments liquides consiste à utiliser une seringue. Insérez l'embout entre les dents et appuyez peu à peu, encourageant le chat à avaler.*

Les soins infirmiers d'ordre général

Un chat malade a besoin d'aide pour sa toilette ; parfois, il s'en remet tout à fait à son maître et sa propreté constitue l'une des conditions de sa volonté de vivre, de son confort et de son hygiène. Vulnérable et sur la défensive, il est peu coopératif ; méfiez-vous des griffes et des dents si vous devez le manipuler ou lui infliger un traitement déplaisant. Si certains sont confiants envers les étrangers, il faut parfois retenir pattes et griffes dans une serviette jusqu'à ce qu'ils se sentent en confiance. Utilisez la force aussi peu que possible. Caressez le chat pour l'apaiser. Pour le maintenir, placez une main sur sa tête, votre avant-bras retenant son corps contre votre flanc. Pour le contrôler plus fermement, tenez-le par le cou d'une main et retenez ses pattes de l'autre.

Pour toiletter un chat malade, procédez comme pour un animal en bonne santé, en insistant sur ses yeux, ses oreilles, son nez, sa bouche et les poils situés autour des canaux urinaire et anal ; utilisez de l'eau chaude et un antiseptique dilué adapté. Séchez soigneusement les surfaces lavées. En cas d'inflammation des yeux, des narines ou des babines, le vétérinaire peut suggérer l'application d'une crème antibiotique ou d'un gel transparent à base de pétrole.

Il faut parfois l'alimenter à l'aide d'une seringue s'il refuse de se nourrir ou a des difficultés à manger. Un ou deux jours sans nourriture ne le met pas en danger de mort et mieux vaut ne pas forcer un animal récalcitrant ; la déshydratation est dangereuse et il faut donc lui donner du liquide. Dans les deux cas, remplissez une seringue de nourriture molle ou de liquide et injectez-en le contenu de la même manière que pour un médicament. Donnez-lui de petites boulettes alimentaires de la même manière que les pilules.

L'administration de médicaments par voie orale

La meilleure façon d'administrer des médicaments liquides consiste à utiliser

Ci-dessous : *Pour appliquer une crème ou des gouttes dans les yeux, maintenez la tête du chat et essayez d'introduire le traitement au centre du globe oculaire.*

Ci-dessous, à droite : *Une telle collerette empêche le chat de lécher ou de mordre son bandage, mais il faut la retirer lorsqu'il mange et boit.*

une seringue. Une seringue n'est pas une aiguille hypodermique mais un tube doté d'un piston, qu'on remplit avec du liquide en y plongeant le gicleur et en tirant sur le piston. Les seringues existent en plusieurs tailles et comportent souvent des repères permettant de mesurer la dose avec précision. Maintenez le chat d'une main au niveau du cou, les doigts orientant doucement la tête vers le haut, puis glissez le gicleur de la seringue entre les dents latérales, la bouche étant fermée. Appuyez doucement sur le piston pour évacuer le liquide. Vérifiez que le chat l'a bien avalé.

Pour l'administration d'une pilule, ouvrez la bouche du chat : en tenant sa tête par l'arrière, exercez une légère pression avec vos doigts et vos pouces de part et d'autre de sa gueule. Ceci l'oblige à ouvrir sa gueule. Tenez la pilule entre le doigt et le pouce de l'autre main et pressez sur la mâchoire inférieure avec l'annulaire, tout en poussant le médicament sur la langue. Fermez la bouche et tenez-la close tout en caressant la gorge vers le bas. Assurez-vous que le chat a avalé la pilule avant de le relâcher. Certains semblent avoir absorbé le médicament mais le crachent dès que vous avez tourné le dos : observez-le donc quelques instants. Si vous trouvez même cette manœuvre difficile à exécuter, il existe des « pistolets » spécifiques vendus dans le commerce, consistant en un tube court que vous insérez dans la bouche avant de pousser sur le piston pour libérer la pilule.

Les médicaments pour les oreilles et les yeux

Il s'agit de crèmes ou de liquides que l'on injecte en pressant le conteneur (tube ou la canule en plastique). Nettoyez les yeux avec du coton hydrophile humidifié. Attrapez le museau par-derrière, un pouce au-dessus de l'œil. Soulevez la paupière d'un doigt et injectez le médicament sur la cornée. Veillez à ce que seul le médicament et non le tube soit en contact avec l'œil.

Pour les gouttes d'oreilles, maintenez le chat et tournez-lui la tête d'un côté, en repliant l'oreille vers l'arrière pour que les gouttes pénètrent. Massez derrière l'oreille pour répartir le médicament.

L'administration de nourriture à l'aide d'une seringue

Si un chat a des difficultés à manger, donnez-lui sa nourriture dans la bouche avec une seringue. Les maîtres doivent apprendre à le faire de même qu'à donner des pilules, des médicaments et des gouttes.

Les bandages

Lorsque vous réalisez un bandage, ne le faites ni trop lâche (afin qu'il ne tombe pas ou que le chat ne puisse pas le retirer), ni trop serré car il gênerait la circulation. Les bandages tubulaires sont très efficaces pour les membres. Ne fixez pas les bandes de tissu avec des épingles de nourrice, mais des nœuds ou attachez-les avec du sparadrap.

Pour l'extrémité d'une patte, entourez-la en descendant, puis remontez, avant de l'enserrer à nouveau vers le bas.

Pour l'abdomen, coupez un bout de tissu en pointes des deux côtés, puis enveloppez le dessous du corps et nouez les pointes au niveau du dos.

Si vous changez les pansements ou les bandages d'un chat convalescent, demandez au vétérinaire de vous montrer comment procéder.

Les collerettes

Une collerette empêche un chat de lécher un médicament ou un bandage. Votre vétérinaire peut vous en fournir une, mais vous pouvez aussi improviser une collerette en carton. Découpez un cercle de 30 cm de diamètre, puis un autre cercle de 10 cm de diamètre au centre. Supprimez ensuite un segment équivalant à un quart ou un tiers de la circonférence. Placez-le autour du cou, en croisant ou collant ensemble les extrémités.

C.F.E.
Best of Best

Sixième partie :

Spectacles et expositions

LES AMATEURS DE CHATS

DÈS 1598, LORS DE LA FOIRE ANNUELLE de Saint Giles à Winchester, en Angleterre, on attribuait des prix pour le titre du meilleur ratier et du meilleur chasseur de souris, mais la première exposition dans le sens moderne du terme s'est tenue au Crystal Palace de Londres en 1871. L'organisateur était Harrison Weir, artiste et grand amateur d'animaux, qui présentait des chats de différentes couleurs, particularités et races. Parmi les 170 inscrits figuraient des siamois, un chat franco-africain doté d'une douce robe brune, ainsi qu'un énorme tabby anglais pesant 9,5 kg. Les chats concouraient en fonction de leurs coloris, avec un prix pour le plus gros. Le succès de cette exposition a entraîné l'organisation de nombreuses autres, comme celle du premier spectacle félin d'Amérique au Madison Square Garden de New York en 1895.

L'élevage planifié a débuté et les propriétaires de chats originaux ont commencé à tenir des archives avec méticulosité, créant ainsi les premiers registres écrits de pedigrees félins. Les groupes intéressés par un même type de chat ont formé des clubs et des sociétés d'amateurs de chats ont vu le jour.

Les organismes dirigeants

En Angleterre, le National Cat Club créé en 1887 a publié le premier livre généalogique en 1895. Les spectacles de la plupart des clubs de Grande-Bretagne suivaient son règlement. Une association rivale est apparue en 1895, mais en 1910 tous ont uni leurs efforts dans un même conseil directeur des amateurs de chats (Governing Council of the Cat Fancy ou GCCF). Ce conseil a contrôlé l'ensemble des affaires du pays dans ce domaine durant les 73 années qui ont suivi, jusqu'à ce qu'une organisation parallèle, la Cat Association of Britain (CA), se monte en 1983.

Si l'American Cat Association (ACA) a constitué le premier bureau d'enregistrement aux États-Unis, il existe aujourd'hui un grand nombre d'organismes nord-américains, souvent dotés d'accords réciproques ; les animaux canadiens peuvent donc concourir aux États-Unis et vice versa. Le plus grand de tous est la Cat Fancier's Association (CFA) ; parmi les autres, on citera la Canadian Cat Association (CCA), la Cat Fancier's Federation (CFF), The International Cat Association (TICA), l'United Cat Federation (UCA).

En Europe, de nombreux pays ont au minimum deux organisations pour chats, dont l'une affiliée à la fédération internationale féline (FIFe). En France, de nombreux organismes et clubs de races cohabitent, mais depuis 1999 la fédération pour la gestion du Livre officiel des origines félines (LOOF) centralise officiellement l'établissement des pedigrees et coordonne la rédaction des soixante-quatre standards reconnus dans l'Hexagone.

Ci-contre : *Le vainqueur d'un concours présente fièrement ses trophées de champion.*

Ci-contre et ci-dessous : *Un beau persan bicolore, vainqueur du prix du chat de l'année à l'Exposition internationale de Londres.*

La CA, la FIFe et plusieurs associations américaines ont pour leurs juges des programmes de formation avec un examen rigoureux.

Les races reconnues

Chaque association d'amateurs de chats ou chaque organisation dirigeante a sa propre liste de races et de variétés reconnues, et décide des règles d'élevage. Toutes établissent des standards de perfection pour les différentes variétés, avec un nombre de points attribués en fonction des caractéristiques du chat. Ce nombre varie d'un pays ou d'un organisme à l'autre dans un même pays. La deuxième partie de cet ouvrage donne une idée générale des standards en matière de races, mais si vous souhaitez enregistrer un chat ou l'engager dans une exposition sous le contrôle d'un organisme spécifique, procurez-vous ses standards officiels : de même qu'il existe des variations entre les organisations, certaines procèdent parfois à des amendements, lorsque de nouvelles races sont reconnues et certaines couleurs jugées recevables.

Les organisations ont leurs propres exigences pour la reconnaissance d'une nouvelle race. En général, elles demandent la preuve que cette race est distincte des autres établies, qu'elle a une lignée pure depuis un nombre minimum de générations (dans le cas de la CFA, il faut produire au moins 100 exemples valables) et qu'elle ne présente aucun défaut ni handicap dommageable.

Les programmes d'élevage

Des mutations se produisant occasionnellement (oreilles repliées du scottish fold ou poils frisés des rex) peuvent former la base d'une nouvelle race ; la plupart d'entre elles ont pour origine des races ou des types existants. En dépit des nombreuses variétés établies, il en reste bien d'autres à créer.

L'enregistrement d'un pedigree, ou son arbre généalogique reprenant les générations précédentes, permet aux éleveurs de retrouver la lignée et d'identifier la constitution génétique potentielle de chaque chat.

Grâce à une planification soigneuse, on introduit une couleur, un type de robe ou une autre caractéristique physique d'une race particulière chez une autre et, par le biais d'un accouplement précis, on établit ainsi une lignée pure par héritage génétique. De tels programmes d'élevage doivent suivre les règles promulguées par les organismes dirigeants. Même lors d'élevage de variétés établies, ces programmes autorisent certains accouplements croisés tandis qu'ils en interdisent formellement d'autres.

LES EXPOSITIONS FÉLINES

En Grande-Bretagne, les expositions durent une journée, mais dans d'autres pays celles de deux jours sont plus répandues. Les exhibitions américaines et celles de la CA en Grande-Bretagne consistent en plusieurs « rings », chacun formant en fait un « petit spectacle dans le spectacle ». Les chats sont jugés durant des concours de championnat ouverts à toutes les races, sans devoir se rendre à plusieurs événements sur quelques jours.

Certaines expositions rassemblent toutes les races, d'autres les chats à poils longs, à poils courts ou encore une race particulière. D'autres encore, plus petites, ne sont que des manifestations octroyant des récompenses sans grande signification (certificats de championnat, rubans ou encore points). Quelques rassemblements sont organisés pour l'évaluation et l'authentification de nouvelles races ou variétés de couleurs de races existantes. Enfin, de nombreux spectacles acceptent la participation de chats sans pedigree.

La plus grande manifestation du monde a lieu chaque année à Londres d'après le règlement de la GCCF. Elle est organisée par le Club félin national, qui est à l'origine du mouvement débuté en 1887. Plus de 2 000 chats y participent, chacun dans une catégorie ouverte ou spécifique ; il existe tout un ensemble de catégories diverses et quelques-unes sont proposées par des clubs spécialisés dans certaines races. En dépit de l'envergure du spectacle, il ne comporte aucun point d'orgue, tel qu'un prix du meilleur chat ou une récompense suprême. Chaque année, la GCCF organise un concours général qui se distingue de tous les autres. Les concurrents se qualifient en gagnant dans des catégories ouvertes à toutes les races au cours de compétitions précédentes. Les jugements s'effectuent dans des rings, comme dans certaines exhibitions américaines, et les vainqueurs ont des récompenses spécifiques. On expose les chats dans des cages décorées dans la partie centrale du hall en attendant le jugement. L'attribution des rosettes suprêmes au meilleur chat, au meilleur chaton et au meilleur chat neutre de pedigree, ainsi qu'au meilleur chaton et au

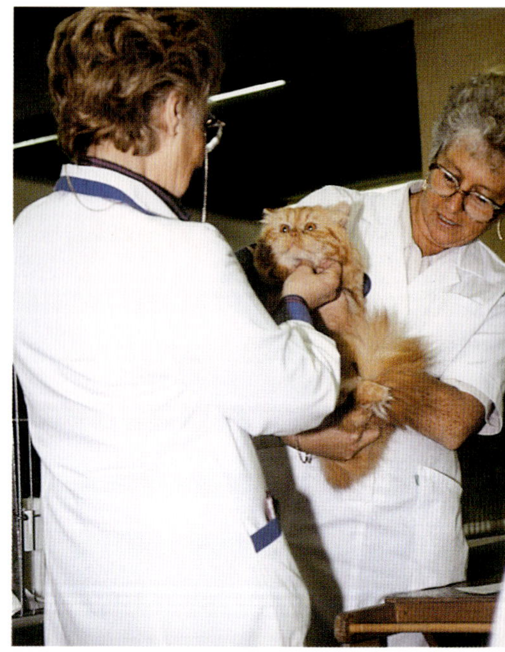

Ci-dessous : *Durant des expositions organisées conformément aux règlements de la GCF, les juges font le tour des cages disposées sur des planches afin de juger les chats. Les maîtres n'ont pas le droit d'être présents au moment du jugement.*

Ci-dessous, à droite : *Aux États-Unis et en Grande-Bretagne, lors d'expositions en cercles, on amène les chats aux juges ; le public, propriétaires compris, peut observer le déroulement du jugement.*

Ci-contre : *Les juges effectuent une observation très complète de chaque animal pour l'évaluer conformément à un système de points établi pour la race concernée.*

Ci-contre : *La plus grande exposition du monde, la représentation annuelle du National Cat Club de Grande-Bretagne, a lieu depuis 1887.*

meilleur chat neutre sans pedigree constitue le point fort de la journée.

Les expositions avec jugement en rings

Aux États-Unis, la plupart des expositions félines suivent le système de rings ouverts et la CA de Grande-Bretagne a adopté cette méthode qui tient tous les participants en haleine. Les exposants décorent leurs cages, les rendant ainsi confortables pour le chat et pittoresques pour le public. Ils y font figurer les prix remportés lors d'expositions précédentes, ainsi que toutes sortes d'informations relatives à la race. Les juges ne pénètrent pas dans l'enceinte du hall d'exposition et ne sont donc pas influencés par les succès antérieurs du chat ou de son maître.

En Grande-Bretagne et en Scandinavie, des délégués amènent les chats dans les rings tandis que leurs propriétaires anonymes sont assis dans le public. En fonction du règlement, les juges remplissent un formulaire avec des points, font des commentaires oraux ou rédigent une critique complète sur chaque animal. On décerne toutes les récompenses, sauf la plus importante, en même temps que le jugement, puis le maître ou le délégué ramène le chat dans sa cage pour l'exposer.

Dans la plupart de ces spectacles, les chats accumulent points ou certificats pour remporter plusieurs titres en une seule journée, ce qui réduit le stress et les risques d'infection par rapport aux compétitions en rings fermés ; dans ce dernier cas, on ne juge qu'une fois les animaux, qui doivent remporter au moins trois représentations différentes pour gagner un grand titre.

Dans la majorité des pays d'Europe, le jugement en rings est pratique courante mais s'effectue hors du hall d'exposition, les juges travaillant en privé. Des délégués compétents présentent les chats en les étalant tout le long de leur avant-bras, les retenant doucement avec la main opposée. En rings fermés, les juges rédigent une critique ; ils attribuent aux animaux des places qu'ils inscrivent sur des formulaires récupérés ensuite par un membre officiel. L'équipe organisatrice distribue ensuite certificats, rubans et rosettes.

Les jugements sur site

Pour les jugements sur site, comme ceux pratiqués par la GCCF, l'évaluation s'effectue dans l'enceinte du hall d'exposition ; chaque chat est placé anonymement dans une cage numérotée et ne dispose que d'une couverture blanche, d'un bac à litière blanc et d'un bol d'eau. Les juges vont de cage en cage, accompagnés chacun d'un délégué qui sort le chat pour l'examen. Ils décident du classement de l'animal et remettent une feuille officielle de palmarès à la table d'administration pour le dépouillement. On affiche les feuilles sur un tableau de récompenses et l'équipe d'administration attribue des cartes de prix et, dans certains concours, des rubans et les rosettes, ensuite placées sur les cages d'exposition.

PARTICIPER À UNE EXPOSITION FÉLINE

Vous trouverez les coordonnées d'organismes d'enregistrement de chats, de clubs félins, de sociétés d'élevage et d'expositions à venir dans la presse, ainsi que sur Internet. Lors d'une exposition, vous verrez un grand nombre de chats et parlerez à des éleveurs ainsi qu'à des passionnés, véritable mine d'informations sur les amateurs habitant votre région. Cette expérience pourrait bien vous donner envie d'y engager votre petit protégé.

Avant de participer à un concours, inscrivez votre chat auprès de l'organisme organisateur. La plupart des associations permettent aux félins sans pedigree d'être exposés dans des catégories pour animaux domestiques sans enregistrement, mais ils n'ont pas le droit de remporter certaines récompenses bien spécifiques. Quelques associations, en particulier le TICA aux États-Unis et le CA en Grande-Bretagne, leur permettent de concourir pour des titres comme Master et Grand Master, etc.

Être membre d'un club ou d'une association permet à votre animal de prendre part à ses spectacles et de concourir pour des prix, tout en procurant d'autres avantages : frais d'engagement réduits, bons gratuits pour des catalogues et des expositions, et possibilité de participer à certaines rencontres. Vous pouvez être membre passif ou, si vous appréciez de tels événements, collaborer à la gestion et à l'organisation d'expositions, vous engageant ainsi dans un loisir absorbant et souvent très stimulant.

Poser sa candidature

En contactant les associations félines compétentes, vous obtiendrez la liste des expositions officielles, les règlements ainsi que des informations sur l'engagement. Après avoir opté pour l'événement qui vous intéresse, écrivez au responsable ou au directeur afin d'obtenir le programme et d'autres renseignements. Planifiez vos participations car l'enregistrement des candidatures est clôturé parfois bien avant le spectacle.

Si, pour certaines petites organisations, trois semaines suffisent, dans le cas de concours importants, l'engagement peut se faire deux mois auparavant.

Étudiez de près les règlements parce qu'ils varient considérablement. En cas de doute, prenez conseil auprès d'un exposant expérimenté ou contactez le responsable de l'exposition pour remplir le formulaire. Vous devez connaître des détails très précis sur votre chat ; utilisez sa feuille d'enregistrement comme référence. Envoyez ensuite le formulaire au bureau responsable, avec le paiement des frais correspondants, et joignez un timbre pour une confirmation de votre engagement ou une réponse à vos questions. Avant le jour de l'exposition, on vous enverra toute une série de documents à amener, parfois collectés à l'arrivée dans le hall.

Ci-dessus : Des propriétaires font la queue pour la visite médicale de leurs chats, avant de participer à une exposition populaire. Cela exige beaucoup à la fois des chats et de leurs propriétaires.

Ci-contre : Certains chats apprécient l'expérience que constitue une apparition dans une exposition et restent impassibles durant leur jugement.

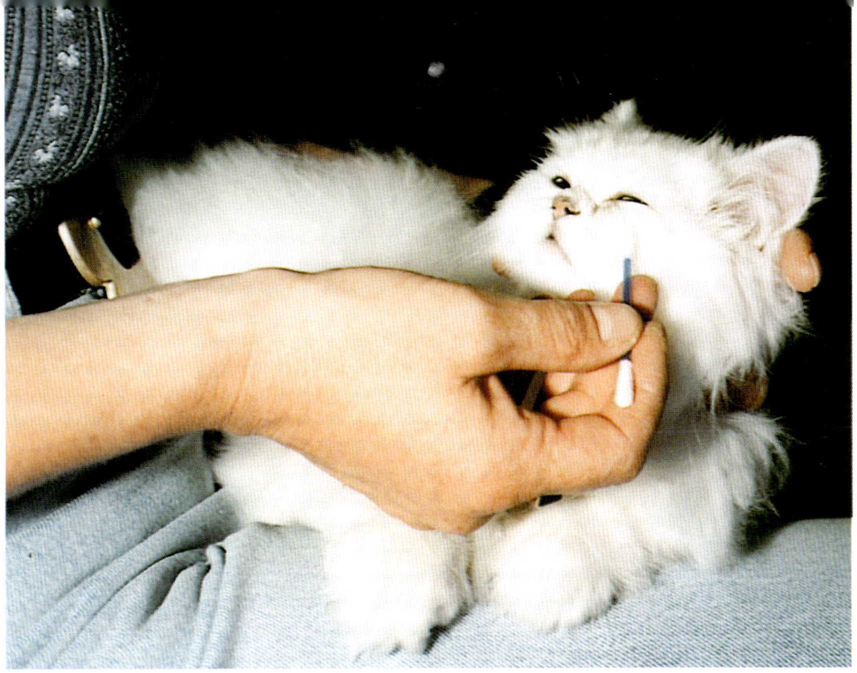

Ci-contre : Un chat doit être au sommet de sa forme pour une exposition et les préparatifs se poursuivent jusqu'à la dernière minute.

Ci-dessous : Pour les expositions organisées selon le règlement de la GCCF, les cages ne peuvent pas être décorées : une couverture blanche, des écuelles et un bac à litière. Autour de leur cou, chaque chat porte une étiquette avec un numéro d'identification.

Les préparatifs pour le spectacle

Votre chat doit être en meilleure condition possible. Vermifugez-le, demandez au vétérinaire de vérifier ses dents, ses oreilles et ses griffes. Procédez au nettoyage quotidien doux mais soigneux du pelage de la façon adéquate. Avec un morceau de tissu ou un tampon, stimulez les muscles des épaules, du dos et des cuisses : vous activerez ainsi la circulation et conférerez au pelage un aspect brillant. Retirez tous les poils morts et maintenez les oreilles et les griffes d'une propreté irréprochable.

Le chat doit être amical, et donc habitué à ce que des étrangers le prennent. Si vous pouvez vous procurer une petite cage, y enfermer l'animal pendant quelques jours, par exemple à l'heure des repas, lui sera profitable : il s'acclimatera aux conditions de l'exposition. Il doit voyager sans problème et être accoutumé à rester dans son panier le temps d'un transport sans faire aucune difficulté. Certains éleveurs font même écouter à leurs animaux des bruits de foule enregistrés sur cassettes pour les familiariser avec le chahut qui règne dans une exposition.

Cinq jours avant l'exposition, donnez un bain de son aux chats à poils courts, ou même un shampoing. Ce dernier est recommandé pour les chats à poils courts de couleur claire ainsi qu'à tous les poils longs. Ne le faites pas moins de cinq jours avant, ou les poils seront trop lisses le moment venu. Enfin, appliquez de la poudre pour toilettage ou du talc ; avant la manifestation, veillez à tout retirer parfaitement en brossant, éventuellement au bout d'une nuit, car le moindre résidu priverait votre chat de ses chances de gagner.

Préparez l'équipement requis par le règlement. Pour une exposition de la GCCF, les cages doivent être simples et anonymes et les règles sont très strictes quant aux objets pouvant y figurer. Pour d'autres concours, pensez au garnissage de la cage. Le chat aura besoin de nourriture, d'eau potable et de litière pour son bac ; s'il doit porter une étiquette numérotée ou un repère quelconque, attachez-lui un ruban autour du cou (encore une autre chose à laquelle vous devez habituer votre chat). Emmenez quelques-uns de ses jouets favoris, même si, dans les expositions de la GCCF, il est interdit de les mettre dans la cage avant la fin du jugement.

La veille du grand jour, toilettez votre protégé et inspectez-le entièrement. Vérifiez et enveloppez ses équipements, ainsi qu'un récipient fermé avec sa nourriture préférée. Ne lui donnez pas de poisson ni d'aliments à forte odeur. Prenez une petite bouteille d'eau pour remplir son bol : une eau à laquelle il n'est pas habitué troublerait sa digestion. Et pour un bon départ, veillez à ce qu'il bénéficie d'une nuit de sommeil réparateur !

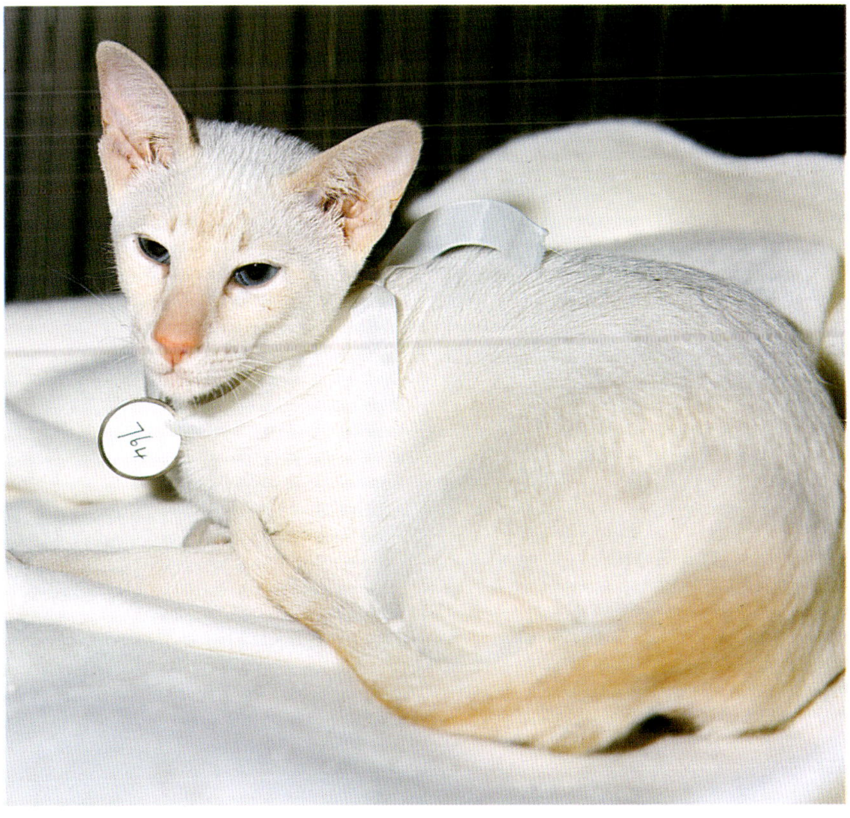

L'EXPOSITION

Pour de nombreuses manifestations, et pour celles organisées en Grande-Bretagne, les chats engagés passent une visite médicale à leur arrivée. Les animaux sales, avec des symptômes de maladie ou des parasites, des signes de grossesse ou encore de mise bas récente, dépourvus des preuves nécessaires de vaccinations à jour ou ne remplissant pas un des critères requis sont exclus. Certains montrant des signes de stress à la suite du transport, on les placera dans la zone de quarantaine quelque temps pour voir si, par exemple, leur température élevée va baisser une fois qu'ils se seront calmés. Tous les chats refusés pour des raisons sanitaires devront présenter un certificat de bonne santé avant de pouvoir participer à une autre exposition.

Prévoyez d'arriver tôt pour les procédures de contrôle et d'examen vétérinaire ; si vous évitez la longue attente d'une queue, vous réduirez les risques d'infection par contact avec d'autres chats qui échoueront à la visite médicale.

Dans le hall, la disposition des cages numérotées est parfois confuse, mais si l'ordre n'est pas logique, un plan est à la disposition du public. En outre, des délégués et des membres officiels, porteurs de badges, sont là pour vous aider ; dans la plupart des expositions figurent des tables d'information.

Une fois que vous avez trouvé la cage correspondante, nettoyez-la avec un produit désinfectant si vous le souhaitez, bien qu'elle ait déjà été stérilisée auparavant. Si le voyage a été long, le chat voudra utiliser sa litière ; mettez-en un peu dans son bac, puis une fois salie, remplacez-la par de la litière propre pour le reste de la journée. Arrangez le matériel dans la cage, puis brossez doucement le chat en le mettant en place, à grand renfort de caresses et de cajoleries. Rangez son panier et tous les autres sacs sous la cage, hors de portée de vue. Si vous participez à une exposition où les chats sont amenés devant les juges, calmez-le en attendant que les choses sérieuses commencent.

Si les juges se rendent eux-mêmes de cage en cage, une annonce est faite afin de vider le hall. Le moment venu, partez doucement en veillant à ne rien laisser dans la cage susceptible de vous identifier. Le règlement exige que vous retiriez la nourriture de la cage. Les résultats par catégorie de races sont rapidement affichés sur les tableaux de palmarès.

Après le jugement ou à l'heure prévue pour l'admission du public, vous avez le droit de venir voir votre chat pour le nourrir, le rassurer et lui donner ses jouets. Que vous ayez gagné ou perdu, faites savoir à votre chat à quel point vous appréciez qu'il se soit conformé aux exigences de l'exposition.

Dans certains pays, des jugements divers ou portant sur d'autres catégories peuvent avoir lieu l'après-midi sans que le hall soit de nouveau vidé. Ne parlez pas aux juges ni aux délégués pendant le déroulement du jugement. Mais la plupart d'entre eux seront heureux de vous donner leur opinion sur votre chat si vous le leur demandez avec courtoisie, une fois leur travail manifestement terminé.

Dans les expositions avec rings, vérifiez l'heure approximative à laquelle le jugement des catégories vous concernant aura lieu, puis gardez une oreille attentive pour entendre l'appel du numéro de votre cage lors de l'adresse publique. Le moment venu, vous, ou un délégué, devrez amener le chat dans le ring et le placer dans la cage numérotée derrière la table de jugement. Si vous avez engagé votre chat dans plusieurs catégories, on l'appellera séparément à chaque fois.

Qu'ils gagnent ou qu'ils perdent, la plupart des exposants apprécient énormément ces manifestations. Après le

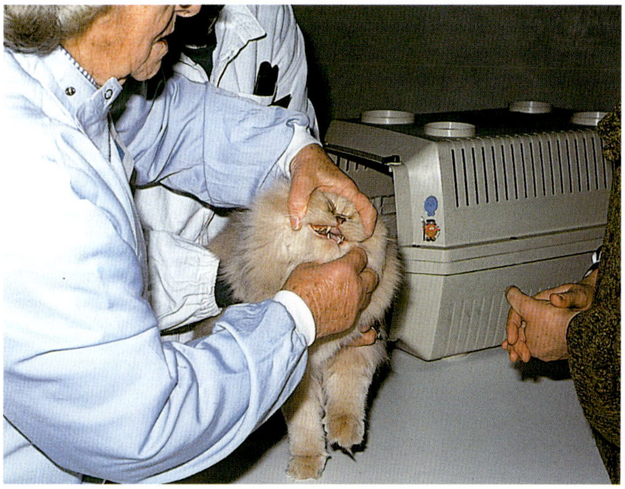

Ci-contre : *Un contrôle vétérinaire. Tous les chats doivent passer une visite médicale avant que leur participation ne soit acceptée.*

À gauche : *Les expositions félines offrent non seulement l'opportunité de voir de nombreuses sortes de chats différentes, mais aussi de rencontrer parmi les exposants : organisations d'aide aux chats, clubs spécialisés et fabricants d'accessoires.* ***Ci-contre :*** *Le vainqueur de l'exposition du National Cat Club de Grande-Bretagne en 1998 a été ce tipped british à poils courts, qui a remporté le titre du National Cat of the Year ; ici avec sa propriétaire et le juge, Mme R. Gowdy.* ***Ci-dessous :*** *Avec ses récompenses.*

voyage de retour, votre animal doit se reposer deux ou trois jours ; observez soigneusement tout signe d'infection attrapée lors de l'exposition ou induite par le stress inhabituel de cette activité. Si votre chat présente le moindre symptôme, demandez conseil à un vétérinaire et informez-en les organisateurs sans tarder. Grâce au contrôle vétérinaire préalable, il est très rare que les chats contractent des infections.

La plupart apprécient les expositions félines et ne montrent normalement aucun effet secondaire.

Si votre chat fait partie des rares animaux qui les ont en horreur, ne le soumettez plus à de telles journées traumatisantes. Si vous souhaitez participer à des expositions, achetez un chaton et entraînez-le à cet effet, ou rendez-vous sur les lieux mais plus en tant qu'exposant : vous pouvez apprendre à devenir délégué, faire office d'administrateur ou, si vous avez une âme d'organisateur, intégrer la toute-puissante équipe de direction.

Les expositions félines ajouteront une nouvelle dimension à la vie de quiconque apprécie réellement tout ce qui est en rapport avec les chats.

GLOSSAIRE

Abcès : *Accumulation localisée de pus ou de matières formant une grosseur sous la peau, résultant d'une morsure ou d'une autre blessure. Non traité, il risque d'éclater et de se vider.*
ACA : *American Cat Association.*
Ægagropile (ou égagropile) : *Poils avalés par le chat au cours de sa toilette, formant une boule très compacte dans l'estomac ou les boyaux.*
Affiliation : *Clubs ou associations rattachés à un corps dirigeant ou à une autre organisation de plus grande envergure.*
Affixe : *Appellation de chatterie placée à la fin du nom enregistré du chat. Aux États-Unis, on parle de suffixe.*
Agouti : *Pelage où chaque poil présente sur sa longueur une alternance de bandes claires et foncées.*
AIF : *Association internationale féline.*
Albinos : *Chat affecté d'une absence de coloration due à un gène récessif, lui conférant un pelage blanc (à ne pas confondre avec le pelage à dominante blanche).*
Anœstrus : *Période de repos durant le cycle de l'œstrus.*
Anorexie : *Perte d'appétit souvent associée à la survenue de plusieurs maladies félines.*
Antidote universel : *Composant très utile de la trousse de secours. Verser une à deux cuillères à soupe de cet antidote dans la bouche du chat. Mélanger les ingrédients ci-dessous :*
2 doses de charbon en poudre
1 dose de lait de magnésie
1 dose d'acide tannique
À conserver dans une bouteille stérilisée bien bouchée.
Pour les situations d'extrême urgence, vous pouvez brûler, puis écraser, du pain ou des biscuits pour chien à la place du charbon, et remplacer l'acide tannique par du thé froid très fort.

AOC : *Any Other Colour (toute autre couleur : expression employée par certains organismes pour les inscriptions et dans la documentation des expositions).*
AOV : *Any Other Variety (toute autre variété : voir AOC).*
Ataxie : *Perte de contrôle des mouvements engendrant une démarche instable ou titubante. Se produit lors de certaines maladies félines ou empoisonnements, à la suite d'accidents de la route ou encore de commotions.*
Bajoues : *Développement des joues observable chez les chats mâles entiers.*
Bande : *Surfaces de pigmentation sombre sur différents poils de la robe provoquant l'effet agouti.*
Bicolore : *Se dit d'un pelage comportant des marques blanches.*
Bracelet : *Bandes de poils de couleur plus sombre sur les pattes et la queue des tabby.*
Brachygnathisme : *Mâchoire supérieure plus longue que la mâchoire inférieure, les dents du haut recouvrant celles du bas ; faute grave.*
Break : *Indentation dans les lignes du museau, recherchée chez certaines races mais considérée comme une faute grave chez d'autres.*
Brindling : *Effet produit lorsqu'un pelage comporte des poils éparpillés de couleur impropre, qui apparaît souvent après une maladie. Un siamois qui a de nombreux poils blancs disséminés parmi les poils colorés de son masque a un visage « brindled ». Le brindling est un état temporaire qui disparaît à la mue suivante.*

CA : *Cat Association of Britain.*
CAC : *Certificat d'aptitude de championnat.*
CACIB : *Certificat d'aptitude de championnat international de beauté.*
CACIP : *Certificat d'aptitude de championnat international de premier.*
Calico : *Nom américain d'un chat de couleur écaille et blanc.*
Cameo : *Ensemble de plusieurs variétés de chats pour lesquels les gènes orange et argentés se combinent, créant un pelage doté d'un superbe effet « cameo » à deux niveaux.*
Castration : *Opération d'émasculation effectuée sur des chats mâles.*
Cataire : Nepeta cataria, *ou menthe du chat, plante qui contient une substance chimique attirant les chats. On peut utiliser ses feuilles sèches pour rembourrer de petits jouets ou en imprégner des poteaux à griffer.*
CC : *Abréviation de Governing Council of the Cat Fancy's Challenge Certificate.*
CCA : *Canadian Cat Association.*
Césarienne : *Opération effectuée pour retirer la portée d'une chatte incapable de mettre bas par la voie normale.*
CFA : *Cat Fanciers Association (États-Unis).*
CFF : *Cat Fanciers Federation (États-Unis).*
Champagne : *Terme donné par certaines associations à une robe de couleur marron-crème.*
Champion : *Statut remporté par des chats après avoir accumulé les points requis pour des titres spécifiques.*
Chatière : *Petit battant monté sur des charnières permettant au chat d'accéder au jardin ou à sa piste de jeu sans que vous deviez lui ouvrir la porte d'entrée.*
Chaton : *Selon les règles de la GCCF, jeune chat jusqu'à l'âge de 9 mois. L'âge varie en fonction des associations : certaines considèrent les animaux comme des chatons jusqu'à huit mois, d'autres jusqu'à dix.*
Classique : *Modèle de* tabby *(voir Tigré).*
Cobby : *Type court et trapu, dit bréviligne, d'aspect robuste, typique de nombreuses races à poils.*
Collerette 1 : *Poils situés autour du cou d'un chat à poils longs.*
Collerette 2 : *Appareil en forme d'entonnoir placé autour du cou d'un chat malade et destiné à l'empêcher de lécher un médicament ou un bandage.*
Collier : *Lignes autour du cou des tabby classiques.*
Colostrum : *Premier lait secrété par la chatte après la parturition, qui donne aux petits des anticorps les protégeant des infections.*
Colorpoint (États-Unis) : *Chats roux, écaille de tortue et tabby-point de type siamois.*
Colourpoint (Grande-Bretagne) : *Chats à poils longs de type persan avec motifs siamois ou himalayan.*
Cordon ombilical : *Cordon permettant au fœtus de se nourrir. Après la naissance, le cordon est coupé à environ 25 mm du nombril du chaton ; au bout de quelques jours il sèche complètement et tombe.*
Coussinets : *Coussins épais et dépourvus de poils sur la plante de pieds des chats.*

Cryptorchide : *Chat mâle dont la migration des testicules est incomplète, l'empêchant ainsi de se reproduire.*
Cuir du nez : *Zone de peau douce autour des narines.*

Déshydratation : *Perte rapide des liquides provenant des tissus corporels au cours de maladies affectant le chat.*
Désinfectant : *Substance servant au nettoyage ; les chatteries et autres établissements ou maisons renfermant des chats doivent vérifier que les désinfectants utilisés ne sont pas toxiques pour les animaux.*
Dilution : *Variation de couleur plus claire que la couleur standard.*
Dôme : *Forme de certaines têtes de chat (voir le standard birman).*
Double fourrure : *Deux pelages denses en un seul, comprenant un sous-poil doux, épais et court ainsi qu'un autre pelage avec des poils plus solides et légèrement plus longs (manx).*
Dressées : *Oreilles tenues hautes et en alerte ; caractéristique souhaitable chez certaines races, défaut chez d'autres.*

Éclampsie : *Fièvre du lait ou tétanie de la lactation.*
Emmêlement : *Nœud formé dans le pelage, en particulier chez les races à poils longs lorsqu'on en a négligé le toilettage (voir Enchevêtrement).*
Encéphalopathie hépatique : *Insuffisance du foie.*
Enchevêtrement : *Amas de poils emmêlés dans un pelage négligé qu'il peut être nécessaire de couper.*
Entier : *Mâle ou femelle non castré.*
Équilibré : *Se dit d'un chat doté des proportions correctes par rapport au nombre de points standard pour sa race ou sa variété spécifique.*
État catatonique : *État de choc ; le chat reste immobile et semble être dans une transe quasi mortelle.*
Étranger : *Chat doté de lignes longues et élégantes ainsi que d'os fins.*
Eumélanine : *Pigmentation noire ou brune.*
Exposition de championnat : *Exposition permettant de remporter des points ou des certificats de championnat.*

Facteur dominant : *Membre d'une paire de gènes allèles qui passe outre les effets de l'autre allèle (récessif).*
Facteur récessif : *Membre d'une paire de gènes allèles commandés ou masqués par l'autre allèle dominant.*
Fantôme : *Légère marque* tabby *visible sur les robes unies des jeunes chatons de race.*
Fente palatine : *Anomalie congénitale qui affecte un nouveau-né d'une fissure dans le palais de la bouche.*
FeLV : *Virus de la leucose féline (Feline Leukaemia Virus).*
FIFe : *Fédération internationale féline d'Europe.*
FIV : *Virus de l'immunodéficience féline, ou sida des chats.*
Flamme : *Marque distincte et contrastante, du front aux narines, sur les chats écaille-de-tortue et particolores.*
Flyer (États-Unis) : *Chat constituant un exemple exceptionnel pour sa race, considéré comme littéralement imbattable lors d'expositions.*
Formaline : *(solution de formaldéhyde à 36 %) Excellent désinfectant dans le cas de virus et autres maladies ; la manipulation de cette substance doit se faire avec beaucoup de précautions ; diluez une dose avec 400 ml d'eau avant utilisation. Peut servir de fumigant.*
Fouet : *Queue longue, fine et fuselée recherchée chez certaines variétés comme le siamois.*

Gants : *Certaines races ont des pieds blancs (chat sacré de Birmanie). On trouve aussi le terme « mitted ».*
Garrot : *Bande utilisée au-dessus d'une blessure d'un membre afin d'en arrêter le saignement.*
GCACC : *Governing Council of Associated Cat Clubs of South Africa.*
GCCF : *Governing Council of the Cat Fancy (Grande-Bretagne).*
Gènes dominants chez le chat :
Tabby *sur non tabby*
Noir sur chocolat
Couleur unie sur couleur diluée
Orange sur non orange
Blanc sur non blanc
Birman sur poils longs
Couleur unie sur himalayan
Poils courts sur poils longs
Robe normale sur robe rex
Manx sur queue normale
Génotype : *Constitution génétique d'un chat individuel.*
Gestation : *Période de grossesse, de la conception à la naissance, soit environ 65 jours chez le chat.*
Gonflement : *Comportement des mâles reproducteurs confrontés à un autre chat ou à une femelle qui porte l'odeur d'un mâle. Le chat se détourne de l'animal qu'il considère comme une menace, ses poils se dressent et ses bajoues se gonflent. Les oreilles pliées vers l'arrière, il grogne profondément, se pourléchant et salivant un peu. Il est très dangereux et attaquera à la moindre provocation.*

Haret : *Chat domestique retourné à l'état sauvage ou né dans la nature et resté non domestiqué.*
Hétérozygote : *Chat dont toutes les caractéristiques ne dérivent que d'un seul parent.*
Himalayan : *Désigne chez certains éleveurs les persans colourpoint, à robe de type siamois.*
Homozygote : *Chat dont toutes les caractéristiques dérivent de ses deux parents.*
Hot : *Terme anglais désignant une couleur chaude.*

Incision en ligne médiane : *Incision pratiquée dans certains cas d'opérations le long d'une ligne droite centrale sur le ventre.*

Jabot : *Poils fins autour du cou d'un chat à poils longs, encadrant le visage ; appelés collerette.*
Jaunisse : *Jaunissement des tissus provoqué par le passage dans le sang de pigments biliaires. Symptôme d'une maladie grave chez le chat.*
Jet : *Urine que les chats produisent pour marquer leur territoire.*

Lavande : *Qualificatif donné par certaines associations aux chats de couleur lilas.*
Lésion : *Toute modification dans un organe ou un tissu, prise pour une cicatrice ou une croûte sur la peau.*
Lilas : *Dilution simple de la couleur chocolat (voir Lavande).*

Mackerel : *Terme anglais décrivant les robes à rayures verticales (*mackerel : *maquereau).*
Marbré : *Motif* tabby, *comportant des rayures larges en forme d'ailes de papillon.*
Masque : *Partie de la face du chat colorée d'une teinte plus foncée chez le siamois et les variétés* colourpoint.
Médaillon : *Tache blanche à la base de la gorge d'un chat.*
Membrane : *Peau fine de tissu connectif.*
Membrane nictitante : *Voir Troisième paupière.*
Monorchide : *Chat mâle dont seul un testicule est descendu.*
Mordant : *Manière dont les mâchoires se referment. On parle de mordant « à niveau » lorsque les dents se touchent de façon régulière.*
Mue : *Chute périodique ou saisonnière de poils morts.*
Museau : *Nez et mâchoires.*
Mutation : *Changement spontané donnant naissance à une nouvelle couleur, à un nouveau type ou à une nouvelle variation d'espèces.*

Néphrite : *Inflammation des reins.*
Non-uni (non-solide) : *Chat doté d'une robe présentant plus d'une couleur.*

Œstrus : *Période de chaleur durant laquelle la femelle est prête à s'accoupler. On parle de chatte en rut, de période de rut ou des amours, ou encore de chaleurs.*
Ondulation : *Courbure ou torsade de la queue due à une malformation de deux vertèbres ou davantage ; considérée comme un défaut chez la plupart des races. Les spécimens d'exposition affectés d'une telle ondulation sont sévèrement sanctionnés.*
Oriental : *Groupe de variétés de chats dérivés des siamois, dotés d'un type et d'une conformation similaires, mais sans les yeux bleus ni les restrictions de couleurs aux extrémités du corps, caractéristiques des siamois.*
Otoacariase : *Inflammation des oreilles souvent associée à une infestation par des mites d'oreilles.*
Ovariectomie : *Opération chirurgicale au cours de laquelle on retire l'utérus et les ovaires d'une chatte à la suite d'une maladie ou d'une infection, ou pour la stériliser.*
Ovulation : *Processus au cours duquel les ovaires libèrent un œuf après l'accouplement.*

Panache : *Queue des chats à poils longs.*
Panard : *Jarrets d'un chat rentrés en dedans ; défaut.*
Papillon : *Motif formé sur les épaules d'un* tabby, *classique ou marbré.*
Particolore : *Robe de plusieurs couleurs distinctes, comme chez le bicolore.*
Patching : *Manière dont les couleurs d'une robe sont disposées en zones clairement définies, comme c'est le cas sur un chat écaille-de-tortue et blanc.*
Peau du cou : *Peau lâche située sur la nuque, permettant au mâle de saisir la peau du cou de la femelle lorsqu'il s'accouple, ou de retenir fermement un chat difficile ou irritable.*
Période des amours : *Période d'œstrus.*
Période d'incubation : *Temps qui s'écoule entre une infection proprement dite et l'apparition des premiers symptômes. La plupart des maladies ont des périodes d'incubation spécifiques.*
Phaeomélanine : *Pigment jaune.*
Phénotype : *En terme d'hérédité, fait référence à des individus présentant les mêmes caractéristiques du point de vue de leur aspect.*
PIF : *Péritonite infectieuse féline, causée par un virus de la famille des coronavirus.*
Pinch : *Cassure dans les lignes droites du museau ; défaut chez la plupart des races.*
Placenta : *Après la naissance, tissu embryonnaire auquel chaque chaton est rattaché par son cordon ombilical et qui lui permet de recevoir sa nourriture avant l'accouchement. Le placenta est souvent expulsé peu après la naissance des chatons.*
Plumet : *Petites touffes de poils à l'extrémité des oreilles.*
Pneumonie : *Inflammation des poumons ; affection très grave chez le chat.*
Points : *Extrémités du corps (masque, oreilles, pieds, pattes et queue) dans les robes* colourpoint.
Poisons : *Substances chimiques provoquant des maladies ou la mort si on les utilise de manière incorrecte, ou en cas de contact accidentel. Ces substances peuvent figurer dans les produits répertoriés ci-dessous :*

- *pulvérisateurs agricoles (arsenic, nicotine, nitrites) ;*
- *désinfectants contenant du crésol, du phénol, du chloroxylène ou de l'iode ;*
- *produits domestiques (antigivre, soude caustique, gaz de houille, créosote, huiles, peintures, paraffine, antilimace, huile de moteur, goudron, turpentine et cires) ;*
- *médicaments analgésiques pour les hommes (aspirines, paracétamol) ;*
- *conservateurs alimentaires (acide benzoïque) ;*
- *insecticides (aldrine, benzoate de benzyle, HCH comme dans le Gammexane, chlordane, DDT, derris, dieldrine, Malathion, ronnel comme l'Ectoral, TDE, toxaphène) ;*
- *plantes (dieffenbachia, plantes de maison communes, philodendron, laurier, linaire, champignons vénéneux) ;*
- *produits contre les rongeurs (l'alphanaphthylthiourée ou ANTU, fluoracétate de sodium, strychnine, thallium, warfarine).*

Pour faire vomir le chat afin d'évacuer le poison, donnez-lui de l'antidote universel (voir ci-dessus), deux cuillères à café d'eau salée (une cuillère à soupe de sel dans un demi-verre d'eau) ou de bicarbonate de soude (une cuillère à soupe dans un quart de verre d'eau), ou encore une demi-cuillère à café de sel placée sur l'arrière de la langue. Dans le cas de produits alcalins (produits javellisés, nettoyants et solvants), n'utilisez pas d'émétiques mais du vinaigre ou du jus de citron mélangé avec de l'eau (une dose pour quatre) ou du lait concentré déshydraté afin de neutraliser les effets nocifs. Dans le cas de l'antigivre, le traitement se fait en injection. Pour les produits pétroliers, faites avaler de l'huile végétale ou de la paraffine médicinale. Enfin, pour les phénols, administrez de l'huile de table ou du lait concentré avant de donner un émétique.
Polydactylie : *Formation de six doigts ou davantage sur les pattes antérieures et cinq ou plus sur les pattes postérieures.*
Porteur : *Chat d'apparence tout à fait normal, mais susceptible de contaminer ses congénères par une maladie virale, comme la grippe féline. L'animal a contracté cette maladie, puis en a finalement guéri.*

Pouce : *Marque caractéristique sur le revers de chaque oreille des siamois* tabby-point *et de quelques autres variétés de* tabby.
Pouls : *Environ 100 pulsations par minute.*
Présentation par le siège : *Présentation par le postérieur à la naissance. Une véritable naissance avec présentation par le siège peut causer quelques problèmes chez une jeune chatte.*
Progéniture : *Descendance d'un chat spécifique.*
Progestérone : *Hormone sexuelle particulièrement importante chez la chatte reproductrice.*
Prognathisme : *Mâchoire inférieure trop avancée par rapport à la mâchoire supérieure, les dents de devant ne se touchant pas une fois la bouche fermée. Grave défaut chez toutes les races.*
Programme : *Dépliant grand format ou livret annonçant les classes et les jugements dans une exposition féline (voir Flyer).*

Races expérimentales : *Variétés en cours de développement par des éleveurs modifiant certains types pour produire de nouvelles couleurs ou motifs de robe au sein de races existantes.*
Réaction de Flehmen : *Observable chez un chat qui savoure une odeur inhabituelle ou évocatrice. Il lève la tête en maintenant la bouche légèrement ouverte.*
Reconnaissance : *Acceptation officielle d'une race ou d'une variété par un organisme dirigeant.*
Régurgitation : *Remontée d'aliments ou de liquide ingérés récemment, parfois pour l'ingurgiter à nouveau ou bien le donner aux chatons.*
Reproducteur : *Mâle entier gardé à des fins de reproduction.*
Reproductrice : *Chatte utilisée pour l'élevage.*
Rex : *Effet frisé d'une robe provoqué par l'un des nombreux gènes résultant de mutations individuelles.*
Robe clairsemée : *Essentiellement chez les races à poils longs durant la mue ou suivant un été chaud, lorsque le pelage est fin, court ou peu dense. Chez d'autres variétés, on parle de robe clairsemée lorsque son état laisse à désirer et que l'animal ne remplit pas les conditions requises pour se présenter à une exposition.*
Rosette : *Ruban ornemental plié ou en forme de rose décerné aux vainqueurs d'un prix.*
Ruban : *Galon coloré, imprimé, attribué aux chats qui ont remporté un prix.*
Rumpy : *Véritable chat manx avec un arrière-train bien arrondi dépourvu de toute structure de queue visible.*

Salivation : *Production excessive de salive, symptôme de maladies respiratoires, d'une ulcération dans la bouche ou sur la langue, d'une douleur dentaire ou d'une inflammation des gencives, de la présence d'un corps étranger dans la bouche ou la gorge, ou bien d'un signe d'agression ou d'appréhension.*
Scarabée : *Marque caractéristique située sur le front des chats* tabby *robeau.*
Shaded silver : *Sous-poil argenté, noir à la pointe.*
Silver : *Un gène présent entraîne une décoloration partielle du poil et donne les couleurs camée, chinchilla,* silver tabby *et fumé.*
Smoke : *Variété dotée d'une robe sombre ou de couleur avec des poils blancs ou argentés à la racine.*
Solide : *Voir Uni.*
Solution saline : *Solution contenant 550 ml d'eau bouillie et 5 ml de sel (chlorure de sodium) dissout. Refroidie et conservée dans une bouteille stérilisée et soigneusement bouchée, cette solution doit être gardée pour les cas d'urgence dans la trousse de secours de votre chat.*
Spotted : *Variété de* tabby *caractérisée par des bandes de couleur interrompues, formant des taches distinctes de forme régulière.*
Standard de points : *Listes agréées de points établis par des organismes dirigeants selon lesquels les chats d'exposition sont jugés et évalués.*
Sternum : *Os de la poitrine. Chez certaines races, il constitue une grosseur dure à proximité du nombril (défaut héréditaire).*
Stop : *Décrochement du profil à la naissance du nez, qualité ou défaut, selon les races.*
Stud tail : *État graisseux des glandes sébacées, le long de la racine de la queue, visible chez les femelles comme chez les mâles ; à nettoyer régulièrement.*
Stumpy : *Chat manx doté d'un moignon en guise de queue.*

Tabby : *Terme anglo-saxon désignant les robes portant des marques sombres. On distingue quatre groupes : les robes tiquetées, caractéristiques des abyssins, les robes à rayures verticales* (mackerel), *les robes mouchetées* (spotted) *et les robes marbrées de volutes sur les flancs de l'animal* (blotched).
Tapis rétinien : *Couche réfléchissante à l'arrière de l'œil.*
Tartre : *Dépôt s'accumulant sur les dents, à retirer régulièrement ou en cas de nécessité.*
Température : *Normalement de 38,6 °C en moyenne.*
Testostérone : *Hormone mâle sécrétée par les testicules.*
TICA : *The International Cat Association.*
Ticking : *Deux ou trois bandes de couleur visibles sur une robe agouti typique.*
Tipping : *Coloration de la pointe des poils sur certains pelages. Le tipping peut être léger comme chez le chinchilla, ou* british tipped, *ou étendu sur les poils, leur conférant un aspect plus sombre comme chez le* shaded silver *ou le* shaded cameo.
Tigré : *Motif* tabby, *appelé « classique » ou « marbré ».*
Transfert : *Lors du changement de propriétaire d'un chat ou d'un chaton enregistré, son nouveau maître doit l'immatriculer auprès de l'organisme dirigeant en remplissant un formulaire approprié et en payant une petite somme.*
Trapu : *Désigne un chat plus large ou plus lourd que le standard requis pour sa race.*
Triangle : *Forme de la tête de certaines races, en particulier les siamois.*
Tricolore : *Chat caractérisé pas trois couleurs distinctes.*
Troisième paupière : *Membrane nictitante. Apparaît sur l'œil dans le coin interne lors d'une maladie ou en périodes de stress.*
Type : *Caractéristiques essentielles distinctives d'une race. Un chat est dit d'un bon type lorsqu'il se conforme de près au standard officiel de points pour sa race.*

UCF : *United Cat Federation (États-Unis).*
Uni : *Pelage d'une seule couleur.*

Vaccin intra-nasal : *Vaccin sous forme liquide instillé dans les narines avec un flacon goutte-à-goutte. Les seuls vaccins actuellement disponibles sous cette forme sont ceux développés contre la grippe du chat.*
Vairon : *Un œil bleu et l'autre orange ou cuivré.*
Van (motif) : *robe bicolore atypique dans laquelle une des couleurs est très peu représentée (queue, oreilles, front...).*
Veine de la griffe : *Zone sensible sur la griffe.*
Ventre proéminent : *Estomac distendu d'un chaton, signe caractéristique d'une grave infestation par des vers, ou chats frappés d'hydropisie.*
Vibrisses : *Moustaches longues et sensibles portées sur la face au-dessus de la lèvre supérieure.*

INDEX

a

À l'extérieur, 144.
Abu-Kurairha, 20.
Abyssin, 47, 66, 74, 79, 83, 84, 85, 86.
  sauvage, 74.
Accident, 144-145.
  de la route, 145.
Acclimatation, 110.
Accouchement, 104.
Accouplement, 102-105.
Adam, 39.
Adulte, 124.
Ægagropile, 149.
Afrique, 47, 74.
Afrique du Sud, 32.
Agouti, 28, 67, 84.
Aix-en-Provence, 23.
Albinisme, 28.
Albinos, 35.
Allemagne, 64, 87.
Allergies, 151.
Alopécie symétrique, 151.
American Cat Association (ACA), 160.
American curl, 40.
  à poils longs, 52.
American shorthair, 34, 38, 46, 47, 79, 81.
American wirehair, 39.
Angleterre, 25.
Angora, 47, 50, 56, 57, 59, 60, 87.
  britannique, 60.
  turc, 59, 60.
Animal de compagnie, 123.
  Où trouver un – ?, 122.
Anoure, 36.
Apprentissage, 130-135.
  nécessaire, 133.
Arizona, 41.
Asiatiques à poils courts, 82.
Asie du Sud-Est, 22.
Australie, 66, 86, 131.
AZT, 148.

b

Bac à litière, 131.
Bain de son, 136.
Baldung, Hans, 22.
Balinais, 56, 68.
Bandage, 157.
Bangkok, 76.
Bastet, 12, 13, 14, 17, 22.
Belette, 16.
Belle, 34.
Bengal, 85.
Beni Hassan, 14, 15.
Besoins hebdomadaires, 129.
Birmanie, 80.
Bleu russe, 73, 78, 87.
Bobcat, 11.
Bobtail
  américain, 41.
  japonais, 42.
Bombay, 81, 82, 85.
Boules de poils, 149.
Bretagne, 25.
Briançon, 22.
British havana, 72.
British shorthair, 29, 32, 33, 34, 35, 37, 47, 73, 81, 82, 85.
Brûlure, 144.
Brunehilde, 87.
Bubasteion, 14.
Bubastis, 12, 13, 15.
Burmese, 69, 72, 80, 81, 82, 83, 84, 86.
  à poils longs, 56.
Burmilla, 69, 82, 83.
Burmoire, 82.

c

Calcivirus félin, 130, 147.
California spangled cat, 47.
Cambyse II, 15.
Canada, 45, 84.
Canadian Cat Association (CCA), 160.
Candidature
  Poser sa –, 164.
Castration, 130.
Cat Association of Britain (CA), 160.
Cat Fancier's Association (CFA), 160.
Cat Fancier's Federation (CFF), 160.
Célèbes, 22.
Cestodes, 155.
Ceylan, 74, 86.
Chantilly, 56.
Chantilly-tiffany, 56.
Chartreux, 32.
Chasse, 115.
Chat
  à poils courts, 32-47.
  à poils longs, 50-69.
  Accueillir un nouveau –, 125.
  âgé, 134.
  Arrivée du –, 127.
  basset, 47.
  caniche, 87.
  castré, 115.
  Choisir son –, 122-125.
  Comportement du –, 90-112.
  Conversation du –, 112.
  d'égout, 83.
  de Malte, 73.
  de race, 123.
  des forêts norvégiennes, 63.
  des mers, 21.
  des neiges d'Alaska, 67.
  errant, 124.
  espagnol bleu, 73.
  Habituer un – au voyage, 138.
  marbré, 11.
  Mettre un – à son aise, 126-127.
  moucheté, 86.
  moucheté de Californie, 47.
  noir, 22, 23, 24, 25.
  Nourrir un –, 128-129.
  nu, 45.
  opale, 87.
  Organisme du –, 90-95.
  oriental, 72-89.
  Origines du –, 10-11.
  Physiologie du –, 90-119.
  sacré de Birmanie, 20, 28, 46, 58, 65.
  sauvage, 50.
  Sens du –, 98-101.
Chat-Beurre, 25.
Chat botté, 25.
Chat-lapin, 41.
Chaton, 106-109, 124.
Chatte en chaleur, 102.
Chéchanq, 13.
Cherubim, 59.
Chestnut brown foreign, 77, 78.
Cheyletiella, 153, 155.
Chine, 24, 50.
Choix
  du chat, 124.
  du chaton, 124.
Chypre, 11.
Clément V, 18.
Cobby, 33.
Coccidies, 155.
Collerette, 157.
Collier, 138.
Colourpoint shorthair, 77.
Cornouailles, 43.
Corps étranger, 145.
Coryza, 147.
Couleurs
  de la robe, 28.
  des yeux, 28.
  Glossaire des –, 29.
Coupari, 55.
Curly, 87.
Cymric, 54.

d

Dachshund cat, 47.
Dalai Tonga, 79.
Danemark, 63, 86.
Dangers domestiques, 144.
Défaillances rénales chroniques, 150.
Dents, 94.
Déplacements à l'étranger, 138.
Dermatite miliaire, 151, 153.
Désinfectant non nocif, 132.
Diane, 17.
Dinictis, 10.
Domestic Shorthair, 34.
Doré, Gustave, 25.

e

Échaudage, 144.
Écosse, 24, 37.
Égypte, 11, 12, 13, 14, 15, 16, 17, 32, 72, 74.
Électrocution, 144.
Empoisonnement
  externe, 144.
  interne, 145.
Endométrite, 151.
Entérite, 149.
État général, 142-143.
États-Unis, 25, 32, 37, 41, 42, 44, 46, 52, 55, 58, 59, 61, 62, 64, 67, 72, 73, 75, 77, 78, 79, 80, 81, 83, 84, 87, 130, 160, 163, 164.
Européen, 34, 35, 43.
Examen corporel, 132.
Exotic shorthair, 38.
Exposition, 166.
Exposition féline, 162-167.
  Participer à une –, 162, 164.
  avec jugement en rings, 163.
Extrême-Orient, 19, 25, 42, 80.

f

Fabergé, 83.
Fausse-couche, 151.
Fédération internationale féline (FIFe), 160.
Felis
  bengalensis, 85.
  libyca, 50.
  manul, 50.
  silvestris, 50.
Femelle, 102, 124.
Finn, Huckleberry, 23.
FIV, 146.
Foreign blue, 73.
Foreign white, 77, 78.
Fourrure, 96-97.
Fracture, 145.
Freya, 17, 18, 22.

g

Gale, 153.
  démodécique, 153.
Galè, 16.
Gastrite, 149.
Gastro-entérite, 149.
Gestation, 103.
Ghirlandajo, Domenico, 18.
Glandes, 96.
Goût, 100.
Governing Council of the Cat Fancy (GCCF), 160.
Grande-Bretagne, 33, 44, 51, 55, 56, 58, 60, 61, 66, 67, 68, 72, 73, 74, 76, 77, 80, 160, 162, 163, 164, 166.
Granulome linéaire, 151.
Grégoire le Grand, 18.
Grégoire IX, 18.
Griffes, 96.
  Tailler les –, 137.
Grippe du chat, 148.
Guépard, 11.

h

Haret, 86.
Havana, 78.
  brown, 72, 77, 78.
  oriental shorthair, 78.
Hécate, 17.
Hépatite, 149.
Hérodote, 14, 16.
Highland fold, 55.
Hollande, 23.
Honeybar, 59.
Hoplophonus, 10.
Hywel le Bon, 17.

i

Ichijo, 18.
Île de Man, 36, 54.
Îles grecques, 21.
Immunodéficience féline (FIV), 146, 148.
Inde, 81.
Indépendance, 111.
Infections buccales, 149.
Iran, 50.
Iriomote, 10.
Islam, 20.
Isospora, 152.
Italie, 50, 86.

j

Jaguar, 10, 11.
Japanese bobtail, 91.
Japon, 23, 24.
Java, 22.
Javanais, 56.
Jéricho, 11.
Jeu
  Apprentissage par le –, 110.
Joséphine, 58.
Jugements sur site, 163.

k

Kirlee, 44.
Koko, 18.
Korat, 72, 87.
  bleu, 20.

l

Laisse, 138.
Lakewood, 40.
Lammchen, 43.
Langage corporel, 112.
Laperm, 87.
Lapin rex frisé, 43.
Léopard, 11, 47, 85.
Léopardette, 85.
Leucose, 85.
  féline (FeLV), 130, 146.
Li Chou, 18.
Lion, 11.
Livre officiel des origines félines (LOOF), 160.
Londres, 23, 75, 160.
Longhair fold, 55.
Longy, 36.
Lynx, 10, 11.
  domestique, 87.

m

Mahomet, 20.
Maine coon, 62.
Maladies, 146-151.
de la peau, 151.
du système digestif, 149.
du système uro-génital, 150.
féline du tractus inférieur, 150.
virales, 146.
Malaisie, 22, 47, 74.
Mâle, 102, 124.
Maneki-neko, 25.
Manul, 50.
Manx, 36, 47, 54.
stumpy, 42.
Marquage, 115.
Matagot, 25.
Maturité sexuelle, 102.
Mau, 14, 17, 85.
égyptien, 72.
Médicaments
Administration de – par voie orale, 156.
pour les oreilles, 157.
pour les yeux, 157.
Mélanine, 28.
Messages olfactifs, 114.
Metz, 24.
Mi-ke, 23, 42.
Miacioïdés, 10.
Mites des oreilles, 153, 154.
Momie, 12, 15.
Moustaches, 96.
Munchkin, 47.
Muscle(s)
de la queue, 92.
de la tête, 92.
des pattes, 92.
du torse, 92.
horripilateur, 97.
Mutation génétique, 28.

n

Naissance
Problèmes au cours de la –, 104.
National Cat Club (Angleterre), 160.
Nebelung, 87.
Nekomata, 25.
Nématodes, 152.
Nettoyage, 118.
New York (État de), 39, 87.
Noé, 36.
Norvège, 50, 63.
Norvégien, 63, 64.
Notoedres, 153.
Nourrir
Quand le – ?, 129.
Nourriture
Administration de – à l'aide d'une seringue, 157.
Nouveau-Mexique, 45, 87.
Nouvelle-Zélande, 56.
Noyade, 145.

o

Ocelot, 10.
Ocicat, 79, 85.
Odorat, 100.
Ojos azules, 87.
Organe de Jacobson, 100, 115.
Organismes dirigeants, 160.
Oriental, 56, 66, 84.
à poils courts, 57, 77, 78.
à poils longs, 57, 60.
blanc, 78.
chocolate cat, 78.
havana, 28.
longhair, 68.
Osorkon II, 14.
Ossature, 90.
Otoacariase, 153.
Otodectes, 153.
Ouïe, 99.
Œstrus, 102.

p

Pakhet, 14, 15, 17.
Palladius, 16.
Panier à chat, 138.
Panleucopénie infectieuse féline, 130, 146, 149.
Panthère des neiges, 11.
Panthérinés, 11.
Parade nuptiale, 103.
Parasites, 151, 152-155.
du chat, 152.
externes, 152-154.
internes, 154-155.
Paris, 24.
Patrimoine génétique, 105.
Peau, 96-97.
des coussinets, 96.
du nez, 96.
Pedigree
Enregistrement d'un –, 161.
Peiresc, Nicolas-Claude Fabri de, 50.
Pelage, 97.
Pensions pour chats, 139.
Péritonite infectieuse féline (PIF), 147, 149.
Perrault, Charles, 25.
Persan, 50, 53, 60, 66, 67, 83, 147, 161.
à face de pékinois, 52.
Piqûre, 145.
Pline l'Ancien, 16, 23.
Pou, 155.
Poupée, 65.
Premiers soins, 144-145.
Préparatifs pour le spectacle, 165.
Préparations alimentaires, 128.
Proailurus, 10.
Problèmes comportementaux, 118.
Programmes d'élevage, 161.
Prune, 45.
Pseudœlurus, 10.
Puce électronique, 130.
Puces, 151.
Pudelkatzen, 87.
Puma, 11.
Pussy cat, 17.
Pyométrie, 150, 151.

r

Races
récentes, 86-87.
reconnues, 161.
Ragamuffin, 59.
Ragdoll, 58.
Rage, 147.
Rê, 12, 14, 17.
Régime varié, 129.
Renoir, Auguste, 20.
Reproduction, 102-105.
Respiration artificielle, 145.
Rex
allemand, 43.
cornish, 43, 44.
du Devon, 44, 87.
selkirk, 44.
Rhino-trachéite virale féline, 130, 147.
Rings, 162, 166.
Robe, 28-29, 96.
Rome, 72.
Royal Navy, 21.
Rumpy, 36.
Rumpy-riser, 36.
Russie, 50, 64.

s

Saignement, 145.
Saint Giles (Foire annuelle), 160.
Saint-Guy (danse de), 24.
Salem, 24.
Salmon, William, 23.
Sanquist, 83.
Saqqarah, 14, 15.
Scottish fold, 37, 55, 87, 161.
  longhair, 55.
Sekhmet, 12.
Sevrage, 109.
Seychelles, 66, 81.
Seychellois, 66.
  à poils courts, 81.
Shampoing, 137.
Shorthair Cat Society, 33.
Shulamith, 40.
Siamois, 20, 28, 46, 47, 53, 57, 66, 68, 72, 76, 77, 78, 79, 80, 82, 84, 87, 160.
Sibérien, 64.
Sida des chats, 146, 148.
Siegfried, 87.
Silésie, 22.
Singapour, 74.
Singapura, 83, 84.
Sita, 65.
Smilodon, 10.
Snow cat, 67.
Snowshoe, 46.
Soins, 109.
  à prodiguer à la mère, 106.
  généraux, 130-135.
  Premiers –, 144.
Soins infirmiers
  à domicile, 156-157.
  d'ordre général, 156.
Sokoke, 86.
Somali, 66, 67.
Sommeil, 117.
Sorcellerie, 24, 25.
Sorties, 138-139.
Sphinx, 45.
Spotted mist, 86.
Sri Lanka, 86.
Staffordshire (faïence), 20.
Statuette votive, 14.
Stimulation, 109.
Stripey, 21.
Stumpy, 36.
Suède, 63.
Sumatra, 22.
Suqutranese, 67.
Symptômes, 142.
  à prendre en compte, 143.
Système
  circulatoire, 95.
  digestif, 94.
  musculaire, 90.
  nerveux central, 98.
  respiratoire, 94.

t

Tabby, 28.
Tatouage d'identification, 130.
Teigne, 154.
Tell Basta, 12.
Territoire, 115.
Thaï, 87.
Thaïlande, 75, 76, 78.
Thèbes, 13.
The International Cat Association (TICA), 160.
Tibet, 20.
Ticking, 28, 74.
Tiffanie, 56, 69, 82.
Tiffany, 69.
Tigre, 11.
Tipping, 83.
Tiques, 152.
Toilettage, 118, 136-137.
  des chats à poils longs, 136.
  des chats à poils ras, 136.
Tonkinois, 84.
Topsell, Edward, 23.
Toucher, 101.
Toxoplasme, 152, 155.
Transports publics, 138.
Trématodes, 152.
Trichocéphales, 152.
Trombiidés, 153.
Troubles utérins, 151.
Tube digestif, 94.
Turc de Van, 61.
Turquie, 20, 50, 59, 61.
Typhus, 146.

u

United Cat Federation (UCA), 160.

v

Vacances, 138-139.
Vaccination, 130.
Van Atilla, 61.
Van Guzelli Iskenderun, 61.
Vers, 152.
  à crochets, 155.
  du cœurs, 155.
  ronds, 154.
Vibrisses, 97.
Vichien Mat, 76.
Vue, 99.

w

Wiener cat, 47.
Wong Mau, 80.

y

York chocolat, 87.
Yoshitoshi, Tsukioka, 19, 24.
Ypres, 24.

z

Zula, 74.

CRÉDITS PHOTOGRAPHIQUES

AKG, London : National Acropolis Museum, Athens 16 ; Jean-Louis Nou 18 bas.

Bridgeman Art Library, London/New York : Ashmolean Museum 13 haut ; British Museum 8-9 ; Louvre, Paris 12 haut et bas ; Museo Archeologico, Naples 17.

Chanan Photography : 41 haut et bas, 47 bas, 55 haut et bas, 57 haut et bas, 59 bas, 86 bas droite, 87 bas gauche, 87 bas centre, 87 bas droite, 161 bas, 162 bas gauche.

Bruce Coleman Ltd. : 11 bas ; Adriano Bacchella 28 bas gauche ; 38 haut, 62 haut et bas, 86 bas centre, 99 ; Jane Burton 93 bas, 95 centre, 96, 98 haut, 100 bas, 101 bas, 102 gauche et droite, 103 gauche, 105 gauche et droite, 107 haut, 109 bas, 110, 112 haut, 113 bas, 116 haut, 126, 142 bas, 149 haut, 154 centre ; Fritz Prenzel 53 haut ; HPH Photography 2-3 ; Harald Lange 97 bas ; Werner Layer 32, 37 bas, 63 haut ; Robert Maier 116 centre gauche ; Luiz Claudio Marigo 10 centre ; Hans Reinhard 73 bas, 142 haut ; Kim Taylor 61 haut, 92-93,152 haut ; Konrad Wothe 94 haut.

Corbis UK Ltd. : 24 gauche ; Yann Arthus-Bertrand 15 haut ; Asian Art & Archaeology Inc. 19 bas, 24 droite ; Graeme Buchan Photo Library 95 haut ; Frank Lane Picture Agency 21 bas ; Robert Holmes 25 droite ; Hulton-Deutsch Collection 21 haut ; Francis G Mayer/National Gallery of Art, Washington/« Femme avec un chat » (1875) Pierre-Auguste Renoir 20 bas ; Joe McDonald 6-7, 11 haut ; Lynda Richards 116 centre droite ; Walter Rohdich 114 gauche ; Scott t. Smith 120-121 ; Karen Tweedy-Hol 18 haut ; Corbis-Bettmann 23, 25 gauche.

Frank Lane Picture Agency : Foto Natura 158 ; Gerard Lacz 34 haut, 35 bas, 39 haut, 40 haut, 42 bas, 54 haut, 68 haut, 114 droite.

Octopus Publishing Group Ltd. : 30-31, 34 bas, 38 bas, 36 bas, 44 bas, 74 haut, 80 bas ; Ray Moller 91, 111 bas droite, 128, 160 bas, 164 droite ; Jane Burton 106, 108 haut et bas ; 111 bas gauche, 112 bas, 113 haut, 124 gauche et droite, 125 haut, 125 centre gauche, 125 bas, 127 haut gauche, 127 haut droite, 127 centre, 131 haut gauche, 131 haut droite, 131 centre, 131 bas, 132 haut et centre, 133, 136 bas gauche et bas droite, 137 bas gauche et bas droite, 138, 144, 145 centre et bas, 156 haut gauche, 156 haut droite, 156 bas, 157 haut ; Nick Goodall 139 bas ; Rosie Hyde/Stonehenge Veterinary Hospital 151 ; Peter Loughran 29 haut, 33 haut et bas, 43 bas, 70-71, 75, 76 bas, 88-89, 118 droite, 119 haut, 129, 134, 140-141 ; John Moss 48-49, 51 gauche ; Ray Moller 29 centre, 36 haut, 45 bas, 46 haut, 51 droite, 54 bas, 56 haut, 61 bas, 63 bas, 65 haut, 66 haut, 76 haut, 80 haut, 81, 82, 83 haut, 84 ; George Taylor 139 haut, 146.

Gill Harris BVA : 152 centre, 155 haut et centre.

Marc Henrie : 44 haut, 64 bas, 69 haut et bas, 78 haut, 135 haut, 160 haut, 161 haut, 162 bas droite, 163, 164 gauche, 166 bas.

Image Bank : G.K. & Vikki Hart : page de couverture.

Howard Loxton : 20 haut, 22 bas, 86 bas gauche.

Alan Robinson : 28 haut, 37 haut, 39 bas, 40 bas, 45 haut, 46 bas, 47 haut, 52, 53 bas, 56 bas, 59 haut, 60 bas, 64 haut, 65 bas, 67, 68 bas, 74 bas, 77, 83 bas, 85, 162 centre, 165 haut, 166 haut, 167 haut et bas.

Solitaire Photographic : Angela Rixon 15 bas, 42 haut, 50, 100 haut, 123, 143, 145 haut, 165 bas.

Dr A. H. Sparkes : 148 haut gauche et haut droite, 149 bas, 150 centre.

Tony Stone Images : 4e de couverture ; Claire Hayden 115 ; Pal Hermansen 117 ; Walter Hodges pages de garde fin, 4-5 ; Kathi Lamm 101 haut ; John Livzey 1 ; Renee Lynn pages de garde début ; Thomas Peterson 26-27.

Warren Photographic : Jane Burton 28 bas droite, 29 bas, 92 haut, 92 centre, 92 bas, 93 haut, 94 centre, 97 haut, 98 bas, 103 droite et centre, 104 haut et bas, 107 bas, 109 haut, 118 gauche, 119 bas, 122, 125 centre droite, 130 bas, 135 bas, 147 haut et bas, 150 haut, 154 haut, 157 bas.

Werner Forman Archive : British Museum 13 bas ; National Palace Museum, Taipei 19 haut.

Remerciements

L'éditeur anglais remercie Michael Findlay, consultant vétérinaire.

L'éditeur français remercie tout particulièrement la revue *Atout chat* pour sa collaboration.